道徳科教育講義

高橋陽一＋伊東 毅／著

武蔵野美術大学出版局

まえがき

昔から先哲は立派な道徳を示しているのに、実際の世の中はなぜそうなっていないのだろう。戦前日本を代表する教育学者である吉田熊次は、若い頃にそういう疑問を持って教育学の世界へと進んでいったという(1)。道徳や思想への関心から哲学や倫理学の研究に進む者は現代もいるが、現実の人間はどうかと実践的に考えると、教育という世界に視線が向かう。

道徳教育は、そんな疑問や課題が入り交じる世界である。学校は何よりもまず道徳教育を掲げるべきだとした時代もあれば、道徳はさまざまな場で学ばれるから特別な時間は不要だと考えた時代もあった。そして今や「特別の教科である道徳」が唱えられる時代となった。二〇一八(平成三〇)年から小学校で、二〇一九(平成三一)年から中学校で、「特別の教科である道徳」が開設された。

道徳の時間では、気の抜けたサイダーのようなウソっぽい物語を読んで、教師が期待している答えを探して回答すれば褒められて、翌週もあると思ったら自習や運動会の準備になっていたという経験を持つ世代は広い。一九六二年、六三年に生まれた著者二人も、この「道徳の時間」を経験した世代である。この実態が政策的にも否定されて、アクティブ・ラーニングとしての道徳の授業が進められる。これからは「考え、議論する道徳」を経験する世代が誕生することになる。

この「特別の教科である道徳」は、今の教師も、新しく教師になる人も実体験したことのない、日本史上初の授業である。略称も「特別の教科　道徳」や「道徳科」などさまざまだ。本書では本文では正式名称の「特別の教科である道徳」と呼ぶが、タイトルは簡潔に『道徳科教育講義』とした。二〇一五(平成二七)年三月に学校教育法施行規則一部改正と学習指導要領一部改正として「特別の教科である道徳」が公表された。二〇一七年三月に学習指導要領の全部改正がおこなわれ、二〇一八年から二〇一九年の実施前に再び改正された。ただ、実質上は二〇一五年の学習指導要領の内容で進められるので、本書を刊行して教師と教師を目指す学生に届けることになった。

本書は、半年一五回の授業を行う通学課程の講義に適するように、法令や資料等を使いやすい長さで掲載するスタイルで編集した。通信教育課程の自宅などの学習に適するように、通常は教員が口頭で補うような挿話や異なる複数の視点の提示なども、本文に盛り込んだ。さらに、重要なキーワードが詳しく説明される箇所で**ゴシック文字**にして載せて、巻末の索引に収録した。これは本書としての重要性だけではなく、教員採用試験にむけて学び直すことを意識しての再録である。実をいうと、「道徳の時間」の時代の道徳に関する教員採用試験の問題は、学習指導要領に明示した原理原則に限られていた。今後は、道徳の理論や歴史、法令の基本用語まで学ぶ必要が出てくると考えてキーワードを選択した。

まずは概要を理解するために、第1章「特別の教科である道徳とは何か」で、教師を目指す学生にも、すでに教師をしている人にも、新しい科目の概要が把握できるように記した。第2章「道徳とは何か」は文字どおりの概念を示した。

つづいて歴史の説明に入り、第3章「近現代の道徳教育の歩み」では明治期の修身科から戦後の「道徳の時間」までの一世紀半の流れを説明した。戦前の道徳教育は、第4章「教育勅語にみる道徳」でテキストを徹底的に読解することで示す。

つづいて、特別の教科である道徳の位置づけや内容項目を理解するために、第5章「学力論とチーム学校における道徳」では、近年の学校教育の動向から道徳教育を位置づけた。道徳で教える内容とその背景は、第6章「道徳の内容項目と評価」で説明する。道徳教育の理念や内容は、対立する見解や多様な価値観を把握することが不可欠である。こうした論争的なテーマを理解するために、第7章「道徳としての個人の尊厳」でまず根幹となる理念を述べる。そして第8章「公共の精神と伝統文化」では歴史的にも実践的にも論争的な内容を説明する。さらに実践現場でさまざまな配慮が必要な宗教をめぐっては、第9章「宗教教育と道徳」で歴史的背景や法令上の位置づけを語る。

アクティブ・ラーニングの基本は、従来の教師と生徒の相互交流である。まずは教師の考えを生徒に伝える技術を、伝統的な説教の技法を導入として、第10章「プレゼンテーションと道徳」で説明する。この手法は子どもがクラスで意見を発表したり、討議するときにも活用できる。さらに発問と回答という伝統的な技法を相対化して、第11章「コミュニケーションと道徳」では、相互行為としてのコミュニケーションへとつなげて、価値の明確化という道徳教育論に及ぶ。さらに道徳を心の中から捉えて、第12章「発達と道徳」では心理学を基礎として概説する。ここではコールバーグによるモラルジレンマの授業にも手法を広げていく。

それでは、実際の道徳の授業をどうするか。長年にわたり道徳副読本の編集に携わって、特別の教科である道徳にあたって提起をしてきた伊東毅が実践編を解説する。第13章「道徳の内容項目と資料および指導計画」では、内容項目と一年間の授業の展開を説明する。さらに第14章「道徳の学習指導案と授業の展開」では、一回の授業をどう実りあるものにできるかを、読み物教材の検証を通じて考える。さらにさまざまな道徳のさまざまな教育方法を第15章「道徳の授業とアクティブ・ラーニング」で確認して、豊かな実践をおこなうための基礎とする。

本書に先だち、武蔵野美術大学の通信教育課程と通学課程の教科書として、二〇〇三（平成一五）年に高橋陽一著『道徳教育講義』を刊行した。さらに教育基本法全部改正をふまえて、二〇一二（平成二四）年には大幅に改訂した新刊として『新版 道徳教育講義』を出した。これらは、教員養成テキストとしても、教育関係者が道徳について検討し直すための書籍としても活用された。今回は特別の教科である道徳の実施を前にして、アクティブ・ラーニングをキーワードとした現場で活用できる実践知識と、実践を支える歴史と理論という教師に求められる重厚な教養を増強しようと教科書を構想した。このため、高橋陽一と伊東毅の両名の共著として刊行することとした。この十数年にわたって多くの学生が前著、前々著で学び、その感想や批判を直接に聴いた蓄積が、新しい本書で生かされるように努力を重ねた。

高橋陽一

（1）高橋陽一「吉田熊次教育学の成立と教育勅語」『明治聖徳記念学会紀要』復刊第四二号、二〇〇五年一二月。引用の原文は、「孔子は夙《つと》に人倫に大道を説破して居《お》るに拘《かかは》らず、世人の行動はそれに副《そ》はざるものが多いのは何故であらう」（吉田熊次「余の六十年」『教育思潮研究』目黒書店、第八巻第二輯、一九三四年五月）。

＊初版第二刷の補足説明（二〇一九年九月）

本書初版第一刷の後に、予定通りに二〇一七（平成二九）年三月三一日に小学校学習指導要領の全部改正（文部科学省告示第六十三号）と中学校学習指導要領の全部改正（文部科学省告示第六十四号）が告示された。この改正は、小学校では二〇二〇年度から、中学校では二〇二一年度から施行される。なお、高等学校学習指導要領は翌二〇一八年三月に全部改正された。特別の教科である道徳については、二〇一五年三月の学習指導要領の一部改正に連動して明らかになっていたため、本書の初版を大幅に訂正する必要はないが、第二刷にあたって最低限の訂正を行った。二〇一七年学習指導要領に基づいて検定が行われた小学校教科書（八社、二〇一八年度より）と中学校教科書（八社、二〇一九年度より）については、高橋陽一「「特別の教科」道徳の深刻な矛盾―徳目主義へ進む教科書と教師用指導書」『世界』二〇一八年一一月号、伊東毅「中学校用道徳科教科書の特質」藤田昌士・奥平康照監修・教育科学研究会「道徳と教育」部会編『道徳教育の批判と創造』（エイデル研究所、二〇一九年）において発表したので、参考されたい。

目次

表紙デザイン　白尾デザイン事務所

第1章　特別の教科である道徳とは何か

高橋陽一

二〇一五（平成二七）年三月二七日の学校教育法施行規則や小学校学習指導要領、中学校学習指導要領などの一部改正により、二〇一八（平成三〇）年度より小学校で、二〇一九（平成三一）年度より中学校で「特別の教科である道徳」が開始された。「特別な」と間違いやすいが、「特別の」である。この特別の教科である道徳は、論争的な科目と言える。論争的というのは、二〇〇六（平成一八）年に全部改正された教育基本法にまつわる教育や政治の場で多くの論争を経たものだということだけでなく、この教科が「考え、議論する道徳」を特徴としており、対話や議論を重視する方法論が必要だということである。よい論争は対話によるバランスある合意をもたらしていく。それだから、この実践を担う教員も、そうした複雑な経緯を経たまさに特別の教科として、理解しておく必要が出てくる。

第一節　特別の教科である道徳の名称

道徳の概念は第2章で、道徳教育の歴史は第3章で述べることになる。ここでは、道徳教育に、時間を限定して行うものと、学校教育で広く行うものがあることを述べて、まずは時間を限定して行う道徳の時間から、特別の教科である道徳へと変化したことを説明しよう。

一九五八（昭和三三）年から小中学校で実施されたのが、**道徳の時間**である。正確に言うと法令上の正式名称は**道徳**であるが、標準として週一時間をクラス担任が授業する。教師も生徒も時間割を意識して行うものだから、道徳の時間という言い方が、公式にも定着していく。本書の読者である学生や社会人、現職の教員の多くは、この道徳の時間の経験者である。おおざっぱに言うと、それ以前の世代の小中学校には、道徳の時間がなかった。さらに前の戦前戦中世代には、明治から第二次世界大戦下まで修身という教科があった。修身科の時代も、道徳の時間がない時代も、ある時代も、学校教育そのものには道徳が欠かせないと考えられていた。修身科や道徳の時間以外でも道徳教育はしていたのである。このことを、**学校の教育活動全体を通じて行う道徳教育**と言う。高等学校には道徳の時間がないが、ここでも学校の教育活動全体を通じて道徳教育が行われている。国語など他の教科でも、教科以外の特別活動などでも、すべて道徳教育が行われていることになる。法令上もそのことが明記され、学習指導要領の総則編で記されている。小学校や中学校で学校教育全体を通じて行う道徳教育が道徳の時間とどういう関係になっているかについては、道徳の時間を**要**《かなめ》として位置づけることが、学習指導要領に明記されている。学校教育活動全体を通じて行う道徳教育と要としての道徳の時間が、重なっている構造である。

この道徳の時間が改められたのが、特別の教科である道徳である。最初から困惑させる言い方になるが、「特別の教科である道徳」と「特別の教科　道徳」と「道徳科」と名称は三つある。最初に説明するのは、法令上の正式名称である「**特別の教科である道徳**」である。法律の世界では、上位にある法令ほど効力が強い。法律よりも憲法が強いということである。法律の次が政府の命令である政令、その次が省の命令である省令で、法律に基づく命令としての強さがある。決定などを公示した告示の力は弱い。法律の学校教育法、政令の学校教育法施行令、省令の学校教育法施行規則、告示の**学習指導要領**という順に並ぶ。この文部科学大臣が発した**学校教育法施行規則**で規定した名称が「特別の教科である道徳」である。

以前の道徳の時間のときには、次のように定められていた。二〇一七（平成二九）年度もまだこの条文が施行されている。

学校教育法施行規則（昭和二十二年五月二十三日文部省令第十一号）【二〇一七（平成二九）年度施行中の条文】

第五十条　小学校の教育課程は、国語、社会、算数、理科、生活、音楽、図画工作、家庭及び体育の各教科（以下この節において「各教科」という。）、道徳、外国語活動、総合的な学習の時間並びに特別活動によつて編成するものとする。

2　私立の小学校の教育課程を編成する場合は、前項の規定にかかわらず、宗教を加えることができる。この場合においては、宗教をもつて前項の道徳に代えることができる。

法令は『官報』という政府の新聞紙で国民に**公布**される。実際に国民が『官報』を見ることはまれで、他の新聞紙やテレビやラジオで知り、さらに実際に法令が効力をもって実施される、つまり**施行**されることで実感するのだが、公布の年月日は「学校教育法施行規則」という法令名や「文部省令第十一号」という**法令番号**と呼ぶ年ごとの通し番号とともに記録される。名前のようなものだから、文部省が文部科学省になっても、「文部省令第十一号」と記される。ここに示した第五十条の小学校の教育課程と、第七十二条の中学校の教育課程は、一九四七（昭和二二）年に公布された当初の文言ではなく、道徳が追加され、その他の改正が行われて、二〇一七（平成二九）年現在で施行されている文言である。法令上の正式名称は道徳であって、広く用いられる「道徳の時間」ではない。この教育課程では学校の教育活動全体を通じて行う道徳教育が直接には登場しないので、全体の道徳教育と、教育課程上の道徳の区別は気にならない。しかし実際には大小二つの道徳云々《うんぬん》があると混乱するから、ここで登場している教育課程上の道徳を道徳の時間と言い換えるのである。ちなみに、この第五十条に道徳の二つあとに登場している総合的な学習の時間は、「時間」と付く言い方が法令上の正式名称である。こちらは二つの総合云々があるわけではないから混乱もしない。ただ、名前が長すぎるので一般に総合学習と呼ぶわけである。同じく時間といっても、道徳とは事情が違うことになる。

文中に「2」とある段落は第五十条第二項と呼ぶ。この第二項により小学校の教育課程で、宗教系の私立学校では、道徳に代えて**宗教**を行うことが明記されている。宗教系の小中学校の卒業者は、「宗教の時間」や「聖書の時間」などの名称で授業を受けた経験をもつ人も多い。

ほぼ同様に、中学校の教育課程でも道徳について定めている。

学校教育法施行規則（昭和二十二年五月二十三日文部省令第十一号）【二〇一七（平成二九）年度施行中の条文】

第七十二条　中学校の教育課程は、国語、社会、数学、理科、音楽、美術、保健体育、技術・家庭及び外国語の各教科（以下本章及び第七章中「各教科」という。）、道徳、総合的な学習の時間並びに特別活動によつて編成するものとする。

中学校の教育課程でも、道徳として登場する。小学校では第二項で宗教への代替が明示されていた文言が見えないが、第七十九条で小学校の第五十条第二項に準じて同様に用いることが定められている。法令の規定を別の条項で読みかえて当てはめることを**準用**といい、小学校の規定を当てはめて、宗教系の私立中学校では道徳を宗教で代用できる。また小学校と中学校に相当する、義務教育学校、中等教育学校の前期課程、特別支援学校の小学部と中学部でも同様に準用される。

ここまでみてきた、第五十条と第七十二条に、日本語の「と」、英語の and にあたる言葉が二つある。「及び」と「並びに」である。この二つは、法令用語として区別される。「及び」は小さな and「並びに」は大きな and である。英語の硬い書き方と同様に、「AとBとC」は、「A、B and C」、つまり「A、B及びC」や「A、B並びにC」である。「及び」が小さく、「並びに」が大きいので、数学で先に計算する（　）のように、「(a、b及びc) A、B並びにC」という区分が可能となる。第五十条第一項に（　）を入れると、（国語、社会、算数、理科、生活、音楽、図画工作、家庭及び体育）がまとまって各教科となり、この各教科と対置して、道徳、外国語活動、総合的な学習の時間並びに特別活動が続く。この数行の説明では分かりにくいだろうから、図示すると次のようになる。

【二〇一七（平成二九）年度施行中の条文より】

- 小学校の教育課程
  - 教科……
    - 国語、社会、算数、理科、生活、音楽、図画工作、家庭及び体育
  - 道徳（私立小学校では宗教としてよい）
  - 外国語活動
  - 総合的な学習の時間
  - 特別活動

- 中学校の教育課程
  - 教科……
    - 国語、社会、数学、理科、音楽、美術、保健体育、技術・家庭及び外国語
  - 道徳（私立中学校では宗教としてよい）
  - 総合的な学習の時間
  - 特別活動

「及び」と「並びに」の区別を知ることで、法律の条文では、道徳などは教科と呼ばれないこと、教育課程は各教科と道徳等がまとまって形成されていることが分かる。まずは、二〇一七（平成二九）年度までは道徳は教科ではな

いということを確認しておきたい。

話を進めよう。こうした規定を、二〇一五（平成二七）年三月、学校教育法施行規則の一部改正する文部科学省令（平成二十七年三月二十七日文部科学省令第十一号）により次のように改めた。念のために言うが、（ ）の中は固有名詞のようなものであるから、学校教育法施行規則は現在も「昭和二十二年」であり、「文部省令」である。

学校教育法施行規則（昭和二十二年五月二十三日文部省令第十一号）【小学校二〇一八（平成三〇）年度施行、中学校二〇一九（平成三一）年度施行の条文より】

第五十条　小学校の教育課程は、国語、社会、算数、理科、生活、音楽、図画工作、家庭及び体育の各教科（以下この節において「各教科」という。）、特別の教科である道徳、外国語活動、総合的な学習の時間並びに特別活動によつて編成するものとする。

2　私立の小学校の教育課程を編成する場合は、前項の規定にかかわらず、宗教を加えることができる。この場合においては、宗教をもつて前項の特別の教科である道徳に代えることができる。

第七十二条　中学校の教育課程は、国語、社会、数学、理科、音楽、美術、保健体育、技術・家庭及び外国語の各教科（以下本章及び第七章中「各教科」という。）、特別の教科である道徳、総合的な学習の時間並びに特別活動によつて編成するものとする。

道徳が特別の教科である道徳に置き換わったことが分かる。他には変化がなく、宗教系の私立学校で宗教に代用できる規定もそのままである。これで、学校の教育活動全体を通じて行う道徳教育と区別された「特別の教科である道徳」という名称が記されて、大小二つの道徳云々があるという問題はなくなったので、従来の「道徳の時間」という呼称を用いる必要もなくなった。なお、本書執筆段階では未定だが、二〇一七（平成二九）年三月には小学校の三、四年の外国語活動と五、六年の外国語が区別される見込みである。

【小学校二〇一八（平成三〇）年度施行の条文より】

小学校の教育課程
- 教科……………… 国語、社会、算数、理科、生活、音楽、図画工作、家庭及び体育
- 特別の教科である道徳（私立小学校では宗教としてよい）
- 外国語活動
- 総合的な学習の時間
- 特別活動

【中学校二〇一九（平成三一）年度施行の条文より】

中学校の教育課程
- 教科……………… 国語、社会、数学、理科、音楽、美術、保健体育、技術・家庭及び外国語
- 特別の教科である道徳（私立中学校では宗教としてよい）
- 総合的な学習の時間
- 特別活動

さて、呼び方の問題はなくなったはずだが、九文字の「総合的な学習の時間」よりも、一〇文字の「特別の教科である道徳」は長い。教員が児童生徒に「特別の教科である道徳のプリントを明日は持ってきてください。」と言っても聞き取りにくいし、時間割に「特別の教科である道徳」と書くと読みにくい。実際には「道徳」と言われて書かれるだろう。ただ、道徳では従来のものと区別がつかないので、公式に言い換えが、学習指導要領でなされている。小学校学習指導要領は、平成二十七年三月二十七日文部科学省告示第六十号によって改正されて、「第1章　総則」の「第1　教育課程編成の一般方針」の「2」に「学校における道徳教育は、道徳の時間を要《かなめ》として学校の教育活動全体を通じて行うものであり、」とある箇所を、「学校における道徳教育は、特別の教科である道徳（以下「道徳科」という。）を要として学校の教育活動全体を通じて行うものであり、」と改めた。中学校学習指導要領も同様である。つまり、上位の法令である学校教育法施行規則の「特別の教科である道徳」という文言について、学習指導要領がこれから以下では**道徳科**と呼ぶとして、言い換えたのである。小学校学習指導要領でも中学校学習指導要領でも、特別の教科である道徳はすべて、道徳科と言い換えられる。ところが、この道徳科の内容を規定した第3章のタイトルは「**特別の教科　道徳**」なのである。特別の教科のあとに、一文字あけて、道徳と書いている。この「特別の教科　道徳」という言い方が、実は第二節で述べるとおり当初から中央教育審議会答申などの表記だった。それがそのまま残っているのである。現在も実は一番多い書き方が、この「特別の教科　道徳」である。一文字あける書き方は法令にはなじまないので「特別の教科である道徳」と書かれているのであるが、結局は三つの書き方が並列することになってしまったのである。

第二節　特別の教科である道徳の特徴

長々と法令と名称について述べたので、名称が論争の対象なのかと思われたかもしれないが、そのとおりである。国語科、理科などと同じ普通の教科ではない教科、つまり特別の教科として登場したところに、道徳科の特徴がある。

二〇〇六（平成一八）年の**教育基本法**の全部改正では、以前の教育基本法の「個人の尊厳」などの理念を継承しつつ、新たに「公共の精神」や「我が国と郷土を愛する」などの文言を追加した。教育の目標を定めた第二条第一号では「豊かな情操と道徳心を培う」という文言が記されて、学校の教育活動全体を通じて行う道徳教育のあり方を根拠づけることになった。そして二〇〇八（平成二〇）年の**小学校学習指導要領**と**中学校学習指導要領**の全部改正では、道徳の時間が学校教育全体を通じて行う道徳教育の要であると明記して、各内容項目を学年ごとにすべて取り上げることや、学校全体の計画を進めるために校長の下に**道徳教育推進教師**を置くことなどが規定された。

新しい教育基本法に連動して道徳の時間を教科として格上げする動きもあったのだが、実際の教育政策の過程は複雑であった。教育基本法全部改正を推進した自由民主党政権から二〇〇九年九月に民主党政権へと政権交代があり、『心のノート』の小中学校への全員配付が中止となるなど、見直しが行われた。そして、二〇一二（平成二四）年一二月に自由民主党政権に戻ることで、再び道徳の教科化が浮上することになった。二〇一三年一月一五日に首相官邸に**教育再生実行会議**が置かれた。この教育再生実行会議が、従来の文部科学省の**中央教育審議会**を中心にした数年をかけた審議スタイルよりも速やかな政策提言を可能とした。そして一か月余りのち、二月二六日には「いじめの問題等への対応について」（第一次提言）を出して、いじめ問題の解決のために法律の制定を提言して、**いじめ防止対策推進**

法（平成二十五年六月二十八日法律第七十一号）を公布するというスピード感をもって進んだ。この第一次提言は、「道徳を新たな枠組みによって教科化し、人間性に深く迫る教育を行う」と述べて、**教科化**という表現で道徳の時間を教科とすることを求めた。これを受けて文部科学省は、道徳教育の充実に関する懇談会を置いて、同年一二月二六日に懇談会が「今後の道徳教育改善・充実方策について（報告）」を出して、「**特別の教科　道徳**」という仮称で教科化を提言した。この表現が、今日に至る「特別の教科」一文字あけ「道徳」という表記方法の起源となる。そして二〇一四年二月一七日には中央教育審議会に諮問がなされ、同年一〇月二一日に「道徳に係る教育課程の改善等について（答申）」が出された。これに基づいて、二〇一五年三月二七日に、文部科学省令である学校教育法施行規則の一部改正により「**特別の教科である道徳**」が盛り込まれ、同省の告示である小学校学習指導要領、中学校学習指導要領、特別支援学校学習指導要領の一部改正で**道徳科**という名称で規定されたのである。

この経緯で、道徳の時間は、教育再生実行会議が提言したように他の教科と同様の教科としたのではなく、中央教育審議会答申による「特別の教科」という位置づけを獲得したことになる。まさに審議のなかで論争的に成立したわけである。

従来どおり、学校の教育活動全体を通じて行う道徳教育と、学級担任が週一回の時間で行う道徳という構造は継続されている。二〇〇八（平成二〇）年の小学校学習指導要領と中学校学習指導要領で示された学校全体の道徳教育を調整していく道徳教育推進教師も継続され、他の教科のような道徳免許状は新設されなかった。

学習指導要領で規定する「内容」に関する部分では、従来の四つの視点の順序を変更し、その内容を小学校低学年一九、中学年二〇、高学年二二、中学二二の内容項目に整理した。このことについては、第2章で説明する。

こうした内容項目について、児童生徒の理解や行動が一律に求められる場合は、日本国憲法や教育基本法の前提とする**多様な価値観**と齟齬《そご》しやすい。二〇一四（平成二六）年の中央教育審議会答申「道徳に係る教育課程の改善等について」は、このことに留意して、「特定の価値観を押し付けたり、主体性をもたず言われるままに行動するよう指導したりすることは、道徳教育が目指す方向の対極にあるものと言わなければならない」と述べ、「多様な価値観の、時に対立がある場合を含めて、誠実にそれらの価値に向き合い、道徳としての問題を考え続ける姿勢こそ道徳教育で養うべき基本的資質である」と強調している。この中央教育審議会答申における多様な価値観の強調は、「学校教育法施行規則の一部を改正する省令案等に関するパブリックコメント（意見公募手続）の結果について」（平成二十七年三月二十七日文部科学省初等中等教育局教育課程課）という文書においても、特別の教科である道徳が価値観の押し付けであるという批判に対する反論として何度も引用されている。また二〇一五年七月に文部科学省がインターネット配付の形態で刊行した『小学校学習指導要領解説　総則編（抄）』『小学校学習指導要領解説　特別の教科　道徳編』『中学校学習指導要領解説　総則編（抄）』『中学校学習指導要領解説　特別の教科　道徳編』[1]の四冊でも同箇所を繰り返し記して強調している。多様な価値観の存在と価値の対立も含めた論争的な状態を認めた上での、道徳教育を実践していくものだということを確認しておく必要がある。

　このことは学校教育においては、児童生徒の成績等の**評価**に直結する。「道徳の時間」のときから道徳の評価は「数値などによる評価は行わないものとする」と学習指導要領に明記されてきた。特別の教科である道徳について、小学校学習指導要領でも、「児童の学習状況や道徳性に係る成長の様子を継続的に把握し、指導に生かすよう努める必要がある。ただし、数値などによる評価は行わないものとする。」と明示され、中学校学習指導要領でも、「生徒の」と規定して、内容は同文である。前掲の『学習指導要領解説』でも、**数値評価**ではなく**記述式**として、他の生徒と優劣を比較した**相対評価**ではなく励ますための**個人内評価**であることを述べている。つまり、「100点」「評定5」と数値評価をしたり、クラス内順位や偏差値理論等を活用した相対評価をしたりせず、教師による指導と児童生徒の学習過程を踏まえて、児童生徒の学習状況や道徳性の成長を対象とした個人内評価として記述式で行うということである。

児童生徒の保護者に通常は学期ごとに成績評価等が伝えられるいわゆる「通知簿」の、法令上の正式の記録が学校の作成する**指導要録**であるが、二〇一六（平成二八）年七月二十九日には文部科学省初等中等教育局長から「学習指導要領の一部改正に伴う小学校、中学校及び特別支援学校小学部・中学部における児童生徒の学習評価及び指導要録の改善等について（通知）」（二八文科初第六〇四号）が各都道府県教育委員会等に発出され、特別の教科である道徳科の指導要録の記載例が示された。ここでも「他の児童生徒との比較による評価ではなく、児童生徒がいかに成長したかを積極的に受け止めて認め、励ます個人内評価として記述式で行うこと。」が示され、参考様式では「特別の教科　道徳」の欄に「学年」ごとに「学習状況及び道徳性に係る成長の様子」を記述する欄を設ける形となっている。

従来の道徳の時間では、教科書出版社などが**読み物資料**、**読み物教材**を中心に編集して刊行した**副読本**が用いられ、文部科学省が著作した『**心のノート**』や『**私たちの道徳**』なども用いられている。しかし学校教育法の規定する**教科用図書**つまり**教科書**は存在しなかった。前掲の中央教育審議会答申は、特別の教科である道徳についても他教科同様の文部科学省が検定する教科用図書を導入する方向を打ち出した。これにより二〇一五（平成二七）年七月二三日に教科用図書検定調査審議会が「「特別の教科　道徳」の教科書検定について（報告）」をとりまとめ、教科書検定の基準である**義務教育諸学校教科用図書検定基準**（平成二十一年三月四日文部科学省告示第三十三号）が二〇一六年四月一日に一部改正された。ここでは、小学校学習指導要領や中学校学習指導要領に基づいたものとして、言語活動や問題解決的な学習や道徳的行為に関する体験的な学習への配慮を求めている。この基準に基づいて検定に合格した図書として、小学校では二〇一八年度から八社のものが、中学校では二〇一九年度から八社のものが用いられている。

教科になれば教科用図書があるのは当然と思えるだろうが、読んで理解して覚えることで知識や技能を身につける教科書というスタイルが、多様な価値観を前提とした道徳教育に合致しないという批判が存在する。また、読み物教材を中心にした従来の道徳の時間が、子どもたちの現実生活のなかで道徳性の向上に寄与しているのかという批判も存在する。こうしたなかで特別の教科である道徳の実践は、多様な価値観を前提としながら教科用図書を用いるという方向へ進むことになる。

二〇一四（平成二六）年の中央教育審議会答申「道徳に係る教育課程の改善等について」は、従来の道徳の時間のあり方について批判的に言及していることが異例である。従来の道徳の時間の弊害について、「読み物の登場人物の心情理解のみに偏った形式的な指導」や「児童生徒に望ましいと思われる分かりきったことを言わせたり書かせたりする授業」という論争的な文言で批判している。文部省や文部科学省が新しい施策を行うときに、ここまで論争的、あるいは過去の施策について否定的に言及することは珍しい。二〇一五年三月の学校教育法施行規則等の改正時の通知に合わせて配付された一枚の説明図（現在の行政現場ではポンチ絵と呼称する）のなかで[2]、「「道徳の時間」は、各教科等に比べて軽視されがち」「読み物の登場人物の心情理解のみに偏った形式的な指導」「発達段階などを十分に踏まえず、児童生徒に望ましいと思われる分かりきったことを言わせたり書かせたりする授業」という文言で従来の道徳の時間を総括して、「「考え、議論する」道徳科への転換により児童生徒の道徳性を育む」と結んだので、中央教育審議会答申よりもその論争的性格は教育現場に際だった印象を与えた。

この**考え、議論する道徳**という特別の教科である道徳の特徴は、中央教育審議会答申「道徳教育に係る教育課程の改善等について」の重要な改善点である。二〇〇八（平成二〇）年の学習指導要領全部改正から**言語活動**が強調されて、各教科における発言や記述、さらに討論を含めた授業改善がはかられていたが、二〇一三年の教育再生実行会議の第一次報告からいじめの問題などの実際の対応が強調された。このなかで、現実の学校や生活のなかの課題に直面した**問題解決的な学習**や、社会奉仕体験や自然保護等の学校内外における**体験的な学習**が強調された。この方向は、二〇一七年三月の小学校学習指導要領や中学校学習指導要領の全部改正にむけて、**アクティブ・ラーニング**という言葉で強調された。このアクティブ・ラーニングは高等教育で定着した授業方法であるが、実際は多義的である。このなかで、**主体的・対話的で深い学び**として、広くディベートやワークショップで定着していた「対話的な学び」や「主体的な学び」に加えて、学習成果の深化も含んだ「深い学び」という表現を追加して、文部科学省内の審議で練り込まれていった。時期的に整理すると、二〇〇八年全部改正の学習指導要領の言語活動をもとに、二〇一七年全部改正の学習指導要領のアクティブ・ラーニングを先取りして、二〇一五年に一部改正したのが特別の教科である道徳の学習指導要領と言える。

第三節　学校の教育活動全体を通じて行う道徳

二〇〇六（平成一八）年全部改正の教育基本法が二〇一五年の特別の教科である道徳へと至る流れを概説したが、この教育基本法は、**学校の教育活動全体を通じて行う道徳教育**にも大きな影響を与えている。

戦後教育改革の後、一九五八（昭和三三）年から小中学校で実施された「道徳の時間」までは、道徳教育が存在していないと考えることには無理がある。戦後教育には、道徳教育を軽視しているかのごとき見解があるが、少なくとも法令上の位置づけでは、学校の教育活動全体を通じて行う道徳教育は存在し続けた。

まず、一九四七（昭和二二）年に戦後教育の根幹を定めた**教育基本法**は、第一条に**教育の目的**を定めて次のように記す。

教育基本法（昭和二十二年三月三十一日法律第二十五号）

第一条（教育の目的）　教育は、人格の完成をめざし、平和的な国家及び社会の形成者として、真理と正義を愛し、個人の価値をたっとび、勤労と責任を重んじ、自主的精神に充ちた心身ともに健康な国民の育成を期して行われなければならない。

この第一条は、道徳教育そのものだろう。この教育基本法が二〇〇六年に全部改正されたのが、現在の教育基本法である。この第一条の条文の「教育の目的」に続いて、第二条に「**教育の目標**」を列記する形態となった。

教育基本法（平成十八年十二月二十二日法律第百二十号）

（教育の目的）

第一条　教育は、人格の完成を目指し、平和で民主的な国家及び社会の形成者として必要な資質を備えた心身ともに健康な国民の育成を期して行われなければならない。

（教育の目標）

第二条　教育は、その目的を実現するため、学問の自由を尊重しつつ、次に掲げる目標を達成するよう行われるものとする。

一　幅広い知識と教養を身に付け、真理を求める態度を養い、豊かな情操と道徳心を培うとともに、健やかな身体を養うこと。

二　個人の価値を尊重して、その能力を伸ばし、創造性を培い、自主及び自律の精神を養うとともに、職業及び生活との関連を重視し、勤労を重んずる態度を養うこと。

三　正義と責任、男女の平等、自他の敬愛と協力を重んずるとともに、公共の精神に基づき、主体的に社会の形成に参画し、その発展に寄与する態度を養うこと。

四　生命を尊び、自然を大切にし、環境の保全に寄与する態度を養うこと。
五　伝統と文化を尊重し、それらをはぐくんできた我が国と郷土を愛するとともに、他国を尊重し、国際社会の平和と発展に寄与する態度を養うこと。

この条の意義は第6章と第7章でさらに吟味するが、素直に読めば、旧法の教育の目的も、新法の教育の目的や目標も、ごく普通に道徳的であると感じられる。社会と個人のモラルが簡潔な言葉で盛り込まれている。すなわち、日本では学校教育か家庭教育か社会教育かを問わず、広く道徳的な教育目的と教育目標が定められているのである。なお、日本の学校教育の法令では、教育が目指す大きなものを目的、目的に至るために具体的に達成すべく列記されたものを目標として書き分けるので慣れておきたい。それから一九四七年の旧法では（教育の目的）が「第一条」の後にあり、二〇〇六年の新法では前にあるのを誤植だと思う人もあるかもしれないが、これは時代による法令の書き方の変化であり誤植ではない。あとでみる学校教育法は（　）による見出しを付けない法律だったので、今でも見出しがない。市販の法令集で学校教育法に見出しがあるものがあるが、これは編集者が読者サービスで勝手に付けたものである。

教育基本法第一条と第二条は学校に限らず教育全般の目的と目標であるが、**義務教育の目的**については、次の第五条第二項で規定している。

教育基本法（平成十八年十二月二十二日法律第百二十号）
（義務教育）
第五条　国民は、その保護する子に、別に法律で定めるところにより、普通教育を受けさせる義務を負う。

2　義務教育として行われる普通教育は、各個人の有する能力を伸ばしつつ社会において自立的に生きる基礎を培い、また、国家及び社会の形成者として必要とされる基本的な資質を養うことを目的として行われるものとする。

3　国及び地方公共団体は、義務教育の機会を保障し、その水準を確保するため、適切な役割分担及び相互の協力の下、その実施に責任を負う。

4　国又は地方公共団体の設置する学校における義務教育については、授業料を徴収しない。

この第二項は、第一条の文言を踏まえて「国家及び社会の形成者」としての基本を養うことが強調されているが、このことも学校の教育活動全体を通じて行う道徳教育である。

続いて、学校教育法をみよう。道徳の時間や特別の教科である道徳の規定として学校教育法施行規則を第一節でみたが、その上位にある学校教育法には学校種別ごとの目的や目標が定められている。教育基本法全部改正を受けて、**学校教育法**が改正されて順序や内容が整備された。二〇〇七年六月の学校教育法の一部改正で新たに加わった**義務教育の目標**の規定である。

学校教育法（昭和二十二年三月三十一日法律第二十六号）【二〇〇七（平成一九）年六月二七日一部改正】

第二十一条　義務教育として行われる普通教育は、教育基本法（平成十八年法律第百二十号）第五条第二項に規定する目的を実現するため、次に掲げる目標を達成するよう行われるものとする。

一　学校内外における社会的活動を促進し、自主、自律及び協同の精神、規範意識、公正な判断力並びに公共の精神に基づき主体的に社会の形成に参画し、その発展に寄与する態度を養うこと。
二　学校内外における自然体験活動を促進し、生命及び自然を尊重する精神並びに環境の保全に寄与する態度を養うこと。
三　我が国と郷土の現状と歴史について、正しい理解に導き、伝統と文化を尊重し、それらをはぐくんできた我が国と郷土を愛する態度を養うとともに、進んで外国の文化の理解を通じて、他国を尊重し、国際社会の平和と発展に寄与する態度を養うこと。
四　家族と家庭の役割、生活に必要な衣、食、住、情報、産業その他の事項について基礎的な理解と技能を養うこと。
五　読書に親しませ、生活に必要な国語を正しく理解し、使用する基礎的な能力を養うこと。
六　生活に必要な数量的な関係を正しく理解し、処理する基礎的な能力を養うこと。
七　生活にかかわる自然現象について、観察及び実験を通じて、科学的に理解し、処理する基礎的な能力を養うこと。
八　健康、安全で幸福な生活のために必要な習慣を養うとともに、運動を通じて体力を養い、心身の調和的発達を図ること。
九　生活を明るく豊かにする音楽、美術、文芸その他の芸術について基礎的な理解と技能を養うこと。
十　職業についての基礎的な知識と技能、勤労を重んずる態度及び個性に応じて将来の進路を選択する能力を養うこと。

冒頭で「第五条第二項に規定する目的」とあるのが、先ほどみた義務教育の目的である。教育基本法の義務教育の目的の規定のもとに、この「目標」があるという構造が確認できる。ついで、小学校と中学校の九年間を通じた教育目標が、一〇号も列記されている。法令ではこうした列記の部分を「号」と呼ぶ。素直に読めば、国語、算数、理科などの各教科が該当するものもあるが、第一号から第三号までは直接に道徳教育に関連するものである。よく読めば、どれも学校の教育活動全体を通じて行う道徳教育になってくる。

次に、義務教育以前の学校として、幼稚園の目的と目標をみておこう。

学校教育法（昭和二十二年三月三十一日法律第二十六号）【二〇〇七（平成一九）年六月二七日一部改正】

第二十二条　幼稚園は、義務教育及びその後の教育の基礎を培うものとして、幼児を保育し、幼児の健やかな成長のために適当な環境を与えて、その心身の発達を助長することを目的とする。

第二十三条　幼稚園における教育は、前条に規定する目的を実現するため、次に掲げる目標を達成するよう行われるものとする。

一　健康、安全で幸福な生活のために必要な基本的な習慣を養い、身体諸機能の調和的発達を図ること。

二　集団生活を通じて、喜んでこれに参加する態度を養うとともに家族や身近な人への信頼感を深め、自主、自律及び協同の精神並びに規範意識の芽生えを養うこと。

三　身近な社会生活、生命及び自然に対する興味を養い、それらに対する正しい理解と態度及び思考力の芽生えを養うこと。

四　日常の会話や、絵本、童話等に親しむことを通じて、言葉の使い方を正しく導くとともに、相手の話を理解しようとする態度を養うこと。

五　音楽、身体による表現、造形等に親しむことを通じて、豊かな感性と表現力の芽生えを養うこと。

幼稚園教育の目的を定めた第二十二条に「保育」という言葉があるが、今日のように保育所が一般化する以前の明治期から幼稚園では「教育」と区別された「保育」という用語が大切にされてきた。その意図は小学校教育以後の学校教育とは区別されて幼児の保護に力点が置かれるが、第二十三条の全五号に列記された目標をみると、小学校教育の準備教育の側面が読み取れ、第二号は道徳教育が記されていると考えてよい。ここにある**芽生え**という文言がキーワードである。幼稚園教育は小学校以後の教育とは異なって、直接的な能力の獲得は目指さないが、知育や徳育や体育の前提になっていくような芽生えが養われている。**幼稚園教育要領**（平成二十年三月二十八日文部科学省告示第二十六号）では、幼稚園教育の内容として、健康、人間関係、環境、言葉、表現の五つの領域が示されているが、特に人間関係の領域が、道徳性の芽生えに該当する。

小学校教育の目的や目標は次のように規定されている。

学校教育法（昭和二十二年三月三十一日法律第二十六号）【二〇〇七（平成一九）年六月二七日一部改正】

第二十九条　小学校は、心身の発達に応じて、義務教育として行われる普通教育のうち基礎的なものを施すことを目的とする。

第三十条　小学校における教育は、前条に規定する目的を実現するために必要な程度において第二十一条各号に掲げる目標を達成するよう行われるものとする。

2　前項の場合においては、生涯にわたり学習する基盤が培われるよう、基礎的な知識及び技能を習得させるとともに、これらを活用して課題を解決するために必要な思考力、判断力、表現力その他の能力をはぐくみ、主体的に学習に取り組む態度を養うことに、特に意を用いなければならない。

第三十一条　小学校においては、前条第一項の規定による目標の達成に資するよう、教育指導を行うに当たり、児童の体験的な学習活動、特にボランティア活動など社会奉仕体験活動、自然体験活動その他の体験活動の充実に努めるものとする。この場合において、社会教育関係団体その他の関係団体及び関係機関との連携に十分配慮しなければならない。

法律は整合性が大切である。小学校教育の目的を定めた第二十九条は、その目的をすでに規定された義務教育のうちの「基礎的なもの」と位置づけている。さらに小学校教育の目標を定めた第三十条は、義務教育の目標を定めた「第二十一条各号」を受けて規定される。さらに第三十一条では**体験的な学習活動**、特に**ボランティア活動**など**社会奉仕体験活動**、**自然体験活動**などの活動が強調されている。この規定が、特別の教科である道徳のあり方でも強調されていることはすでに確認したとおりである。

中学校についても、同じようにその目的や目標として、次のように道徳に関連することが定められている。

学校教育法（昭和二十二年三月三十一日法律第二十六号）【二〇〇七（平成一九）年六月二七日一部改正】

第四十五条　中学校は、小学校における教育の基礎の上に、心身の発達に応じて、義務教育として行われる普通教育を施すことを目的とする。

第四十六条　中学校における教育は、前条に規定する目的を実現するため、第二十一条各号に掲げる目標を達成するよう行われるものとする。

少々素っ気ないと思われるかもしれないが、中学校教育で義務教育を終えるのであるから、法律の整合のためには、中学校教育の目的は義務教育の目的と合致するし、その目標は「第二十一条各号」がすべて含まれるということで矛盾はない。確認するまでもなく、小学校と中学校の教育ではその全体の目的や目標に道徳教育が位置づけられているのである。

このように小学校と中学校の目的や目標として道徳に関する事項が定められていることは、以前から「道徳の時間」があったから当然と思われるかもしれないが、それがないはずの高等学校でも、決してその目的や目標は、道徳と無縁ではない。

学校教育法（昭和二十二年三月三十一日法律第二十六号）【二〇〇七（平成一九）年六月二七日一部改正】

第五十条　高等学校は、中学校における教育の基礎の上に、心身の発達及び進路に応じて、高度な普通教育及び専門教育を施すことを目的とする。

第五十一条　高等学校における教育は、前条に規定する目的を実現するため、次に掲げる目標を達成するよう行われるものとする。

一　義務教育として行われる普通教育の成果を更に発展拡充させて、豊かな人間性、創造性及び健やかな身体を養い、国家及び社会の形成者として必要な資質を養うこと。

二　社会において果たさなければならない使命の自覚に基づき、個性に応じて将来の進路を決定させ、一般的な教養を高め、専門的な知識、技術及び技能を習得させること。

三　個性の確立に努めるとともに、社会について、広く深い理解と健全な批判力を養い、社会の発展に寄与する態度を養うこと。

ここで記されているように、高等学校では、「国家及び社会の形成者」となることが目標となっており、その社会の一員としての自覚とともに、理解や批判の能力と個性の確立が求められているのであり、まさに道徳的な課題が掲げられていることとなる。つまり高等学校には「道徳の時間」はないが、学校の教育活動全体を通じて行う道徳教育はその目標に明示されているのである。

さらに、大学教育といえば、道徳教育とは関係ないと思われがちだが、学校教育法第八十三条には簡潔にその目的を「大学は、学術の中心として、広く知識を授けるとともに、深く専門の学芸を教授研究し、知的、道徳的及び応用的能力を展開させることを目的とする。」と記している。ここでは疑いなく「道徳的」という言葉が織り込まれている。この大学の目的規定に「道徳的」教育を含み込んだのは今回の学校教育法改正の段階ではなく、一九四七（昭和二二）年の制定以来の文言である。

このように義務教育、幼稚園、小学校、中学校、高等学校、大学と並べて学校教育法の文言をみてみたが、道徳教育が、現在の学校の教育活動全体を通じて行う道徳教育として一貫していることが理解されると思う。特別の教科である道徳は、小学校と中学校のもの、正確に言えば特別支援学校の小学部と中学部、義務教育学校、中等教育学校の前期課程に行われるものであるが、学校の教育活動全体を通じて行う道徳教育は、学校教育のすべての段階で実施されるものである。

二〇一五（平成二七）年に平成二十七年三月二十七日文部科学省告示第六十号によって一部改正された**小学校学習指導要領**では、道徳教育について、第1章の「総則」と第3章の「特別の教科　道徳」に明示している。

小学校学習指導要領（平成二十年三月二十八日文部科学省告示第二十七号）【二〇一五（平成二七）年三月二七日一部改正】

第1章　総則

第1　教育課程編成の一般方針

2　学校における道徳教育は、特別の教科である道徳（以下「道徳科」という。）を要として学校の教育活動全体を通じて行うものであり、道徳科はもとより、各教科、外国語活動、総合的な学習の時間及び特別活動のそれぞれの特質に応じて、児童の発達の段階を考慮して、適切な指導を行わなければならない。

道徳教育は、教育基本法及び学校教育法に定められた教育の根本精神に基づき、自己の生き方を考え、主体的な判断の下に行動し、自立した人間として他者と共によりよく生きるための基盤となる道徳性を養うことを目標とする。

道徳教育を進めるに当たっては、人間尊重の精神と生命に対する畏敬の念を家庭、学校、その他社会における具体的な生活の中に生かし、豊かな心をもち、伝統と文化を尊重し、それらを育んできた我が国と郷土を愛し、個性豊かな文化の創造を図るとともに、平和で民主的な国家及び社会の形成者として、公共の精神を尊び、社会及び国家の発展に努め、他国を尊重し、国際社会の平和と発展や環境の保全に貢献し未来を拓《ひら》く主体性のある日本人の育成に資することとなるよう特に留意しなければならない。

第3章　特別の教科　道徳

第1　目標

第1章総則の第1の2に示す道徳教育の目標に基づき、よりよく生きるための基盤となる道徳性を養うため、道徳的諸価値についての理解を基に、自己を見つめ、物事を多面的・多角的に考え、自己の生き方についての考えを深める学習を通して、道徳的な判断力、心情、実践意欲と態度を育てる。

まず第1章の総則の第一段落では、先にみた学校教育法施行規則第五十条に定める教育課程の構造とみくらべると理解できる。**特別の教科である道徳**が、学校の教育活動全体を通じて行う道徳教育の要として、各教科、外国語活動、総合的な学習の時間や特別活動と相まって進んでいくわけである。第二段落では、**道徳性**を養うことが道徳教育の目標であると規定している。考えて行動する、よりよく生きていくための基盤を道徳性と呼んでいる。第三段落では、すでにみた、教育基本法や学校教育法のキーワードが書き込まれていることが分かる。第3章では特別の教科である道徳を規定して、よりよく生きるための基盤となる道徳性を養うためには、**道徳的諸価値**の理解が必要であり、さらに学習を通じて、道徳的な判断力、心情、実践意欲と態度を育てるとしている。この概念は分かりにくいが、前掲の『小学校学習指導要領解説　特別の教科　道徳』と『中学校学習指導要領解説　特別の教科　道徳』の説明では、道徳的判断力、道徳的心情、道徳的実践意欲と態度は、道徳性の諸相だと言う。そして、**道徳的判断力**とはそれぞれの場面において善悪を判断する能力であり、**道徳的心情**とは道徳的価値の大切さを感じ取り、善を行うことを喜び、悪を憎む感情であり、**道徳的実践意欲と態度**とは道徳的判断力や道徳的心情によって価値があるとされた行動を取ろうとする傾向性であると定義する。そう言われれば理解はできる気もするが、道徳学説や道徳教育論はいろいろあるので、一つの説明が採用されているのだなというところである。不遜な言い方だと思われるかもしれないが、法令や法令に基づいた告示は法的拘束力があるが、『学習指導要領解説』は法的拘束力がない文部科学省による解釈や説明であるから、参考にするというのが法令的に正確な立場である。いずれにせよこれらの言葉は教育現場に定着する用語になるだろうから、教師としては慣れておく必要がある。

続いて二〇一五（平成二七）年に、平成二十七年三月二十七日文部科学省告示第六十一号によって一部改正された**中学校学習指導要領**を掲げる。

中学校学習指導要領（平成二十年三月二十八日文部科学省告示第二十八号）【二〇一五（平成二七）年三月二七日一部改正】

第1章　総則

第1　教育課程編成の一般方針

2　学校における道徳教育は、特別の教科である道徳（以下「道徳科」という。）を要として学校の教育活動全体を通じて行うものであり、道徳科はもとより、各教科、総合的な学習の時間及び特別活動のそれぞれの特質に応じて、生徒の発達の段階を考慮して、適切な指導を行わなければならない。

道徳教育は、教育基本法及び学校教育法に定められた教育の根本精神に基づき、人間としての生き方を考え、主体的な判断の下に行動し、自立した人間として他者と共によりよく生きるための基盤となる道徳性を養うことを目標とする。

道徳教育を進めるに当たっては、人間尊重の精神と生命に対する畏敬の念を家庭、学校、その他社会における具体的な生活の中に生かし、豊かな心をもち、伝統と文化を尊重し、それらを育んできた我が国と郷土を愛し、個性豊かな文化の創造を図るとともに、平和で民主的な国家及び社会の形成者として、公共の精神を尊び、社会及び国家の発展に努め、他国を尊重し、国際社会の平和と発展や環境の保全に貢献し未来を拓《ひら》く主体性のある日本人の育成に資することとなるよう特に留意しなければならない。

第3章　特別の教科　道徳

第1　目標

第1章総則の第1の2に示す道徳教育の目標に基づき、よりよく生きるための基盤となる道徳性を養うため、道徳的諸価値についての理解を基に、自己を見つめ、物事を広い視野から多面的・多角的に考え、人間としての生き方についての考えを深める学習を通して、道徳的な判断力、心情、実践意欲と態度を育てる。

中学校学習指導要領の該当部分は小学校学習指導要領とほぼ同文で、小学校の「児童」は中学校の「生徒」となり、先にみた学校教育法施行規則第七十二条の教育課程に即して表現が変わっている。

ここまでみてきた法令上の規定は、次のように整理されよう。まず、学校教育か家庭教育か社会教育かを問わず教育が人間の営みである以上は、道徳教育と不可分であるということである。また特別の教科である道徳の有無にかかわらずどの段階の学校教育であっても道徳教育を含むものだということである。たとえば、小学校と中学校では若干の違いがあるが、次のように整理されよう。

- 広義の道徳教育
  - 学校教育……………学校の教育活動全体を通じて行う道徳教育
    - 特別の教科である道徳
    - 各教科
    - 特別活動
    - 総合的な学習の時間
  - 家庭教育
  - 社会教育

もちろん、この図は、道徳教育の視点からすべての教育を捉えて関係性を示した図であり、道徳教育がすべての教育の頂点に立つのだと説明しようとするものではない。知的な教育であろうと、身体的な教育であろうと、あらゆる教育はそれぞれに連係するのであり、道徳教育は特別の教科である道徳だけでは成立しないということを示した図だと理解されたい。

第四節　教職課程の道徳教育

大学の教職課程では、大学により名称はさまざまだが、「道徳教育の研究」「道徳教育論」「道徳教育指導法」などの授業科目を履修することになる。このことを少し確認しておきたい。

教育職員免許法（昭和二十四年五月三十一日法律第百四十七号）は、学校教員の免許状の根拠となる法律であるが、小中高等学校の学習指導要領の改正が行われるほぼ一〇年ごとに、法律の大きな改正が行われて、その改正後の法律を「新法」、それに基づく教職課程を「新課程」と呼び、以前のものを「旧法」や「旧課程」と呼ぶ。これは全く便宜的な名称で、教育職員免許法の小さな改正は毎年のように行われているので毎年のように「新法」が出てくるのであるが、大学の教員養成での年次進行や免許状の授与では分かりやすい区別なので、こうした呼称が行政や教員養成の現場で使われるのである。

さて、二〇一八（平成三〇）年四月の大学入学者まで適用される予定である現在の「新法」「新課程」は、二〇〇六（平成一八）年七月一一日の中央教育審議会答申「今後の教員養成・免許制度の在り方について」によるもので、二〇〇七年六月に教育職員免許法が改正され、**教育職員免許法施行規則**（昭和二十九年十月二十七日文部省令第二十六号）では二〇〇九年四月の大学入学者から従来の「総合演習」二単位に変わって卒業段階での「教職実践演習」二単位が義務づけられて、大学は四年間にわたる厳密な教員養成の努力を求められたものである。この教育課程の変更で道徳教育は焦点ではなかったが、実際に大学で教育実習を済ませた学生たちの教職実習演習のゼミを行うと、二〇一五

（平成二七）年三月に発表された特別の教科である道徳の授業を試行的に実施している中学校などで学んだケースと、中央教育審議会答申で手厳しく批判された昔ながらのお涙頂戴式の読み物教材のケースなど、学校現場でもいろいろな道徳の授業があることなどが分かって、これから教師になる学生にも参考になる。

それ以前の「旧法」「旧課程」は、一九九七（平成九）年七月一日に教育職員養成審議会から提出された「新たな時代に向けた教員養成の改善方策について」（第一次答申）に依拠して、一九九八年に公布された法改正によるものである。この改正は、「教職に関する科目」の増大を含む大幅な改革であった。道徳教育に関して変更されたのは、旧法の教育職員免許法施行規則第六条では「道徳教育法に関する科目」となっていたものが、新法の同規則第六条では「含めることが必要な事項」として「道徳の指導法」という表現となった点である。「指導法」という表現は、各教科専門の指導法が重視されたことと連動するものであるが、「道徳の指導法」という言葉は、「道徳教育法」という言葉と比べて、技術的な印象を与える言葉であった。学校現場で道徳教育にあたるためには、道徳そのものの理解や道徳教育についての深い考察が必要であり、「指導法」は必要不可欠の分野であることは言うまでもないが、それだけでとどまるとすれば根本的な理解を欠くという印象を与えかねなかった。

二〇一九（平成三一）年四月の大学入学者から適用される予定の「新法」「新課程」が、文部科学省から示されている。二〇一五年一二月二一日に中央教育審議会から答申「これからの学校教育を担う教員の資質能力の向上について～学び合い、高め合う教員育成コミュニティの構築に向けて～」が出され、ちょうどこの原稿を書いている二〇一六年一一月一八日に国会で教育職員免許法などの改正法が可決成立し、一一月二八日に法律第八十七号として公布された。この中央教育審議会答申は、これからの学校教員が**アクティブ・ラーニング**による学習指導を推進することを求め、教員や様々な専門家が協力し合う**チーム学校**の一員として学校全体の**カリキュラム・マネジメント**を担う能力を求めている。特別の教科である道徳に即すれば、子どもたちの現実の生活を視野に入れて主体的・対話的で深い学びとして道徳教育を担い、学校全体としての道徳教育の計画を構築して、学校の一員として教育できる教師の能力である。現在に至る「道徳の指導法」という名称は、「**道徳の理論及び指導法**」と改められて、指導法以外も深く広く学び、教員自身が道徳の理論を学び考えて生かしていくことが求められる。

なお、特別の教科である道徳だけを担当する免許状は新設されていない。これは学校の教育活動全体を通じて行う道徳教育とクラス担任として行う特別の教科である道徳という実際を考えれば、当然のことであろう。小学校と中学校の免許状を受けようとする学生は、すべて道徳の理論と指導法を学んで、道徳教育を行う能力が必要になるのである。なお、道徳と代替できる科目である私立学校の**宗教**は、引き続き教育職員免許法において中学校と高等学校の免許として位置づけられている。また、小中学校の免許を受ける学生に七日間の介護等体験を義務づけたいわゆる**介護等体験法**である、小学校及び中学校の教諭の普通免許状授与に係る教育職員免許法の特例等に関する法律（平成九年六月十八日法律第九十号）も、第7章でみるように道徳教育の指導力を培うための重要な機会となっている。

特別の教科である道徳は、論争的な科目である。教育基本法全部改正後の動向と道徳の教科化の経緯から、危惧や批判を表明する学者・言論人も少なくない。こうした声は教育現場の自由を求めるエールだと理解したい。しかし、二〇一五（平成二七）年三月に示された特別の教科である道徳は、すでに試行実践がはじまり、小学校では二〇一八（平成三〇）年度から、中学校では二〇一九（平成三一）年度から実施される。現場の教員はこの実践を担い、教職課程の学生たちはその中へと進んでいく。実践者としての立場からは、価値の押し付けにならないための多様な価値観を前提とし、児童生徒の無駄にならない有意義な授業を展開していく必要がある。特別の教科である道徳が論争的に登場し、かつ論争を含みこんで成立したことは、大きな可能性である。よい論争は対話によるバランスある合意をもたらしていく。それを児童生徒が体験して、将来の社会における道徳の担い手たる主権者へと育つことを教師は支援していく必要がある。

（1）　文部科学省『小学校学習指導要領解説　総則編（抄）』『小学校学習指導要領解説　特別の教科　道徳編』『中学校学習指導要領解説　総則編（抄）』『中学校学習指導要領解説　特別の教科　道徳編』二〇一五年（これらは従来の学習指導要領解説と異なり、市販の図書としては刊行されなかった。http://www.mext.go.jp/a_menu/shotou/new-cs/youryou/1356248.htm、最終閲覧二〇一六年一一月二三日）。二〇一七（平成二九）年三月に全部改正された小学校学習指導要領と中学校学習指導要領についての解説書は、同年七月に解説書が文部科学省ウェブページで公開され、それぞれ二〇一八年二月と三月に印刷刊行された。

（2）　文部科学省発表資料「道徳教育の抜本的改善・充実」二〇一五年三月。

第2章　道徳とは何か

高橋陽一

まず、**道徳**という言葉にこだわって考えてみたい。

同時代の言葉の意味を確認するには、辞典で確認するのがよい。『広辞苑』第六版は、次のように記す。

人のふみ行うべき道。ある社会で、その成員の社会に対する、あるいは成員相互間の行為の善悪を判断する基準として、一般に承認されている規範の総体。法律のような外面的強制力を伴うものではなく、個人の内面的な原理。今日では、自然や文化財や技術品など、事物に対する人間の在るべき態度もこれに含まれる。(1)

最初の「人のふみ行うべき道」とは、簡潔な定義である。ただ、「道徳」を定義して、再び「道」だといわれても、その道が何なのかが言い換えられていないので不十分である。その欠を項目執筆者は、つづく「ある社会で」以下の丁寧な定義で補おうとしているが、長く定義しようとすればするだけ、言葉の定義というより、道徳に関する一つの思想の叙述という印象を与える。この「社会」を前提とした道徳の定義は、近代市民社会がモデルになっており、近代における道徳の定義という印象を受ける。ここで引用した文章は二〇〇八（平成二〇）年刊行の第六版のもので、一九九一（平成三）年刊行の第四版及び一九九八（平成一〇）年刊行の第五版も同文である。一九八三（昭和五八）年刊行の『広辞苑』第三版はほぼ同文であるが、三つめの文章である「今日では」以下の定義がない。(2) つまり、一九九一年の第四版の段階で項目執筆者は、同時代の道徳を観取して、人間相互にとどまらない自然や人工物等と人間との関係をも道徳というべきだという修正をしているのであり、今日の環境教育とも呼応する高い見識がうかがわれる。ただ、こう考えれば考えるほど、『広辞苑』が行っている定義は、近代の、いや現代における、道徳の定義であるということが確認できる。

さらに同時代ということでは、「道徳」は英語のmoral（道徳の）、morality（道徳）と対応する語句として明治以降は理解されている。また類語としては、**倫理**や人倫と訳し分けられることの多い英語のethic（倫理）、ethical（倫理の）、ethics（倫理学）がある。倫理は、ほぼ道徳と同義で使われるが、明治以後の日本でethicsの翻訳語としての**倫理学**が大学の学問や中等教育の教育内容として定着したために、モラルを道徳と訳し、エシックを倫理と訳して分けることが一般的である。moralは、風習、習俗の意味を持つラテン語のモーラーリスmōrālis（道徳的な）、モースmōs（慣習）に、ethicsは古代ギリシャ語のエーティコスἠθικός（道徳に関する）、さらに人柄を意味するエートスἦθοςに、語源をさかのぼることができる(3)。今現在の我々はこうした言葉の互換性により、世界の「道徳」を認識しているのである。

第一節　道徳の語源

言葉は、同時代のコミュニケーションのためのものであるとともに、過去とも対話可能な道具である。道徳が、「人のふみ行うべき道」と定義されても、そこには何らかの古いニュアンスが漂う。それを自覚するためにも、漢字を用いる文化圏のなかでの道徳という言葉の意味を、尋ねていく必要がある。

「道徳」は「道」と「徳」からなる熟語である。漢字のそもそもの意味は、甲骨文字や金文の字体にさかのぼって理解するべきであり、多くの漢字辞典にはその説明が述べてある。古代の文字資料に字ごとの意味の説明が書いてあるわけではないから、学者たちが集積した字体を分析して導いた仮説が示されているのであるが、我々には非常に参考となる。

「道」は、形声の文字であり、意味を表す意符は「しんにょう」の元の形である「辵」（チャク）、発音を表す音符は「首」（トウ）である。「辵」は、「彡」が「ぎょうにんべん」の「彳」と同じで「みち」を表し、「止」は足を表す。つまりこれだけで道を行くことを意味する。音符の「首」と併せた意味は諸説あるが、真っ直ぐに延びた一本道とみるとの解釈に従っておく。(4) この道が、さらに道筋、道理と意味をふくらませるわけである。後漢の許慎《きょしん》が編んだ辞書『説文解字《せつもんかいじ》』は最も初期の漢字の辞典である。ここでも、「所行道也。」（行う所は道なり。）、「一達謂之道。」（一に達するをこれ道と謂《い》ふ。）と、今日の甲骨金石文の研究者と同様の説明がなされている。(5)

「徳」は、古くは「恴《とく》」の文字と「悳《とく》」の文字があるが二つは同じ字である。「徳」は、意符の「彳」と音符の「恴」や「恴」が合わさったものであるので、まず「悳」の文字をみよう。この字は音符の「直」と意符の「心」からなる。音符は発音だけでなく、意味も表すので、「直」と「心」を併せて、真っ直ぐな心を意味する。さらに「彳」がついた「徳」も、真っ直ぐな心を行うこととなる。(6)

こうすると、「道徳」とは、「真っ直ぐな心で行うべきもの」ということになる。我々の言葉の感覚でいうと、それぞれが持っている心のままに正直に行うという、そういう意味を感じることができる言葉である。

しかし、熟語の意味は、熟語自体が出現した文脈において理解しなくてはならない。中国でも日本でも近世まで最も重んぜられたのは、**孔子**の流れをうける**儒教**のテキストである。儒教で重んぜられた『**易経**《えききょう》』では、卦《け》の意義を説いた「説卦《せっか》」の章に、次の文章がある。

和順於道徳而理於義。(7)（道徳において和順して義において理《ただ》す。）

真っ直ぐな心で行うように和《おだ》やかに順《したが》って、義《ただ》しいことを窮理するということである。この文脈の道徳は「道徳において」「義において」と記すように、何か実体化しているが、その意味は、たしかに字義どおりに真っ直ぐな心と読んでも無理はないが、「道徳」という熟語が、何か独立の存在を指しているように読みとれるのである。儒教で重んぜられる儀礼を示したテキストが『**礼記**《らいき》』である。その「曲礼上《きょくらいじょう》」の章は次のように記している。

道徳仁義、非礼不成。教訓正俗、非礼不備。(8)(道徳仁義は、礼に非《あら》ざれば成らず。教訓して俗を正すも、礼に非ざれば備はらず。)

このテキストでいう道徳は、仁義とともに、一つの実体的なものと捉えられ、それが儒教の礼によって成立するという考え方の表明である。ここではそれぞれの真っ直ぐな心という字義では意味が通じない。何か道徳が別に定められているのである。また、同じく『礼記』の「王制」の章には、司徒という民衆を司る官職の者が行う業務が説明されており、そこに次の言葉が登場する。

一道徳、以同俗。(9)(道徳を一《いっ》にして、以《もっ》て俗を同じくせしむ。)

司徒は、民衆の道徳を一つにして、その習俗を同じにするというのである。それぞれが持つ真っ直ぐな心が道徳なのだという単純なことではなく、道徳は、そうした心を対象として統一していく基準となっている。『礼記』に示された道徳は、実体化され、基準となっているのである。こうした儒教のテキストでみられる「道徳」は、真っ直ぐな心で行うという本来の字義よりも、儒教の定めるところにより行うものという形で変化していることがわかる。

一方、道徳を論じる流れとして中国思想史のなかで忘れてはならないのが、道教の流れである。道教の創始者とされる老子について、司馬遷《しばせん》は『史記』で、次のように簡潔に紹介している。

老子脩道徳、其学以自隠無名為務。(10)(老子は道徳を脩《をさ》め、其の学は自ら隠れて名無きを以て務めと為《な》す。)

老子が自らの学として務めたのが「道徳」である。さらに司馬遷は、老子が書き残した書物は「道徳の意」を述べたものだという。そしてその書物自体が『老子道徳経』と呼称されるのである。別のいい方をすれば、老子の学説自体が、道徳と呼ばれる形に実体化していると認識されるのである。ゆえに老子の学に従う者は、道家《どうか》と呼ばれる。「道徳」という言葉の意味として、先にみた『広辞苑』もそうだが、通常の普通名詞としての定義のほかに、老子の説を指す固有名詞として説明する辞書が多い。とにもかくにも「道徳」というとき、儒教的な文脈と、道教的な文脈の双方を背負っていることがわかるのである。

「道徳」は、「道」と「徳」が合わさった熟語であるが、実際に熟語としてテキストに登場する「道徳」は、字義どおりの意味以上に、それぞれの思想のなかでの独自の意味を背負わされるのである。

第二節　徳を得ること

『礼記』の、古代の「郷《きょう》」での儀礼を説明する「郷飲酒義」の章で、次のような説明がある。

徳也者、得於身也。故曰、古之学術道者、将以得身也。是故聖人務焉。(11)（徳は身に於いて得るなり。故に曰《いは》く、「古《いにしへ》の術道を学ぶ者は、将《まさ》に以て身に得るなり」と。是《こ》の故に聖人務む。）

これは、徳というものは身につけるもので、だから「昔からの学問をする者は、これを身に得なくてはいけない」といわれ、だから聖人もこれに務めるのだ、という文章である。道徳とは身につけるべきものだという話は、そのまま素直に理解できるが、文字どおり「徳也者、得於身也。」という表現を受け取ると、それは重い意味を投げかけている。「徳」というものは、自分自身のなかで「得」となるといっているのである。「徳」と「得」という二つの「トク」が往還しているのである。道徳を、儀礼や学問を通じて、自己の身体に獲得しようという発想は、儒教の特色をよく表現している。

中国の戦国時代の韓非《かんぴ》は思想上は法家《ほうか》に分類されるが、思想の流れとしては儒家《じゅか》の傍流ともいえるし、また道家の影響も指摘される。韓非が記したとされる『韓非子』で、老子を解釈した「解老」の章には、次のような文章がある。なお「解老」の章は韓非の自作でないとされることがあるが、少なくとも韓非の影響下の人物の作であろう。

徳者内也。得者外也。上徳不徳、言其神不淫於外也。神不淫於外則身全。身全之謂徳。徳者得身也。(12)（徳は内なり。得は外なり。「上徳《じょうとく》は徳ならず」とは、其の神の外に淫《いん》せざるを言ふなり。神、外に淫せざれば則ち身は全《まった》し。身の全きは、之を徳と謂ふ。徳は身に得るなり。）

『老子』上下二篇の下篇は、「上徳不徳。是以有徳。(13)」（上徳は徳ならず。是を以て徳あり。）という不思議な言葉で始まる。『老子』では、「上徳」と「下徳《かとく》」を対照させて、上徳の人は自ら徳としないでも、そのために徳があり、下徳の人は徳を失うまいとして、そのために徳がないのだという無為の徳を記した箇所である。これに対して韓非は、「徳」は内のもので、「得」は外のものだという言葉を対比して解釈しようとする。つまり、「上徳は、得ではない」というのは、その精神が外から影響されないためだという。精神が外から影響されないのでその身が完全なのであり、その身が完全だから、これを徳といい、徳とは身に得るものなのだと説明している。この説明も結局は、「徳者得身也。」といってしまう以上は、徳は外から得る得なのか、外からは得られない不得（不徳）なのかともう一度問い直したくなる文章である。しかし、こうした矛盾のある文章自体が、道徳を儀礼を通じて自己の身体に獲得しようという儒家と、道徳が超越的にあることを前提にしている道家との両方の影響下に存在した韓非に連なる思想の位置を示している。

もう一度整理すると、『礼記』のように「徳也者、得於身也。」と徳を外から自己に獲得しようと、『老子』のように「上徳不徳、是以有徳。」と徳が初めから内に存在していようと、結局は、道徳は内にあるものであり、韓非のごとく「徳者得身也。」といってよいのだろう。後漢の許慎が編んだ辞書『説文解字』は、「悳」の文字の説明として、「外得於人、内得於己也。」（外は人に得、内は己に得るなり。）と説明しているのは(14)、いささか文字の説明を超えた表現だが、わかりやすい。外は他人から、内は自己から、得るものが、徳なのである。

第三節　道徳の根拠としての内なる良心と宗教

さて、ここまで検討してきた「道徳」という言葉の意味を考えると、「真っ直ぐな心で行うべきもの」という漢字の分析から導かれる表現がわかりやすい。しかし、「真っ直ぐな心」なるものは、定めようがない。真っ直ぐかどうかを判定するには、定規を当てたり、何らかの基準が必要となる。「悳」は真っ直ぐな心であり、「道」は真っ直ぐであるといってみても、何を根拠に真っ直ぐなのかという問いへの答えとはならない。

先にみた、後漢の許慎が記した「外得於人、内得於己也。」という言葉をここでもう一度考えてみたい。「悳」は、外の人と、内の己から得るものであるから、根拠は、内と外にあるのである。

内なる根拠とは、自己である。道徳の規準、つまりその根拠が自分自身の心であるという発想は、近代では珍しいものではない。現代の「**良心の自由**」というものもこれに呼応する。日本国憲法（昭和二十一年十一月三日憲法）の第十九条は「思想及び良心の自由は、これを侵してはならない。」と定めているが、自己の内なる良心には、外から侵犯されることのない自由、内心の自由が守られるということである。

さらに、日本国憲法第七十六条第三項で「すべて裁判官は、その良心に従ひ独立してその職権を行ひ、この憲法及び法律にのみ拘束される。」という文言は、端的に「良心」の基準性を表現している。憲法や法律の厳密な技術的解釈が要求される裁判官も、その従うべき根拠は自己の良心であるということになる。個々の法律がそれぞれの基準として判断されるとしても、それらを総合して最終的に判断するのは良心が根拠となるという考えである。裁判官が行う特殊な職務だけではなく、あらゆる人々が判断する道徳にあたっても、それぞれの良心がもとになると考えることが今日の常識とも言える。

さらに**信教の自由**もまた、こうした内心の自由として挙げることができる。日本国憲法第二十条第一項前段は「信教の自由は、何人に対してもこれを保障する。」と規定するのも自分自身の宗教を自己の内なる根拠とすることを保障したものである。何を信じるか、信じないか、自由だというのである。もちろん、宗教は教団の組織や教義の布教や儀式の実施という形で、内なるものが外に表出される。信教の自由は外への表出も自由として認めることを意味する。そのための保障として日本国憲法第二十条第一項後段は「いかなる宗教団体も、国から特権を受け、又は政治上の権力を行使してはならない。」と宗教上の特権を否定し、第二項は「何人も、宗教上の行為、祝典、儀式又は行事に参加することを強制されない」と宗教上の強制を否定し、第三項は「国及びその機関は、宗教教育その他いかなる宗教的活動もしてはならない。」と**政教分離**を定めている。こうして内心の宗教と外への表出も含めて強制のない状態を作り上げているのである。

この規定はダイレクトに学校教育における特別の教科である道徳のあり方に関係する。第1章で見たとおり、学校教育法が私立の小学校や中学校で特別の教科である道徳の代わりに**宗教**を認めたことは、この信教の自由と政教分離に基づく典型的な処置である。宗教を掲げる私立学校では建学の精神に基づく宗教教育活動が可能であり、それは国公立学校等で必修である特別の教科である道徳と置き換えられるほどの位置づけなのである。この教育を保障するために教育職員免許法では宗教の教員免許を規定している。このように考えると、自分自身の心を根拠とする道徳という見方は、現在の日本で道徳を考えるときの基本的な論理であるといえる。しかし、良心の自由についても、信教の自由についても、つねに国家や社会や他人との関わりで論じられるものであり、心の中でとどまらないところに大きな課題がある。

第四節　道徳の根拠としての外なる慣習と法律

後漢の許慎が「外得於人」と記したように、内なる根拠に対する外なる根拠とは、人である。この人とは、自分とは異なる人のことである。人々の集団、社会のことであると考えてよい。あるいはもう人と感じられるような人格的な形態では表現されていないものかもしれない。道家の「道」についても、儒家の道徳についても、その文章にはそうした超越的な意味を感じさせる。とにもかくにも、ごく普通に他人と語って、あるいは集団や社会で、さらには国家や権力者から、最後には超越的、宗教的なものからも、道徳の根拠は生じうるのである。本章のはじめに言及したラテン語の慣習すなわちモースやギリシャ語の人柄すなわちエートスもまた、これと同義と言える。

子どもが成長していくなかで、大人たちがすでに行っているルールやマナーなど様々な習わし、つまり**慣習**を身につけることは、生きていくために役に立つと考えられる。自分自身の心を根拠として道徳が発生するという流れとは逆に、外にある慣習などが道徳として心の中に入ってくるのである。これを**内面化**という。しかし、社会の慣習にも道徳とは言えないもの、さらには道徳に反するものもある。その意味では、慣習と道徳を同じものとは言えない。

法律は、慣習よりも強制力のあるもの、国家や社会のルールとして守らなければならないものを呼ぶ。現代の日本では、日本国憲法に従って法律案が国会で議決されて公布されたものが法律であり、憲法や条約や条例などとは区別する。言うまでもなく、国と時代で法律の定め方は異なる。こうした法律を守ることは、**遵法精神**（順法精神とも書く）や**法令遵守義務**すなわち**コンプライアンス**として現代社会の道徳だと考えられている。

刑法（明治四十年四月二十四日法律第四十五号）は第百九十九条（殺人）で「人を殺した者は、死刑又は無期若しくは五年以上の懲役に処する。」と記す。この条文に「人を殺してはならない。」とわざわざ書いていないのは、刑法は刑の軽重等を定める法律だから当然ではあるが、人を殺してはならないという道徳を当然の前提としているからと言える。一方、法律は手続などを定めるときには、道徳や慣習に依拠しないこともある。道路交通法（昭和三十五年六月二十五日法律第百五号）の第十七条第四項は、車両は「左の部分を通行しなければならない。」と左側通行を規定する。もし公道で車両が守らないならば、大惨事が発生する。左側通行を守ることは車両運転者の法令遵守義務として道徳であるが、国によって左側通行か右側通行かは異なるわけで、左右の区別に道徳としての根拠があるわけではない。日本国内でも歩行者の通行の仕方は左側か右側か、場所によってずいぶんと慣習の違いがある。

道徳の変化を法律が促進することもある。児童虐待が慣習として黙認されていた風潮に対しては、児童虐待の防止等に関する法律（平成十二年五月二十四日法律第八十二号）が定められた。企業など内部の異議申し立てや告発が秩序の破壊であると禁圧された風潮に対しては、公益通報者保護法（平成十六年六月十八日法律第百二十二号）が定められた。

道徳の根拠として、集団内で周知のものである慣習や、明確に知ることができる法律は、社会の一員となるために知って守るべきものとしての明確性や安定性がある。前節で近現代の内面の自由の典型例としてあげた宗教も、近世以前ではむしろ慣習や法として、いわば外から道徳の根拠として機能した。

道徳の根拠は、内にも外にもあることとは、後漢の許慎が確言しているが、内なる道徳の根拠と外なる道徳の根拠がどのような関係にあるのかは、大いに現代的な、実際の問題として考えていく必要があろう。

(1) 新村出編『広辞苑』第六版、岩波書店、二〇〇八年、一九八二頁。
(2) 新村出編『広辞苑』第三版、岩波書店、一九八三年、一七〇四頁。なお一九五五年の『広辞苑』初版では、「人としてふみ行わねばならぬ理法と、これを実施にあらわす行為、即ち自己の行為または品性を、自己の良心乃至社会的規範を以て律し、善及び正をなし、悪及び不正をなさぬこと。」とあり、書き方が異なる。
(3) 寺澤芳雄編『英語語源辞典』研究社、一九九七年、四五二頁。宇都宮芳明・熊野純彦編『倫理学を学ぶ人のために』世界思想社、一九九四年、三〇頁、五一頁。
(4) 水上静夫編著『甲骨金文辞典』下巻、雄山閣、一九九五年、一三〇二頁。
(5) 段玉裁『説文解字注』上海古籍出版社影印版、一九八一年、七五頁。
(6) 水上静夫編著『甲骨金文辞典』上巻、雄山閣、一九九五年、四九二頁、五一六頁。
(7) 『十三経注疏』上冊、中華書局影印版、一九九七年、九三頁。
(8) 竹内照夫『礼記　上（新釈漢文大系二七）』明治書院、一九七一年、一四頁。前掲『十三経注疏』上冊、一二三一頁。漢文はテキストにより、句読点と読み下しは引用者による。以下同じ。
(9) 竹内照夫前掲『礼記　上』二〇六頁。前掲『十三経注疏』上冊、一三四二頁。
(10) 水沢利忠『史記　八（新釈漢文大系八八）』明治書院、一九九〇年、五五頁。
(11) 竹内照夫『礼記　下（新釈漢文大系二九）』明治書院、一九七九年、九二三頁。『十三経注疏』下冊、中華書局影印版、一九九七年、一六八三頁。
(12) 金谷治訳注『韓非子』第二冊、岩波文庫、一九九四年、七頁。

（13）武内義雄訳注『老子』岩波書店、一九四三年、七〇頁。

（14）段玉裁前掲書、五〇三頁。

第3章　近現代の道徳教育の歩み

高橋陽一

明治維新から百数十年の近代教育の歩みは、学校の教師が道徳教育の担い手となった激動の歴史である。それまでの恵まれた人たちに機会が限定された学校は、道徳教育としての側面は低かった。古代日本の貴族が学ぶ大学寮では、儒教は儒学として、つまり宗教や道徳よりも文学や歴史や法律の学問として学ばれた。この傾向は江戸時代の武士のための昌平坂《しょうへいざか》学問所や藩校にまでも共通する。江戸時代後期から普及した農民や町民の子どもたちの手習塾・寺子屋も生きていくための読み書き能力の獲得が最優先だった。したがって、道徳教育は家庭での教育が基本であり、社寺における儀式や説教も含めて社会のなかで学ぶものであった。

こうした近世までの教育の姿を一変させた、明治維新以後の学校教育の様子を概観する。西洋近代に成立した民衆のための学校、一斉教授法のシステムを用いた西洋流の**近代学校**が導入されて、現代に至るまでの概観を行う。ここでの概観は道徳教育に焦点をあてるので、教育制度の概要は『新しい教育通義』を参照してほしい[1]。

第一節　近代学校と修身教育

維新政府は、江戸幕府の昌平坂学問所を接収して一八六九（明治二）年には大学校とし、さらに大学と改称し、洋学や医学の分校をも擁する組織とした。しかし、従来からの儒学者に対して新たに登用された国学者が『孟子』をテキストにすることを問題として紛争が起こって休校となる。一八七一（明治四）年には文部省が置かれて学校制度を構想して、一八七二（明治五）年に**学制**として提示された。学制においては、下等小学の教科に**修身**（脩身とも記す）の「解意」が規定され、小学教則では**修身口授**が「ぎょうぎのさとし」という読みで規定された。これらは下等小学の半年ごとの第八級から第五級までという最初の二年間の教科であり、教師が口頭で教える初歩的なものであった。フランスの道徳書の翻訳である箕作麟祥《みつくりりんしょう》訳編『泰西勧善訓蒙《たいせいかんぜんくんもう》』（前編三冊は一八七一年）などの**翻訳教科書**が教師による教授の参考に用いられ、修身教育は西洋道徳の移入が基調とされた。教師が新たな西洋のモラルを学んで、子どもは教科書を持たずに教師から口伝えで学んでいくのが修身口授である。

この時期から戦後教育改革までの七十余年は修身と呼ばれるわけだが、修身とは儒教の経典『**礼記**』の「大学」編にある「修身斉家治国平天下《しゅうしんせいかちこくへいてんか》」（身を修め、家を斉《ととの》え、国を治め、天下を平らかにする）の一節が出典である。古代中国の観点では、家は巨大組織、国は中国の一地方、天下は中国に範囲が限られるが、それでも自分自身から家族、国家、世界へと視点の広がるグローバルな言葉である。もっとも「天下を平らかにする」であれば平和であるが、「天下を平らげる」と訓ずれば剣呑《けんのん》である。この修身という科目名が近代の道徳教育の弊害を背負う言葉になったために、現在では議論するときにも道徳科といっても修身科とはいわないわけである。

一方で維新政府は、祭政一致を掲げて、最大の宗教勢力である仏教に対して一八六八（明治元）年には神仏判然令を出して仏教と神道との分離を進めて、地方では廃仏毀釈《はいぶつきしゃく》と呼ばれる仏教批判までが起きた。ここで本書第10章で取り上げる堀秀成《ひでなり》らの国学者が神祇官《じんぎかん》の大教宣布《だいきょうせんぷ》運動のために宣教使に登用され、一八七二（明治五）年には仏教の僧侶も神道の神職も説教を行う**教導職**に登用する**大教院**が成立する。教部省から教導職に説教の基準として「敬神愛国ノ旨ヲ体スヘキ事」、「天理人道ヲ明ラカニスヘキ事」、「皇上ヲ奉戴シ朝旨ヲ遵守セシムヘキ事」という**三条教則**が示される。同じ維新政府の文部省による学制は欧米移入の道徳教育でありながら、教部省による大教院という社会教育は天皇や国家への政治的・宗教的な統合を掲げた道徳教育であった。一八七五年に大教院は廃止となるが、その後も神仏各派に政府の基にある宗教という構図が影響を与えた。

さて学制は数年で全国に二万校を超える小学校を成立させる成果を上げ、教員養成のための師範学校を全国に広げて、さらなる普及と就学率の向上を目指していく。一八七九（明治一二）年学制に代わる教育令が出されて**自由教育令**と呼ばれたが、修身は教科としては最下位に置かれた。しかし、一八八〇（明治一三）年に**改正教育令**や干渉教育令と呼ばれた教育令が出されると、「小学校ハ普通ノ教育ヲ児童ニ授クル所ニシテ其学科ヲ修身読書習字算術地理歴史等ノ初歩トス」と規定され教科の筆頭にあげられ、これを受けて一八八一年に小学校教則綱領が定められた。一八八六（明治一九）年の小学校令をはじめ、それ以後も修身は**筆頭教科**としての位置を保った。筆頭教科だったという言い方は、修身科を振り返るときには必ず述べられる。現在の筆頭教科は第1章でみたとおり国語であるので、こうした順番も決して軽いものではない。

この時期の修身教育の方針をめぐっては、**明治天皇**の意を受けたとして「**教学聖旨**」と題して、侍講や侍補であり天皇の側近であった**元田永孚**《もとだながざね》（一八一八〜九一）が作成して、一八七九（明治一二）年八月ごろに明治維新以後の修身教育を「智識才芸」の尊重だと批判して「仁義忠孝」の重視を主張した。同年九月にはこの反論として、西洋の知識と制度の移入を評価する参議兼内務卿の**伊藤博文**（一八四一〜一九〇九）が**井上毅**《こわし》（一八四四〜九五）の起草による教育議を明治天皇に上奏した。この論争は政府要人の内部対立ではあるが、象徴的な論争である。

翻訳教科書に活躍した明六社《めいろくしゃ》メンバーの**西村茂樹**（一八二八〜一九〇二）が編纂した『小学修身訓』（一八八〇年）では日本、中国、西洋の道徳の例話を挙げて和洋漢の道徳を折衷する姿勢を明確にし、同著『日本道徳論』（一八八七年）でも折衷的姿勢を示した。また西村茂樹は明治天皇の后《きさき》である昭憲皇后の内意により、女子用の教科書として日本や中国や西洋の女性の列伝を内容とする『婦女鑑《ふじょかがみ》』（一八八七年）も編纂《へんさん》している。[2] 元田永孚は、宮内省から学校に配付された勅撰修身書である『幼学綱要』（七巻、一八八二〜八三年）では儒教の徳目により例話を日本と中国から採録している。一八八七年から翌年にかけては学者たちが雑誌等に投稿して**徳育論争**が展開され、修身のあり方や神道、儒教、仏教、キリスト教との関係が議論されるに至った。このように、儒教の徳目と西洋の道徳を踏まえつつ、修身の内容に維新政府としての日本流の道徳を示そうとする流れが形成されつつあったが、その標準となるものが存在しなかった。

このように道徳教育の路線が定まらないなか、一八九〇（明治二三）年の地方長官会議では「徳育涵養《かんよう》ノ義ニ付建議」が出された。これを契機として、以前は対立していた井上毅と元田永孚が起草にあたって、**教育勅語**（教育ニ関スル勅語）が明治天皇から文部大臣芳川顕正《あきまさ》に渡されて、さらに直轄学校へ署名と天皇御璽《ぎょじ》のあるものが配付された。「父母ニ孝ニ」などの儒教起源の徳目と「博愛」などの西洋近代起源の徳目が混在しつつも、最後に「天壌無窮ノ皇運ヲ扶翼スヘシ」という天皇への忠誠へと収斂《しゅうれん》する道徳論を示した構造は、第4章で精読したい。さらに原本が配付された第一高等中学校では、翌一八九一年の学校儀式で**内村鑑三不敬事件**が発生した。その後も公式の教育勅語解説書『勅語衍義《えんぎ》』（一八九一年）を執筆した井上哲次郎（一八五五〜一九四四）から始まった教育と宗教の衝突論争をはじめ、教育勅語に関する論争や事件が継続することとなった。これは道徳教育と宗教教育をめぐる問題として、第9章で再び説明する。

教育勅語は波乱含みであったが、それ以後の道徳教育の方向性として学校や社会で徹底されることになった。教育勅語の出される一八九〇（明治二三）年一〇月三〇日の直前に、小学校令が新たに制定されるが、その第一条は次のように記されている。

> 小学校令（明治二十三年十月七日勅令第二百十五号）
> 第一条　小学校ハ児童身体ノ発達ニ留意シテ道徳教育及国民教育ノ基礎並其生活ニ必須ナル普通ノ知識技能ヲ授クルヲ以テ本旨トスル

ここに、**道徳教育**という言葉があることに注意してほしい。この小学校令も第三条では尋常小学校について、第四条で高等小学校について、修身を筆頭教科として規定している。では、第一条にある道徳教育は何を指すかというと、小学校教育全体を通じて行うものである。以前の小学校令などでは不明確であったが、この段階で現在の、学校の教育活動全体を通じて行う道徳教育と特別の教科である道徳の構造と似た、学校の教育活動全体を通じて行う道徳教育と筆頭教科としての修身科という構造が明確になったことになる。

教育勅語の翌年一八九一（明治二四）年の小学校教則大綱では、「修身ハ教育ニ関スル勅語ノ旨趣ニ基キ児童ノ良心ヲ啓培シテ其徳性ヲ涵養シ人道実践ノ方法ヲ授クルヲ以テ要旨トス」と規定されて、教育勅語が修身教育の標準として定められた。同年の小学校修身教科用図書検定標準により教科書の内容にも反映し、さらに同年の小学校祝日大祭日儀式規程でも学校儀式で教育勅語の「奉読」が規定された。

この一八九一（明治二四）年の小学校教則大綱では修身の評価は、教科書の理解にとどまらず平常の児童の心性や行為までを対象とすることを規定した。一九〇〇（明治三三）年には小学校令施行規則で学籍簿が規定され、各教科の成績のほか、**操行**も記入されることになった。つまり、教科としての修身と行動に関する操行も評価されることになったのである。この学籍簿が現在の指導要録に相当するもので、第6章で述べる特別の教科である道徳の評価との違いも確認しておいてほしい。

教科書は民間出版社による教科書を文部省が検定する現在と似た形であったが、教科書疑獄事件を契機として**国定教科書**の編纂へと動く。一九〇〇（明治三三）年には文部省に修身教科書調査委員会が置かれた。一九〇四年度からは文部省著作の『尋常小学修身書』が修身教科書とされ、一九一〇年には第二期の修身教科書が刊行された。

尋常小学校の修身の教科書は学年ごとに教育勅語の徳目にそって学んでいく形であり、読み物教材の形態を取る。このため、読書、作文、習字といった今日の国語に相当する教科と重なることにもなる。修身の眼目は読解力ではなく、徳目を中心にした教育であることが異なるわけである。

一方で二〇世紀は世界的な新教育運動が盛んとなり、日本でも大正期には**大正自由教育**が始まっていく。ただ教育勅語や徳目を鵜呑《うの》みにするだけの教育ではなく、知識や情操を豊かにする教育改革に道徳教育も影響を受ける。早くも一九〇五（明治三八）年に文部省は学校園施設通牒を発して、小学校などに学校園を置くことを奨励した。[3] 学校園の意義としては「自然物ノ観察研究」という理科教育や実業教育に通じるものとともに、「品性ノ陶冶《とうや》養成」という道徳教育としての意義を強調している。今日も学校の庭園や花壇で植物を育てる活動や学校ビオトープづくりが定着しているが、すでに明治後期から学校の教育活動全体を通して行う道徳教育として開始されていることは注目に値する。

さらに中等教育では、**国民道徳**という概念が登場する。[4] 海外に植民地を持ち列強に伍《ご》する自信を高めた当時の日本では「大国民」という自称でプライドを示したが、思想や政治が錯綜《さくそう》する国際社会では思い込みだけの道徳では役に立たない。そのため、教育勅語を学問的に検証したうえで理解するという文脈で、この国民道徳という言葉が登場する。一九〇九（明治四二）年から中等教員の検定試験に出題され、一九一六（大正五）年には「国民道徳要領」が必修科目にまでなった。国民道徳の主唱者が井上哲次郎であったが、彼の著書は歴史的知識から三種の神器の喪失まで議論してしまったので、大正の末には不敬だとの非難まで受けてしまう顚末《てんまつ》もあった。

また高等教育では、民主主義や社会主義などの海外の思想からの影響をうけ、現在の国家体制に批判的な学生が現れ、昭和期には学生思想問題という言葉で語られる時代となる。文部省は対策のために、一九二八（昭和三）年に学生課、翌年に学生部、一九三四年には思想局を置いて対応を行った。さらに一九三三年には京都帝国大学法学部教授の滝川幸辰《ゆきとき》の著書が社会主義思想だとされて滝川が休職になる滝川事件、一九三五年には高等文官試験における憲法解釈の通説であった東京帝国大学法学部教授の美濃部達吉の学説が不敬であるとされる**天皇機関説事件**が発生する。政府は国体明徴《めいちょう》の声明を二度も出してこの学説を禁圧し、文部省は一九三五年に教学刷新評議会、一九三六年には日本諸学振興委員会を設置し、さらに一九三七年には思想局を教学局に改組して道徳教育のみならず大学教育を含む学

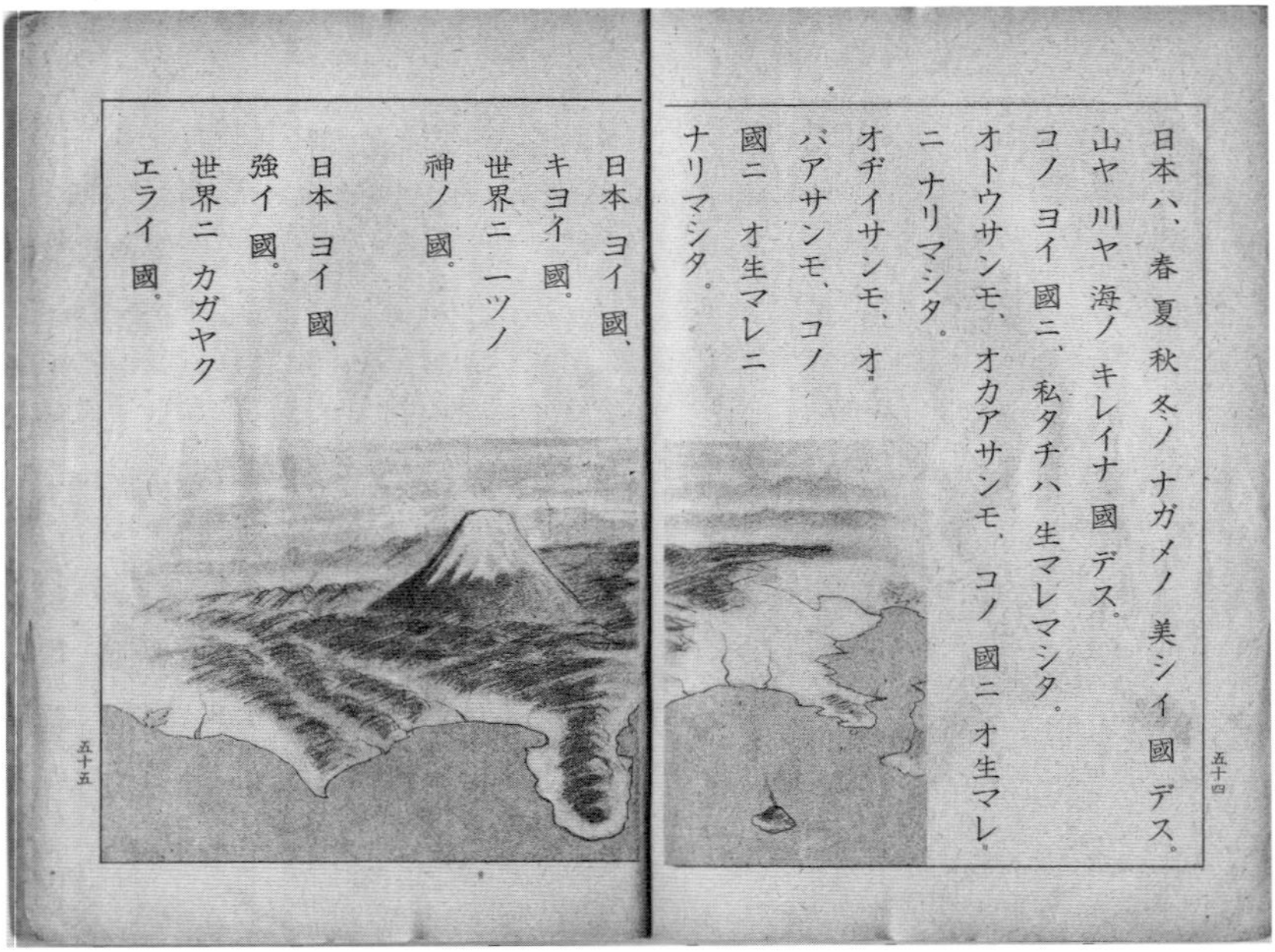
日本ハ、春 夏 秋 冬ノ ナガメノ 美シイ 國 デス。
山ヤ 川ヤ 海ノ キレイナ 國 デス。
コノ ヨイ 國ニ、私タチハ 生マレマシタ。
オトウサンモ、オカアサンモ、コノ 國ニ オ生マレ
ニ ナリマシタ。
オヂイサンモ、オ
バアサンモ、コノ
國ニ オ生マレニ
ナリマシタ。
五十四

日本 ヨイ 國、
キヨイ 國。
世界ニ 一ツノ
神ノ 國。

日本 ヨイ 國、
強イ 國。
世界ニ カガヤク
エライ 國。
五十五

国民学校初等科修身教科書
文部省『ヨイコドモ（下）』1941年初版の、用紙事情で印刷不鮮明な1944年版より。

問全般をチェックする体制を整えた。文部省は一九三七年に『国体の本義』や一九四一年に『臣民の道』を刊行して、日本の道徳と西洋近代思想との違いを強調した。こうした一連の流れで用いられた言葉が**日本精神**である。日本の古典をはじめとした伝統文化の優越性を語ることで教育勅語を掲げる道徳教育を揺るぎなくしようとしたのであるが、古典研究や歴史研究をすれば逆説もまた肯定されるという矛盾が出てくるわけで、今日の伝統文化の教育と通じる議論は第8章でも説明する。

一九四一（昭和一六）年に日本の小学校は**国民学校**へと改組される。その目的は次のように記されている。

国民学校令（昭和十六年三月一日勅令第百四十八号）

第一条　国民学校ハ皇国ノ道ニ則リテ初等普通教育ヲ施シ国民ノ基礎的錬成ヲ為ス

ヲ以テ目的トス

先にみた小学校令第一条と比較すると、道徳教育といった言葉が消えたように見えるが、**皇国ノ道**は、教育勅語に示された道であるとされるので、学校の教育活動全体を通して行う道徳教育が、そのまま教育勅語による道となるわけである。錬成という言葉で、知育だけではない体験的な教育が強調され、**教科**と**科目**も整理される。今日でも、たとえば高等学校の芸術という教科に、音楽、美術、工芸、書道という科目があるという構造があるが、国民学校では、国民学校の国民科という教科に修身、国語、国史及び地理という科目が置かれた。もともと教材の読解が中心の科目を国民科にまとめた形だが、いうまでもなくこの教科の国民科を筆頭教科、そのなかの科目の修身を筆頭科目として、教育勅語に基づく皇国ノ道を体得させるための教育が徹底される(5)。

国民学校の教育は、総力戦体制を支えるために、大正自由教育で培われた新しい教育法を取り入れつつ、軍事教材の多用や、愛国心の涵養が大きな位置を占める。国民学校施行規則第二条で国民科は「皇国ニ生レタル喜ヲ感ゼシメ、敬神、奉公ノ真義ヲ体得セシムベシ」とある。国民学校初等科の低学年で用いる修身教科書『ヨイコドモ』の一部を右頁に掲載した。

このように「日本ヨイ国　強イ国」と教えられても戦況は悪化して都市部を中心とした空襲も広がり、子どもたちは親類縁者を頼った縁故疎開や学校単位の集団疎開を行って、学校教育の実施が困難な状態に至る。中等教育以上は年限も短縮されて軍事工場への学徒動員は日常となり、高等教育では学徒出陣が行われた。

教育勅語を掲げた道徳教育が徹底されたがゆえに実現可能であった総力戦だが、一九四五(昭和二〇)年八月一四日にポツダム宣言を受諾して、翌日に国民に知らされた。

第二節　戦後教育改革から道徳の時間へ

日本を占領した連合国は、ＧＨＱ（連合国最高司令官総司令部）に教育の占領政策を担当するＣＩＥ（民間情報教育局）を置いた。軍国主義や超国家主義とみなされた教育を停止し、軍国主義的な教員を追放し、神道を国家や学校教育から分離する政策を進めた。早くも一九四五（昭和二〇）年一二月三一日には「修身、日本歴史及ビ地理停止ニ関スル件」を発して、修身の授業を禁止した。これらが軍国主義の色彩が濃厚であるための処置である。他の教科・科目でも、教科書の文字等を抹消する墨塗《すみぬり》教科書が行われた。日本歴史や地理は翌年には再開され、新しい社会科という教科へ再編されることになるが、ついに修身はこの時に停止されたまま、現在に至るのである。

戦後教育改革は、軍事占領を行ったＧＨＱのＣＩＥによる命令と、日本側の改革の流れがからみあいながら進行する。一九四六（昭和二一）年三月にはアメリカ教育使節団から報告書が出されて、個人の尊厳、教育委員会制度、単線型の学校システムが提言される。日本側も戦時下には冷遇されていた学者や教育者を登用した教育刷新委員会を置いて新しい教育体制を、新しい日本国憲法を前提として、構想する。こうして、一九四六年一一月三日に**日本国憲法**が公布され、一九四七年三月三一日に**教育基本法**と**学校教育法**が公布された。憲法とこの二つの法律が現在の日本の教育制度をつくったものであるため、本書でも重ねて引用して説明している。日本国憲法は大日本帝国憲法の手続きによる全部改正として実施され、学校教育法は国民学校令等の多くの法律と勅令を廃する形で新たに制定された。教育制度として、天皇の命令としての勅令で形成する**勅令主義**から、国会で議決する法律で形成する**法律主義**へと改めたのである。勅語は君主の著作であるから法手続きでは廃止できないので、一九四八年には国会で改めて教育勅語の排除や失効を確認する議決が行われた。また学校儀式のために神聖なものとして保管された教育勅語の謄本や天皇の肖像等が回収されていった(6)。

戦後の教育は、学校現場の自主性を生かす形で改革を行うため、文部省は省令ではなく、**学習指導要領**という形で目安を提示した。一九四七（昭和二二）年には「学習指導要領一般編（試案）」が発表され、「試案」という注記がなされた。修身科は含まれず、新制の小学校や中学校に新たに登場した**社会科**に含まれるものとなった。一九五一年版の「学習指導要領一般編（試案）」では、道徳教育は教科を設けず、学校の教育活動全体を通じて行うという原則が示された。

一方で、アメリカとソ連の国際対立を前提にして、日本の民主化を推し進めたアメリカの占領政策の見直しが進み、一九五一（昭和二六）年九月八日にはサンフランシスコ平和条約が調印されるなかで、日本国内に教育勅語の復活やそれに替わる基準を求める動きが起こる。吉田茂内閣の文部大臣である天野貞祐は**国民実践要領**の作成に当たり、同年一一月一七日に「文相草案」として『読売新聞』が報道することで注目を集めた。しかし、「愛国心」や「独自の国体」という文言もある徳目主義的な内容は世論の反発を招いて、受容されるには至らなかった。

道徳教育を時間割のなかに位置づけるものとしては、文部省の教育課程審議会が「道徳教育の特設時間」という形で検討を進めた。一九五八（昭和三三）年三月には小学校「道徳」実施要綱と中学校「道徳」実施要綱を文部省が発表し、同年八月には小学校学習指導要領と中学校学習指導要領の道徳編を告示した。八月二八日の学校教育法施行規則の一部改正により同年九月という年度途中から実施する形で始まった。これが特別の教科である道徳に先立つ、**道徳の時間**の始まりであり、当時は**特設道徳**と呼ばれることが多かった。時間の確保が主眼であり、学習指導要領は示されたが、指導要録における評価の記載などは含まれていない。教科用図書を検定する基準を定めないので、教科書は存在せず、読み物資料を中心とした**副読本**が用いられることになった。

特設道徳は一九五七（昭和三二）年一一月に日本教育学会教育政策特別委員会が公表した文書をはじめ、学界や教育界の批判が強くあった。国家が国民の道徳を統制して国民実践要領にみられる愛国心などを強調するのではないか、そして子どもの生活と切り離された時間で道徳教育が可能なのかといった批判である。明治以来の修身科の反省を踏まえた批判とともに、現場の戸惑いも多く、自習の時間や特別活動などへと転用される実態もあった。教師の求める答えがみえる副読本の読み物教材や、ただ上映するだけの視聴覚教材などがあった。この問題がそのまま特別な教科である道徳の導入を行う理由として、批判的に中央教育審議会答申で挙げられたことは第1章にみたとおりである。

中央教育審議会は一九六六（昭和四一）年一〇月の答申「後期中等教育の拡充整備について」を審議することにあわせて、高坂正顕《こうさかまさあき》を主査として**期待される人間像**の検討を行い、答申に先立つ一九六五年一月に中間草案を発表した。文書は、徳目主義的に整理して、「宗教的情操」「正しい愛国心」「天皇への敬愛」といった内容を含むため、多くの批判を招いたことは、第9章でも説明する。

期待される人間像は、文部省のパンフレットや高坂正顕の著書によって広められたが、実際に道徳教育の基準になるほどの影響力を持たずに、歴史の事実の一つとして記憶された。しかし、その後もほぼ一〇年に一度の学習指導要領改正ごとに、戦前の修身科に重なる問題を含めて、さまざまな議論が起こることになる。

特設道徳を開始した一九五八（昭和三三）年の小学校学習指導要領と中学校学習指導要領、一九六〇年の高等学校学習指導要領は『官報』に告示する法令としての体裁をとり、学校儀式での国旗掲揚と君が代斉唱が記載された。小学校の道徳では三六、中学校では二一の内容項目を示した。

つづく一九六八（昭和四三）年の小学校学習指導要領、一九六九年の中学校学習指導要領、一九七〇年の高等学校学習指導要領では、教育内容の現代化や科学教育が強調されて「詰め込み教育」の批判を受ける一方で、国家や神話を強調する内容をも含んだ。道徳の時間では学校の教育活動全体を通じて行う道徳教育を補充し、深化し、統合するという位置づけを示し、道徳的判断力、道徳的心情、道徳的態度と実践意欲の向上などを明記した。道徳の内容項目は、小学校三二項目、中学校一三項目とした。

一九七七（昭和五二）年の小学校学習指導要領と中学校学習指導要領、一九七八年の高等学校学習指導要領では、「詰め込み教育」への批判を受けて学習内容を精選した。また、従来の君が代を国歌と呼び方を変更した。道徳では、道徳的実践力の育成が強調された。小学校では道徳の内容項目を二八に整理した。

一九八九（平成元）年の小学校学習指導要領と中学校学習指導要領と高等学校学習指導要領は、関心・意欲・態度を強調して、新しい学力観の導入の契機となった。道徳では、「生命に対する畏敬の念」の文言が加えられ、「主体性のある日本人」という表現で強調した。年間指導計画が強調され、道徳の内容項目を小中学校共通の四つの視点で分類整理して、小学校低学年一四項目、中学年一八項目、高学年二二項目、中学校一六項目とした。

一九九八（平成一〇）年の小学校学習指導要領と中学校学習指導要領、一九九九年の高等学校学習指導要領は、「生きる力」と「ゆとり」を強調して、学校週五日制に対応した授業時間の削減と総合的な学習の時間の導入を行った。道徳では、**ボランティア活動**や**自然体験活動**を強調した。内容項目は、小学校では低学年一五項目、中学年一八項目、高学年二二項目、中学校二三項目とした。

しかし、ゆとり教育に対して学力低下論が起こり、二〇〇三（平成一五）年に学習指導要領を最低基準としてそれ以上の学習指導を認める一部改正を行った。

二〇〇八（平成二〇）年の小学校学習指導要領と中学校学習指導要領、二〇〇九年の高等学校学習指導要領は、二〇〇六年の教育基本法全部改正を受けたものである。「道徳の時間を要として学校の教育活動全体を通じて行うもの」という要の位置づけを強調して、「伝統と文化を尊重し」、「我が国と郷土を愛し」、「公共の精神を尊び」などの文言を加えた。校長の下で道徳教育を推進する**道徳教育推進教師**を、学習指導要領の規定を根拠に置くことになった。内容項目は、小学校低学年一五項目、中学年一九項目、高学年二二項目、中学校二四項目とした。

この二〇〇八（平成二〇）年までの道徳の時間が、二〇一五年三月の学校教育法施行規則と小学校学習指導要領と中学校学習指導要領と特別支援学校学習指導要領一部改正によって、**特別の教科である道徳**へと、小学校では二〇一八年度から中学校では二〇一九年度から移行した。学習指導要領の全部改正は二〇一七年から二〇一八年に行われて実施年度や移行処置が定められたが、特別の教科である道徳については当初の計画の通りの実施となる。

ずいぶんと駆け足で一八六八（明治元）年から一五〇年近い歩みを概観した。一八七二（明治五）年から一九四五（昭和二〇）年までの修身があった七四年間、学校の教育活動全体を通して行う道徳教育で実施した十余年をはさんで、一九五八（昭和三三）年から二〇一七（平成二九）年までの道徳の時間があった六〇年間がある。これからは、特別の教科である道徳のある時代である。特別の教科である意味は、第1章のほか第5章でも述べるが、教育の理論や方法以上に、教育勅語と修身をめぐる歴史性がその理由となっている。教師は、考え、議論する道徳を実りあるものとするためには、多様な価値観の対立を含めて理解したうえで、主体的・対話的で深い学びを指導していく必要がある。

（1）高橋陽一『新しい教育通義』武蔵野美術大学出版局、二〇一八年、第11章から第14章を参考。教育史が概観できるテキストとしては、古沢常雄・米田俊彦編『教育史』学文社、二〇〇九年。近代の教育法令の参考は、米田俊彦編著『近代日本教育関係法令体系』港の人、二〇〇九年。

（2）西村茂樹と『婦女鑑』をめぐる最近の研究としては、越後純子『近代教育と『婦女鑑』の研究』吉川弘文館、二〇一六年。

（3）田中千賀子『近代日本における学校園の成立と展開』風間書房、二〇一五年。

（4）高橋陽一「井上哲次郎不敬事件再考」寺﨑昌男ほか編『近代日本における知の配分と国民統合』第一法規出版、一九九三年。国民道徳については当該論文等の批判を含めた森川輝紀『国民道徳論の道「伝統」と「近代化」の相克』三元社、二〇〇三年も参照。

（5）高橋陽一「「皇国ノ道」概念の機能と矛盾　吉田熊次教育学と教育勅語解釈の転変」『日本教育史研究』第一六号、一九九七年八月。

（6）「御真影」などの明治期の普及から戦後の回収に至る過程は、小野雅章『御真影と学校「奉護」の変容』東京大学出版会、二〇一四年を参考。

第4章　教育勅語にみる道徳

高橋陽一

ここで道徳の実例としてみるのは、「教育ニ関スル勅語」である。大日本帝国憲法制定の翌年の一八九〇（明治二三）年一〇月三〇日に、**明治天皇**睦仁《むつひと》（一八五二〜一九一二）の名をもって出されたこの文書は、「教育ニ関スル勅語」または**教育勅語**と呼ばれた。

教育勅語は、明治維新以後の道徳教育をめぐる変遷のなか、道徳の基準を示す目的で出された。当初は、明治の青年に西洋の偉人を紹介した『西国立志篇』の翻訳で知られる啓蒙《けいもう》思想家の**中村正直**《まさなお》（一八三二〜九一）が起草に当たったが、彼の案では宗教上や哲学上のテキストになってかえって混乱するということで、開明的な法制官僚である**井上毅**《こわし》と、明治天皇の信任の厚い侍講の**元田永孚**《もとだながざね》の二人が起草に当たった。また大日本帝国憲法第五十五条第二項は、すべての法律、勅令等に天皇の名前に加えて国務大臣が副署することを求めているが、教育勅語は天皇の個人的著作による意志の表明として副署のない「勅語」として出すという工夫がなされた。当初の経緯には、近代における宗教や思想の多様化を前提に強制性を排する、憲法を有する近代国家にふさわしい配慮がたしかに感じられるのであるが、それが井上毅と元田永孚のつくりあげたテキスト本文に生かされているかどうかは、これから実際のテキストを読んで考えてみよう。

教育勅語は、紆余《うよ》曲折を経て、その後の日本の学校における修身科や道徳教育のみならず、広く社会全般の教育の指針として、戦前・戦中の日本に定着していく。教育勅語が教育に力を持った時期の様子は、数百点の教育勅語解説書が出されていることからもわかる[1]。当初に標準の解説書となった帝国大学（後の東京帝国大学）教授の井上哲次郎による『勅語衍義《えんぎ》』のタイトルから、そうした書物は「教育勅語衍義書」と呼ばれる[2]。戦後の日本教育史学では、現在に至るまで、この勅語の制定過程や背景、定着や批判、関係する学校儀式、不敬事件や殉職事件を起こしたトラブルなど、きわめて多様な視点から研究が試みられ、枚挙にいとまがない[3]。ここでは、あえて教育勅語そのものの読解を中心に進めることとする。

第一節　教育勅語の読解

まず、教育勅語の本文を記す。

朕惟フニ我カ皇祖皇宗国ヲ肇ムルコト宏遠ニ徳ヲ樹ツルコト深厚ナリ我カ臣民克ク忠ニ克ク孝ニ億兆心ヲ一ニシテ世世厥ノ美ヲ済セルハ此レ我カ国体ノ精華ニシテ教育ノ淵源亦実ニ此ニ存ス爾臣民父母ニ孝ニ兄弟ニ友ニ夫婦相和シ朋友相信シ恭倹己レヲ持シ博愛衆ニ及ホシ学ヲ修メ業ヲ習ヒ以テ智能ヲ啓発シ徳器ヲ成就シ進テ公益ヲ広メ世務ヲ開キ常ニ国憲ヲ重シ国法ニ遵ヒ一旦緩急アレハ義勇公ニ奉シ以テ天壌無窮ノ皇運ヲ扶翼スヘシ是ノ如キハ独リ朕カ忠良ノ臣民タルノミナラス又以テ爾祖先ノ遺風ヲ顕彰スルニ足ラン

斯ノ道ハ実ニ我カ皇祖皇宗ノ遺訓ニシテ子孫臣民ノ倶ニ遵守スヘキ所之ヲ古今ニ通シテ謬ラス之ヲ中外ニ施シテ悖ラス朕爾臣民ト倶ニ拳拳服膺シテ咸其徳ヲ一ニセンコトヲ庶幾フ

明治二十三年十月三十日

御名　御璽

実際にこの勅語が出されたときには、帝国大学をはじめ文部省の直轄学校に対して、天皇の自筆の署名と押印のあるものが渡された。そうしたテキストでは「御名御璽《ぎょめいぎょじ》」とあるところは、「睦仁」というサインと、「天皇御璽」という朱印が押捺《おうなつ》されている。また「世世」「拳拳」の表記は東京大学史史料室所蔵の自筆署名の史料によったが、「世々」「拳々」と「々」に置きかえたテキストも流布している。全国の多くの学校に渡された教育勅語は、サインもない「謄本《とうほん》」すなわち印刷複製版であった。それでも教師たちにはこの紙片を大切にすることが求められ、火事などで焼けてはいけないと各校で「奉安殿《ほうあんでん》」「奉安庫」と呼ばれる倉庫までを新築する念の入れようであった。

なお、この文章は、二段落よりなっていることは明らかであるが、内容的には「爾臣民父母ニ孝ニ」の前でも切れているので、当時から三段落に改作してしまう解説書があった。最近もそうした誤りを受け継いだ資料集などをみることがあるから、注意されたい。

次に一九〇六（明治三九）年に確定した文部省による公式の英語訳（The Imperial Rescript on Education）も引用しておきたい。[4]

Know ye, Our subjects:

Our Imperial Ancestors have founded Our Empire on a basis broad and everlasting and have deeply and firmly implanted virtue; Our subjects ever united in loyalty and filial piety have from generation to generation illustrated the beauty thereof. This is the glory of the fundamental character of Our Empire, and herein also lies the source of Our education. Ye, Our subjects, be filial to your parents, affectionate to your brothers and sisters; as husbands and wives be harmonious, as friends true; bear yourselves in modesty and moderation; extend your benevolence to all; pursue learning and cultivate arts, and thereby develop intellectual faculties and perfect moral powers; furthermore advance public good and promote common interests; always respect the Constitution and observe the laws; should emergency arise, offer yourselves courageously to the State; and thus guard and maintain the prosperity of Our Imperial Throne coeval with heaven and earth. So shall ye not only be Our good and faithful subjects, but render illustrious the best traditions of your forefathers.

The Way here set forth is indeed the teaching bequeathed by Our Imperial Ancestors, to be observed alike by Their Descendants and the subjects, infallible for all ages and true in all places. It is Our wish to lay it to heart in all reverence, in common with you, Our subjects, that we may all thus attain to the same virtue.

The 30th day of the 10th month of the 23rd year of Meiji.

(Imperial Sign Manual. Imperial Seal.)

この古風な英訳では、逐語的翻訳が試みられている。翻訳というもの一般にいえることだが、言葉を置き換える翻訳自体が一つの勅語の解釈である。以下の読解では、この英訳を一つの参考にするとともに、一九三九（昭和一四）年に文部省に置かれた「聖訓ノ述義ニ関スル協議会」での公式解釈を参考にしたい。この協議会は、秘密裏に当時の倫理学、教育学、国文学、漢文学などの権威を集め、同年に出された「青少年学徒ニ賜《たま》ハリタル勅語」とこの教育勅語の解釈を確認した会議である。教育勅語の解釈は、すでに述べたように膨大な書籍が刊行され、また文部省サイドからは国定修身教科書が文字どおりの公式解釈として教育現場において権威を持っているのであるが、教育勅語が出されてから約五〇年の間の解釈は多様化しており、二年後には太平洋戦争に入ろうとするこの時期に、再検討がなされたのである。(5)

なお、教育勅語の読み方も、テキストにより微妙な違いがあるが、ここでは国定修身教科書の読み方に依拠して振り仮名を記し、(6)句読点は私が付けた。それでは、その内容をみてみよう。

朕惟《ちんおも》フニ、我《わ》カ皇祖《くわうそ》皇宗《くわうそう》、国《くに》ヲ肇《はじ》ムルコト宏遠《くわうゑん》ニ、徳《とく》ヲ樹《た》ツルコト深厚《しんこう》ナリ。

（天皇である私が思うのは、私の祖先である神々や歴代天皇が、この国を始めたのは宏遠なことであり、道徳を樹立したのは深厚なことである。）

「朕」は皇帝などの一人称で、ここから明治天皇が考えたことが述べられるというのである。本当は井上毅と元田永孚が作文したのだが、もともと詔勅とはそういうものなのである。ここで描かれる舞台は「大祓祝詞《おおはらいのりと》」とも相通じる神話の世界であり、「皇祖皇宗」とは、皇祖神や皇孫、歴代天皇を指す。英訳のように“Our Imperial Ancestors”というと歴史上の人物のように感じるが、神話上の先祖を含まなければ、以下の文章は成り立たない。大日本帝国憲法は、信教の自由を認めているのだが、冒頭から特定宗教の神話を前提に話を始めるのである。さらに複雑なのは、その神話は、記紀神話に忠実であろうとした祝詞の世界ではなく、近代的創作に満ちている。「国ヲ肇ムルコト」は、天孫降臨やその後の神武天皇の即位を指す。ただ、そこで「徳ヲ樹ツルコト」というのは、神話上の何を指すのだろうか。あまりに漠然としているが、それでも彼らにより道徳が樹立されたという新しい近代の神話を、明治政府は宣言する必要があったのだろう。

我《わ》カ臣民《しんみん》、克《よ》ク忠《ちゅう》ニ克《よ》ク孝《こう》ニ、億兆心《おくてうこころ》ヲ一《いつ》ニシテ、世世《よよ》厥《そ》ノ美《び》ヲ済《な》セルハ、此《こ》レ我《わ》カ国体《こくたい》ノ精華《せいくわ》ニシテ、教育《けういく》ノ淵源亦実《えんげんまたじつ》ニ此《ここ》ニ存《そん》ス。

（我が臣民は、よく忠にはげみ、よく孝にはげみ、皆が心を一つにして、代々その美風をつくりあげてきたことは、これは我が国体の華々しいところであり、教育の根源もまた実にここにあるのだ。）

「臣民」とは、教育勅語の出される前年の一八八九（明治二二）年の大日本帝国憲法のいう「臣民」のことである。もともとは国王の家来の「臣」と一般の「民」は、別の存在と考えられており、もし「臣民」という語句があればそれは「臣下と民衆」という言葉にすぎないのだが、近代日本では、これが一体になって、近代国家の「国民」と異なる天皇の臣下たる民衆としての「臣民」が成立する。もちろんそれは、明治維新政府の統治がうまくいってからの概念であるが、教育勅語では「臣民」が神世の昔から存在したように虚構して、その臣民が、忠と孝に励んでいたという。

「忠」も「孝」も儒教で大切にされた概念である。「忠」はもともと「中」の「心」として誠意や真心を意味するが、主君への忠誠の意味へと変化する。それでも本来は主君はそれぞれにとって別個に存在したのであり、江戸時代では商家の奉公人の忠は主人へ向かい、各藩の武士はそれぞれの主君に忠を尽くすべきであった。それが近代では、「忠」は臣民から天皇にだけ向かうものになってしまう。親に対する自然な愛情を示す「孝」も、祖先や親への「孝行」の意味へと変化する。この「孝」についても実際の生活では、主君に尽くすべきか、親に尽くすべきかと「忠」と「孝」は葛藤するはずである。ところがこの文章は、「克ク忠ニ克ク孝ニ」と簡単に矛盾なく書いてしまっているのである。

こうなると「億兆心ヲ一ニシテ」という文章も、まだこの時期の日本の人口は一億人ではないだろうという疑問は「兆」という誇大表示にかき消されるので言わないが、そもそもすべての人々が心を一つにした時代などあったのかと疑問がわく。考えてみれば、教育勅語によって、臣民全員が一つの方向へと突き進む時代をつくろうとしたのであろう。しかし、過去の日本ではみんなの心が一つであったというのは、神話上の話にも、歴史上の話にも、聞かない話である。

いやしくも神話や歴史を学んだ者であれば、この当時も疑問を持ったであろうが、教育勅語はいちいち反論をしない。自信を持って、それが「我カ国体ノ精華」であると断言する。「我カ国体ノ精華」の英訳は、“the glory of the fundamental character of Our Empire”となっている。たしかに「国体」は国の成り立ち、基本的性格であるが、それは憲法や政治体制という可視的なものだけではない。この教育勅語にみられる神話的な世界、つまり典拠のある神話や歴史を超越した近代の神話を前提としたのが「我カ国体」なのである。そして、ここにまた「教育ノ淵源」があるというのだから、教育の根拠は、近代明治維新政府がつくりあげた神話的世界だということになる。

ちなみに「聖訓ノ述義ニ関スル協議会」では、この一文は、その前の「深厚ナリ」という最初の文章から続いていて、「文章として切れない」という確認がなされる。「深厚ナリ」は終止形なのだから、切れないわけがないのであるが、山田孝雄《よしお》（一八七三～一九五八）のような国文学者までが「意味上では切れぬ」(7)と強調している。なぜそんなことをわざわざ討議して確認するかというと、実は国体をめぐる重大問題があったのだ。協議会では、教学官の小川義章が「『此レ』といふのも、今の切る説に従ふと臣民以下で、教育の淵源は民の側にあり教育民主主義となる。(8)」と説明している。わかりにくい表現だが、前の文が「皇祖皇宗」を語り、この文が「臣民」を語っているので、文が切れていると、この文章の前の「臣民」の話だけを「此レ」で受けられてしまい、最後の「教育ノ淵源亦実ニ此ニ存ス」につながり、「臣民」だけが教育の淵源になって、結果的に「教育民主主義」になるというのである。このあたりの解釈などは、牽強付会《けんきょうふかい》というよりも杞憂《きゆう》に等しいのであるが、いかに文部省が「民主主義」を嫌っていたかを物語るものである。

爾臣民《なんぢしんみん》、父母《ふぼ》ニ孝《かう》ニ、兄弟《けいてい》ニ友《いう》ニ、夫婦相和《ふうふあひわ》シ、朋友相信《ほういうあひしん》シ、恭倹己《きようけんおの》レヲ持《ぢ》シ、博愛衆《はくあいしゆう》ニ及《およ》ホシ、学《がく》ヲ修《をさ》メ業《げふ》ヲ習《なら》ヒ、以《もつ》テ智能《ちのう》ヲ啓発《けいはつ》シ徳器《とくき》ヲ成就《じやうじゆ》シ、進《すすん》テ公益《こうえき》ヲ広《ひろ》メ世務《せいむ》ヲ開《ひら》キ、常《つね》ニ国憲《こくけん》ヲ重《おもん》シ国法《こくはう》ニ遵《したが》ヒ、一旦緩急《いつたんくわんきふ》アレハ義勇公《ぎゆうこう》ニ奉《ほう》シ、以《もつ》テ天壌無窮《てんじやうむきゆう》ノ皇運《くわううん》ヲ扶翼《ふよく》スヘシ。

（汝ら臣民は、父母に孝行をつくし、兄弟姉妹は仲良く、夫婦は仲むつまじく、友人は互いに信じあい、恭しく己を保ち、博愛をみんなに施し、学問を修め実業を習い、そうして知能を発達させ道徳性を完成させ、更に進んでは公共の利益を広めて世の中の事業を興し、常に国の憲法を尊重して国の法律に従い、非常事態のときには大義に勇気をふるって国家につくし、そうして天と地とともに無限に続く皇室の運命を翼賛すべきである。）

臣民に対して、守るべき道徳の内容を示した文章である。「父母ニ孝ニ」などという一つのまとまりはそれぞれ**徳目**と呼ばれるが、ここで示された徳目の大半は、**儒教**の徳目と近代国家の道徳である。天皇や臣民の祖先たちが示したはずの道徳の内容が、古代中国や近代西洋の道徳だというのでは、歴史的非常識を開陳しただけである。もちろん、それが非常識ではないと感じられるほど、この時期の日本の社会には、**五倫**（父子の親、君臣の義、夫婦の別、長幼の序、朋友の信）や**五常**（仁、義、礼、智、信）に代表される儒教の五倫五常の徳目が定着し、また文明開化以来の博愛や公益や遵法という近代的な市民社会の道徳の移入が進んでいたということを示しているのだが。

「一旦緩急アレハ義勇公ニ奉シ」とは、文部省の英訳 "should emergency arise, offer yourselves courageously to the State"（緊急事態が起こったならば、勇気をふるって国家に挺身せよ）という軍事的表現がわかりやすい。"should emergency arise" は英語の仮定法であるが、「一旦緩急アレハ」は日本の古典文法では仮定法ではない。仮定ならば「アラハ」とするべきで、教育勅語は初歩の文法の間違いを含んでいるのである。協議会で山田孝雄が「日本文法に熟せぬ漢学者が誤つて読んだのだ」(9)と勅語批判をしたのは国文学者としての本領発揮である。勅語起草者である井上毅と元田永孚は二人とも、熊本藩の開明的な儒者である横井小楠《しょうなん》（一八〇九～六九）の門下生である。教育勅語に限らず、近代の勅語は、漢文訓読風に書かれているのだから、今も受験生が「レバ則」といって暗記する漢文の読み癖を否定されても困るというのが実際だろう。しかし、平安期の日本語を規範とする古典文法からすると、教育勅語は悪い見本になってしまうのである。尋常小学校では完全無欠の道徳だと教育勅語を教えられた子どもたちが、中等教育で国文法を学んだとたん、漢学流の下手な作文だと気づくというのは、悲惨なものである。

ここまでの多くの徳目は、「以テ天壌無窮ノ皇運ヲ扶翼スヘシ」という文章に集約される。天皇の運勢をお助けしろということであるが、「天壌無窮」という言葉には、神話的根拠がある。これは『日本書紀』のなかに、「葦原《あしはらの》千五《ちい》百《ほ》秋之瑞穂国《あきのみづほのくには》、是吾子孫可王之地也《これわがうみのこのきみたるべきくになり》。宜爾皇孫《いましすめみま》、就而治焉《いでましてしらせ》。行矣《さきくませ》。宝祚之隆《あまのひつぎのさかえまさむこと》、当与天壌無窮者矣《まさにあめつちときはまりなけむ》。」(10)（葦原の実り豊かな瑞穂の国は、吾が子孫が王となるべき地である。あなた、皇孫が、行って統治しなさい。行ってらっしゃい。皇孫の隆盛は、まさに天や地のように窮まりがないでしょう。）とある。天照大神が天津《あまつ》彦彦《ひこひこ》火《ほの》瓊瓊《にに》杵尊《ぎのみこと》に下した命令である。「大祓祝詞」にも描かれた天孫降臨の場面であるが、記紀神話には、その場面は幾とおりにも描かれている。引用された天照大神の言葉は、『日本書紀』でも「一書」、つまり異本の収録部分として記録されているにすぎないのだが、天壌無窮という漢語的な言葉とともに荘厳なので好まれ、この教育勅語に引用されたことがこの言葉の価値を近代において高めた。

是《かく》ノ如《ごと》キハ、独《ひと》リ朕《ちん》カ忠良《ちゆうりやう》ノ臣民《しんみん》タルノミナラス、又以《またもつ》テ爾祖先《なんぢそせん》ノ遺風《ゐふう》ヲ顕彰《けんしやう》スルニ足《た》ラン。

（こうしたことは、ただ天皇である私の忠実で順良な臣民であるだけではなく、またそうして汝らの祖先の遺した美風を顕彰することにもなるであろう。）

前の文で述べた徳目の効果の説明である。これを守れば、天皇の忠良な臣民であるだけではなく、自分たちの祖先の顕彰にもなるというのである。もちろん、日本人それぞれの先祖には、たとえば南北朝時代では現在の皇室の祖先の北朝に対立した南朝を支持した側の人たちもいるだろうし、各時代で天皇に対立した人たちも多くいるはずである。しかし教育勅語は一貫してそうした歴史上の事実を無視して述べているのだから、この文章が成立するのである。

斯《こ》ノ道《みち》ハ、実《じつ》ニ我《わ》カ皇祖皇宗《くわうそくわうそう》ノ遺訓《ゐくん》ニシテ、子孫臣民《しそんしんみん》ノ倶《とも》ニ遵守《じゆんしゆ》スヘキ所《ところ》、之《これ》ヲ古今《ここん》ニ通《つう》シテ謬《あやま》ラス、之《これ》ヲ中《ちゆう》外《ぐわい》ニ施《ほどこ》シテ悖《もと》ラス。

（ここに示した道徳は、実に私の祖先である神々や歴代天皇の遺した教訓であり、皇孫も臣民もともに守り従うべきところであり、これを現在と過去を通して誤謬《ごびゅう》はなく、これを国の内外に適用しても間違いはない。）

前の文章を受けて、まず「斯ノ道」という。実はこれが、解釈上の一大問題であった。一九四一（昭和一六）年の国民学校令により従来の小学校は国民学校となるが、この国民学校令第一条には「国民学校ハ皇国ノ道ニ則リテ初等普通教育ヲ施シ国民ノ基礎的錬成ヲ為スヲ以テ目的トス」と記される。(11)「聖訓ノ述義ニ関スル協議会」の段階では、この「皇国ノ道」という言葉に学校教育をまとめ上げるための法令改正が準備されており、「皇国ノ道」とは教育勅語の「斯ノ道」であるという公式解釈が政府内部で固まりつつあった。考えてみれば、国民学校令は勅令であり、教育勅語は勅語なのだから、大日本帝国憲法の公式の命令である勅令に、天皇個人の著作にすぎない勅語を引用することは上位法と下位法の関係を重んじる近代法体系の混乱をもたらすのであるが、そのあたりをあくまでも解釈としてくぐり抜けようとしていたのである。

ここで「斯ノ道」は皇祖神や歴代天皇の遺訓だと説明しているのは、思想史上ありえない仮構にすぎない。それよりも問題は、「斯ノ道」を皇孫や臣民が守るだけではなく、「之ヲ古今ニ通シテ謬ラス」と時間における普遍性を主張して、さらに「之ヲ中外ニ施シテ悖ラス」と空間における普遍性をも主張した点である。架空の歴史に基づく勅語だから、「古今」、つまり今も昔も通用するという点を大目にみても、「中外」でも通用するというのは同時代の話だから単純には納得されないだろう。もちろん政治家や外交官が外国で教育勅語の英訳を披露すれば外交辞令や慇懃《いんぎん》な讃辞ぐらいはいただけるのだろうが、まじめに我が国でも教育勅語を奉戴しましょうとは、ならないだろう。だから文部省の英訳も"infallible for all ages and true in all places"（すべての時代にとって無謬であり、すべての場所においても真実である）と後半の「之ヲ中外ニ施シテ」をあやふやに訳しているのだ。

この「斯ノ道」は、つまるところ、指示語の問題である。「斯ノ」は、前を指す。広く考えると、前の文章の文意である。該当部分を抜き出して示せという今も昔もある国語の問題の形式で質問されれば、「父母ニ孝ニ兄弟ニ友ニ夫婦相和シ朋友相信シ恭倹己レヲ持シ博愛衆ニ及ホシ学ヲ修メ業ヲ習ヒ以テ智能ヲ啓発シ徳器ヲ成就シ進テ公益ヲ広メ世務ヲ開キ常ニ国憲ヲ重シ国法ニ遵ヒ一旦緩急アレハ義勇公ニ奉シ以テ天壌無窮ノ皇運ヲ扶翼スヘシ」という「道」以外ではありえない。ところがこれが不正解だった。なんとなれば、国定修身教科書には、わざわざ「『斯ノ道』とは『父母ニ孝ニ』以下『義勇公ニ奉シ』までを指し給へるなり」(12)という正解が書いてあるからである。一言でいうと、「天壌無窮ノ皇運ヲ扶翼スヘシ」を「斯ノ道」の指示範囲から除外しないと正解ではないということである。

東京帝国大学名誉教授で教育学者の吉田熊次（一八七四～一九六四）によれば、こうした解釈は、彼自身が関与した一九〇八（明治四一）年ごろからの文部省内の修身教科書編纂のときに確定したもので、「天壌無窮の皇運扶翼というふことは外国には通じない。」(13)という理由であるという。明治の末の学者や官僚たちも、我々と同じように、まさか天皇を奉ることを外交儀礼以上に外国がしてくれるなどとは思っていないのである。それを真顔で「之ヲ中外ニ施シテ悖ラス」といっても、笑われるか、さもなくんば国土を侵略でもするのかと疑われるだけである。

ところが「聖訓ノ述義ニ関スル協議会」は、このとき従来の公式解釈を百八十度転換し、「皇運ヲ扶翼スヘシ」を「斯ノ道」の範囲に入れるとの決定を行った。単純な語句解釈の問題では、私もそれが正解だと思う。しかし国語の問題と歴史の問題は異なるのであって、このことは、「皇運ヲ扶翼スヘシ」という「斯ノ道」が「之ヲ中外ニ施シテ悖ラス」といえると確認したことを意味する。簡単にいえば、天皇に奉仕するのは、日本はもちろん世界の常識だというのであり、それが「皇国ノ道」として、戦時下の日本の教育の目的となった。つまり、侵略の宣言である。それは、一九四一年の太平洋戦争の開戦への時期であり、たかが指示語の問題といっても、その背景に世界の歴史を抱えているのである。

朕爾臣民《ちんなんぢしんみん》ト倶《とも》ニ拳拳服膺《けんけんふくよう》シテ、咸其徳《みなそのとく》ヲ一《いつ》ニセンコトヲ庶幾《こひねが》フ。

（天皇である私は、汝ら臣民とともにしっかりと体得して、みんなでその道徳を一つにすることを期待するものである。）

最後に天皇から臣民への呼びかけである。「拳拳服膺」とは、体の一部のように体得することであり、みんながその道徳を一つにすることを願うというのである。道徳が一つになるとは、価値観や道徳観の多様性を認めないということである。

以上で、教育勅語の本文を概観したことになる。文章自体はそれほど難しいとは思えないが、書かれている内容は読み込むほどに疑問がわいてくる。歴史的には古代のものといえる「大祓祝詞」や「十戒」と異なり、教育勅語は我々と同じ近現代のテキストである。教育勅語に基づいた教育を受けた方々と我々は時代をともに暮らしているが、それよりもこれに基づく教育を再び行いたいと主張する人々をみるにつけて、これを過去のものとのみ考えることはできないと痛感する。

第二節　教育勅語の道徳の構造

教育勅語に示された道徳の内容と、その根拠を考えてみよう。

今でも教育勅語に示された道徳、掲げられた徳目が正しいと考える人がいる。「父母ニ孝ニ」というのは、たしかに私も正しいと思う。しかし「孝」が大切だと広めたのは、孔子以来の儒者たちであり、「皇祖皇宗」ではない。徳目部分の大半は、井上毅と元田永孚が、西洋的常識と儒学的知識を生かして編んだものにすぎないのである。借り物の道徳であれば、借りてきた先の中国や西洋の道徳を正しいというべきであろう。そもそもテキストにある部分的な命題が正しいとしても、そのテキスト自体の命題が正しいとは限らないのである。

教育勅語のオリジナリティーは何かというと、そうした借り物の徳目を、「以テ天壌無窮ノ皇運ヲ扶翼スヘシ」とまとめたことである。父母に孝行をするのも天皇のため、学問するのも天皇のためだと、すべての徳目を皇運の扶翼にまとめたことが教育勅語の特色である。この点を抜きにして教育勅語を語ることは不可能である。いくつかの徳目だけで教育勅語が現代に通じると考えることは、教育勅語の名をもって教育勅語を謗《そし》るに等しい誤りである。

教育勅語の道徳をまとめるならば、次のような構造となろう。

父母ニ孝ニ
兄弟ニ友ニ
夫婦相和シ
朋友相信シ
恭倹己レヲ持シ
博愛衆ニ及ホシ
学ヲ修メ　業ヲ習ヒ
　以テ……智能ヲ啓発シ　徳器ヲ成就シ
進テ……公益ヲ広メ　世務ヲ開キ

以テ天壌無窮ノ皇運ヲ扶翼スヘシ

常ニ……国憲ヲ重シ　国法ニ遵ヒ
一旦緩急アレハ……義勇公ニ奉シ

長い文章であるから、「以テ」「進テ」「常ニ」と接続句を置き、また対句を多用している。このため、はたして教育勅語に示された徳目は合計いくつかという問題も生じるのだが、それは切り方によるわけで、私はその論争にあまり興味はない。むしろ、重要なのは、これが皇運の扶翼に流れ込むという構造である。これであるがゆえに、第一節でみたように、「義勇公ニ奉シ」までを切り取って、それを「中外ニ施シテ」誤りのないものとしようという解釈が明治の末から「聖訓ノ述義ニ関スル協議会」まであったことを観察した。しかし、本来的には、皇運の扶翼がないことには教育勅語の目的は達せない。日清戦争前に教育勅語が出された時期には、皇運の扶翼が外国にも通用すると述べても、単に空想的な言辞にすぎないが、太平洋戦争前にそのことが「皇国ノ道」として再確認されたときには、その内容は対外侵略とも呼応する道徳になるのである。

教育勅語の道徳の根拠は何か。主たる徳目は儒教や西洋近代の道徳からの借用なのだから、その原典における根拠が論じられるべきであるが、教育勅語は、それを認めない。冒頭で「我カ皇祖皇宗国ヲ肇ムルコト宏遠ニ徳ヲ樹ツルコト深厚ナリ」と述べた以上は、ここで述べられる道徳は皇祖神と歴代天皇が樹立したのであり、「此レ我カ国体ノ精華ニシテ教育ノ淵源亦実ニ此ニ存ス」という以上は、それは日本の「国体」と不可分なのである。春秋戦国時代に孔子やその弟子たちが何を説こうと、フランス革命前後にジャン＝ジャック・ルソーやその友人たちが何を書こうが、典拠だと認めるべきではないのである。根拠は明治維新政府のもとで新たにできた仮構なのである。

こうした脆弱《ぜいじゃく》な「淵源」は、もっと強固な根拠を「国体」に求める。それは、「我カ臣民克ク忠ニ克ク孝ニ億兆心ヲ一ニシテ世世厥ノ美ヲ済セル」という過去における忠孝につとめる臣民の存在であり、それに依拠した「是ノ如キハ独リ朕カ忠良ノ臣民タルノミナラス又以テ爾祖先ノ遺風ヲ顕彰スルニ足ラン」という関係の提起であり、「斯ノ道ハ実ニ我カ皇祖皇宗ノ遺訓ニシテ子孫臣民ノ倶ニ遵守スヘキ所」という未来への保障である。

たとえば、この構造をキーワードから、次のように整理できる。

過去において、臣民の祖先は皇祖皇宗に「忠」を示してきた。現在においても、明治天皇に臣民は「忠」を示す。そして未来でも、皇孫への臣民の子孫からの「忠」は続く。過去から現在、そして未来へと天皇への臣民の「忠」は永続していくのである。「忠」が永続するから、先祖へ子孫が示すべき「孝」とも一致する。そして、あらゆる対立を超えて、道徳は一致するのであり、ゆえに「咸其徳ヲ一ニセンコトヲ庶幾フ」と結ばれるのである。

「国体」というずいぶん強固な構造物をつくりあげたように読み取れるが、この構造物の屋台骨が「忠」と「孝」であるならば、その柱には「中国製」と原産国が書いてあるはずだ。どの次元で読み解いても、教育勅語が借り物であることには違いはなく、そのことを隠蔽しようとすればするほど、さらなる矛盾を抱え込んでくるのである。

なお、教育勅語への批判として、「儒教的だ」「封建的だ」という決まり文句があるが、これは一面を捉えているが、当たらない。たしかに封建時代にも重んぜられた儒教の徳目が盛り込まれているのであるが、教育勅語の眼目はそんな前時代の遺産でとどまるのではなく、天皇のもとの明治維新政府が従来の道徳を活用して新しい天皇中心の道徳を創るところにあるのだから。

教育勅語は、すでに憲法を有する近代に、思想や宗教が混在する時代につくられた。そこに、「之ヲ古今ニ通シテ謬ラス之ヲ中外ニ施シテ悖ラス」という時間的、空間的普遍性を獲得しようとしたことがまず無理であった。しかし、道徳が天皇とその祖先から発生し、発生した道徳が皇運の扶翼として戻ってくるという構造は、いわば天皇による天皇のための臣民の道徳として、太平洋戦争の敗戦まで、日本の教育の基準となったのである。我々の読み解いたテキストのなかの混乱は、現実の歴史の混乱でもあったのだ。この歴史は、多様な価値観を前提に、考え、議論するものとしての特別の教科である道徳を構想するための亀鑑となる。

（1）教育勅語についての概説書は、高橋陽一『くわしすぎる教育勅語』太郎次郎社エディタス、二〇一九年、研究書として高橋陽一『共通教化と教育勅語』東京大学出版会、二〇一九年を記した。このほか、教育史学会編『教育勅語の何が問題か』岩波ブックレット、二〇一七年、岩波書店編集部編『教育勅語と日本社会』岩波書店、二〇一七年がある。戦後の教育勅語衍義書類を復刻したものとしては、古田紹欽編輯『教育勅語関係資料』（第一集）、日本大学精神文化研究所・日本大学教育制度研究所、一九七四年。同資料集は一九九一年に第一五集まで刊行されている。

（2）井上哲次郎『勅語衍義』（上下）、敬業社・哲眼社、一八九一年。

（3）教育勅語の成立過程の研究として定評のあるのは、海後宗臣『教育勅語成立史の研究』一九六五年（『海後宗臣著作集』第10巻、東京書籍、一九八一年所収）。最近のものとしては、森川輝紀『教育勅語への道　教育の政治史』三元社、一九九〇年。教育勅語関係の資料集としては、佐藤秀夫編『教育1（続・現代史資料8）』みすず書房、一九九四年及び同『教育2（続・現代史資料9）』みすず書房、一九九六年、『教育3（続・現代史資料10）』みすず書房、一九九六年。教育勅語の概説としては、山住正己『教育勅語（朝日選書）』朝日新聞社、一九八〇年。内村鑑三不敬事件については、小沢三郎『内村鑑三不敬事件』新教出版社、二〇〇四年があり、多くの不敬事件を小股憲明『明治期における不敬事件の研究』思文閣出版、二〇一〇年が詳しい。

（4）文部省『漢英仏独教育勅語訳纂』一九〇九年（佐藤秀夫前掲『教育1（続・現代史資料8）』、四五七〜四六八頁所収）。教育勅語の外国語訳についての研究としては、平田諭治『教育勅語国際関係史の研究』風間書房、一九九七年。

（5）文部省編『聖訓ノ述義ニ関スル協議会報告』文部省、一九四〇年。この協議会は、一九三九（昭和一四）年一〇月三〇日より一二月一二日まで七回にわたり開催された。本書は秘扱いの報告書で同時代には限定された範囲しか公開されなかったが、佐藤秀夫前掲『教育2（続・現代史資料9）』にも翻刻されている。この経緯は、高橋陽一「「皇国ノ道」概念の機能

と矛盾 吉田熊次教育学と教育勅語解釈の転変」『日本教育史研究』第一六号、一九九七年八月。
（6）文部省『尋常小学修身書 児童用』巻四、大阪書籍、一九二七年。
（7）文部省編前掲『聖訓ノ述義ニ関スル協議会報告』七四頁。
（8）文部省編前掲『聖訓ノ述義ニ関スル協議会報告』六七頁。
（9）文部省編前掲『聖訓ノ述義ニ関スル協議会報告』八〇頁。
（10）坂本太郎ほか校注『日本書紀 上（日本古典文学大系六七）』岩波書店、一九六七年、一四七頁。
（11）「皇国ノ道」をめぐっては、高橋陽一前掲「「皇国ノ道」概念の機能と矛盾」。
（12）文部省『高等小学修身書 児童用』巻二、大阪書籍、一九一三年、七五頁。
（13）文部省編前掲『聖訓ノ述義ニ関スル協議会報告』八〇頁。

第5章　学力論とチーム学校における道徳

高橋陽一

かつての道徳の時間が副読本などを読むだけの時間、何を目標にして計画されたのか分からない時間だったという反省がある。もちろんそこまで単純化して批判するべきかどうかは大いに議論の余地があるが、特別の教科である道徳を指導する教師には、今まで以上に何を目指して、何を子どもたちに獲得してもらうかを計画して実施する必要がある。

前章までに特別の教科である道徳の概要を知り、道徳の概念とその歴史の概要を把握した。本章では、さらに実践へと進んでいくために現在の学校で子どもたちが獲得する能力について把握して、道徳教育の課題を明確にする。

第一節　生きる力と学力の三つの柱

第1章第三節で教育基本法と学校教育法に記された学校教育が目指していく**目的**や、各学校等の段階で達成するべき**目標**について概観した。明治以来、**知育・徳育・体育**という教育を三つに区分した言葉が学校教育に定着している。**学力論**とは、一般に知育において達成できた学問の力量に関する議論を意味するが、今日ではより広い資質・能力を含めて論じることになる。徳育は道徳教育であるから、学力を培う知育とは区別されるのだが、近年の学力論はむしろ知育と徳育を合わせて論じる点に特徴がある。

今日の学校教育では、知識や技能を身につけるだけの学力にとどまらず、一九八九（平成元）年の**学習指導要領**で**新しい学力観**として説明された、**関心・意欲・態度**を含めて学力とする考えが定着している。子どもが学習に関心を持ち、学ぶ意欲を高めて、それが持続的な態度にまで至ることが必要で、それも学力を構成するという学力観である。

さらに、**生きる力**という言葉を学校教育で培うべき能力の総称として用いている。これは決して古い言葉ではなく、一九九六（平成八）年七月一九日に中央教育審議会答申「二一世紀を展望した我が国の教育の在り方について―子供に［生きる力］と［ゆとり］を―」として提起されたことを契機としている。この答申は学校週五日制による授業時間減少を前提として、教育内容の厳選と**基礎・基本**の徹底を提起した。この方向で、一九九八年の小中学校の学習指導要領と翌年の高等学校学習指導要領の改正が行われた。この答申の内容は、知識を一方的に教え込むことになりがちであった教育から、自ら学び、自ら考える教育への転換について、知育、徳育、体育にわたる生きる力として描き出したものであり、教育課程では総合的な学習の時間が新設されて、今日のアクティブ・ラーニングの流れにつながる学校教育の変化の起点となったものである。

しかしながら、学校週五日制の課題を**ゆとり**という言葉で把握して教育内容を削減する方向を打ち出したため、**学力低下論**と呼ばれる批判を招いた。**国際学力調査**では、従来は日本が高位にあったIEAのTIMSS（ティムズ）調査の一九九九年実施分で順位を下げ、OECDのPISA（ピザ）二〇〇〇年調査でも読解力が八位という結果が発表された。この低下の原因を実施過程にあった「ゆとり教育」に即座に結び付けることは無理があったが、学習指導要領の見直しが実施された。中央教育審議会は二〇〇三（平成一五）年一〇月七日に答申「初等中等教育における当面の教育課程及び指導の充実・改善方策について」を出して、文部科学省は同年に異例の学習指導要領の一部改正を行って、学習指導要領を超える内容を教えることを認めるなどの修正を行った。このときに生きる力の再解釈として提起されたが概念が、**確かな学力**である。基礎・基本が試されるTIMSS調査とともに、応用的な**読解力**つまりリテラシーが試されるPISA調査にも対応した学力論として提起された。とりわけ、基礎・基本となる**知識・技能**を活用した応用的な能力として、**思考力・判断力・表現力**などの能力が強調された。図（次頁、上段）には、この答申で掲載された能力の概念図を掲げた。

こうして新しい学力観、生きる力、確かな学力という動向が定着するなかで、第1章でみた二〇〇六（平成一八）年の教育基本法の全部改正が行われ、連動して学校教育法の一部改正が実施され、二〇一七（平成二九）年度現在は

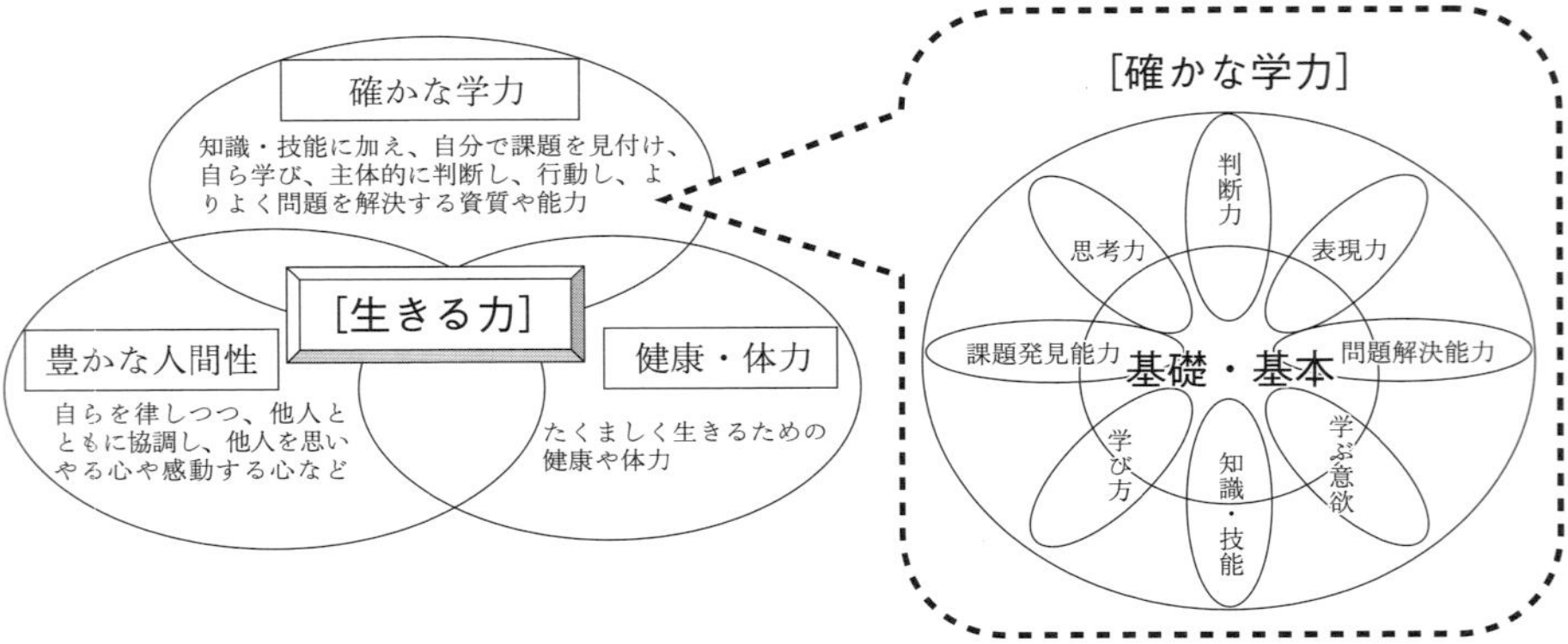

確かな学力の概念図　中央教育審議会答申「初等中等教育における当面の教育課程及び指導の充実・改善方策について」2003年10月7日より。

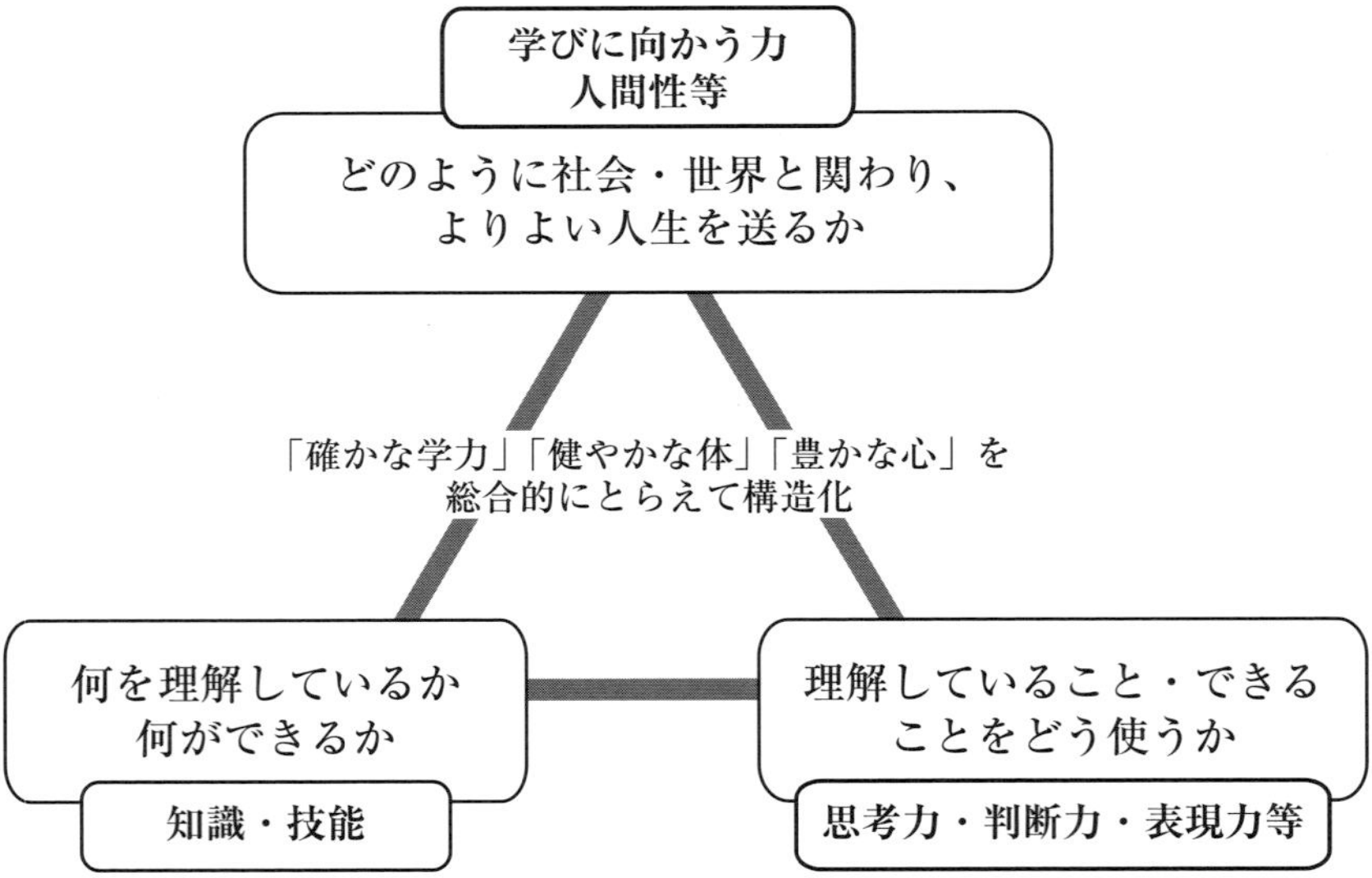

資質・能力の三つの柱の概念図　中央教育審議会答申「幼稚園、小学校、中学校、高等学校及び特別支援学校の学習指導要領等の改善及び必要な方策等について」2016年12月21日より。

現行の学習指導要領となる、二〇〇八年全部改正の幼稚園教育要領・小学校学習指導要領・中学校学習指導要領、二〇〇九年全部改正の高等学校学習指導要領・特別支援学校学習指導要領が定められた。

二〇一七（平成二九）年から二〇一八年に全部改正された学習指導要領も、こうした動向のなかにある。二〇一六年一二月二一日に中央教育審議会は「幼稚園、小学校、中学校、高等学校及び特別支援学校の学習指導要領等の改善及び必要な方策等について」を答申して、その方向性を明示した。答申は、従来からの生きる力という理念を堅持しつつ、将来の予測が難しい社会のなかでも生きていくための**資質・能力**を育むための学校教育のあり方が提起されている。なお、資質とは一般に遺伝的に生まれた段階で決まった才能を意味するが、教育の世界では教育を通じて定着したものも意味する。

新しい時代に必要となる資質・能力としては、**資質・能力の三つの柱**として整理している（前頁、下段の図）。第一に「何を理解しているか、何ができるか」という生きて働く知識・技能の習得であり、第二に「理解していること、できることをどう使うか」という未知の状況にも対応できる思考力・判断力・表現力等の育成であり、第三に「どのように社会・世界と関わり、よりよい人生を送るか」という学びを人生や社会に生かそうとする**学びに向かう力・人間性**等の涵養《かんよう》である。掲載した概念図をみれば、この三つの柱に、この数十年の学力論で論じられた論点が包括されていることが分かるだろう。

この学力論は、教育基本法の全部改正を受けた二〇〇七（平成一九）年の学校教育法の一部改正によって学校教育法第三十条第二項に法律上の学力論として明記された。これは小学校に関する規定であるが、中学校や高等学校などにも準用される。

学校教育法（昭和二十二年三月三十一日法律第二十六号）【平成十九年一部改正による条文】

第三十条　小学校における教育は、前条に規定する目的を実現するために必要な程度において第二十一条各号に掲げる目標を達成するよう行われるものとする。

2　前項の場合においては、生涯にわたり学習する基盤が培われるよう、基礎的な知識及び技能を習得させるとともに、これらを活用して課題を解決するために必要な思考力、判断力、表現力その他の能力をはぐくみ、主体的に学習に取り組む態度を養うことに、特に意を用いなければならない。

二〇一七（平成二九）年—二〇一八（平成三〇）年の学習指導要領：資質・能力の三つの柱	「何を理解しているか、何ができるか」生きて働く知識・技能の習得	「理解していること、できることをどう使うか」未知の状況にも対応できる思考力・判断力・表現力等の育成	「どのように社会・世界と関わり、よりよい人生を送るか」学びを人生や社会に生かそうとする学びに向かう力・人間性の涵養
過去の学習指導要領における学力論の強調点	一九九八（平成一〇）年—一九九九（平成一一）年の学習指導要領：知識・技能、基礎・基本	二〇〇七（平成一九）年の学習指導要領一部改正：思考力・判断力・表現力	一九八九（平成元）年学習指導要領の「新しい学力観」：関心・意欲・態度
国際学力調査	IEAのTIMSS調査	OECDのPISA調査	
学校教育法第三十条第二項	基礎的な知識及び技能を習得させる	これらを活用して課題を解決するために必要な思考力、判断力、表現力その他の能力をはぐくみ	主体的に学習に取り組む態度を養う

先ほどみた資質・能力の三つの柱と、学校教育法第三十条第二項の文言などを対照させると前頁の表のようになる。

二〇一七（平成二九）年から二〇一八（平成三〇）年に全部改正された学習指導要領では、何を学ぶかという点では、新たに小学校の外国語教育の教科化や高等学校の新科目である公民などが示されている。この全部改正に先だって二〇一五（平成二七）年三月に一部改正された学習指導要領による特別な教科である道徳もまた、資質・能力の三つの柱に応じて整理して中央教育審議会教育課程部会で議論が継続して行われた。

第1章で二〇一五（平成二七）年に一部改正された小学校学習指導要領や中学校学習指導要領のポイントを確認した。学校の教育活動全体を通じて行う道徳教育と特別の教科である道徳の目標は、よりよく生きるための**道徳性**を養うことである。この道徳性は児童生徒が身につける態度であり、社会人として生きていく人間性を形成するものである。道徳性を養うためには**道徳的諸価値**の理解が必要である。そして自分自身の選択基準や判断基準によって善悪を判断できる**道徳的判断力**や、道徳的諸価値によって善悪の感情をもつ**道徳的心情**や、道徳的諸価値を実現しようとする意欲や行為に向けた身構えとしての**道徳的実践意欲と態度**をもつことが必要とされる。

二〇一六年一二月二一日の中央教育審議会答申「幼稚園、小学校、中学校、高等学校及び特別支援学校の学習指導要領等の改善及び必要な方策等について」をもとに、資質・能力の三つの柱に則して整理すると次頁の表のようになる。この報告でも述べられているが、各教科で整理できる資質・能力の議論のようには、道徳教育の特質から、すっきりとは整理できない。なぜならば、各教科で求められる学びに向かう力や人間性は学校の教育活動全体を通じて行う道徳教育として位置づけられるものであるし、特別の教科である道徳はなによりも道徳性の涵養として結実するべきものだからである。

しかし、この三つの柱による整理は重要な示唆を与える。一つには、特別の教科である道徳においても、知識・技

二〇一七（平成二九）年―二〇一八（平成三〇）年の学習指導要領：資質・能力の三つの柱	特別の教科である道徳で育成を目指す資質・能力
「何を理解しているか、何ができるか」生きて働く知識・技能の習得	道徳的諸価値の理解と自分自身の固有の選択基準・価値判断の形成
「理解していること、できることをどう使うか」未知の状況にも対応できる思考力・判断力・表現力等の育成	児童生徒一人ひとりの人間としての在り方・生き方についての考え、思考
「どのように社会・世界と関わり、よりよい人生を送るか」学びを人生や社会に生かそうとする学びに向かう力・人間性の涵養	人間としてよりよく生きようとする道徳性

能に相当するものとして道徳的諸価値について、**理解**するということ自体が大切な課題となるということである。道徳についても知識や技能に相当するものが、確かに存在する。自分自身の道徳的諸価値を選択基準や判断基準にまで高めるためにも、クラスの他の児童生徒や、現在の社会や、さらに伝統文化も含めて過去に存在した道徳までも理解することは道徳性の前提となる。二つには、道徳的諸価値をもとに、思考力や判断力や表現力を伸ばしていくことが大切だという点である。自分自身の生き方として、社会のあり方として、考えて議論することが、変化する社会のなかで生きる力となっていくのである。

資質・能力の三つの柱に照らしてみると、それぞれの教科の特質に応じた**見方・考え方**を設定することが、新しい学習指導要領で提起されている。前掲の中央教育審議会答申では道徳においては、さまざまな事象を道徳的価値をもとに自己との関わりで広い視野から多面的・多角的に捉え、自己の人間としての生き方について考えることであると提起されている。

このように学力論は、学校の教育活動全体を通じて行う道徳教育についても、特別の教科である道徳についても、切り離せない論点である。激動の世界に主体的に生きる力としての不可欠な道徳性を培うために、あらためて道徳教育や道徳科の課題を考えておきたい。

第二節　アクティブ・ラーニングと道徳

二〇一七（平成二九）年から二〇一八（平成三〇）年に全部改正された学習指導要領では、どのように学ぶかという点で、**対話的・主体的で深い学び**としての**アクティブ・ラーニング**が焦点となる。二〇〇八（平成二〇）年から二〇〇九（平成二一）年に全部改正された学習指導要領において国語教育から他の教科まで広げて読解力を高める**言語活動**という教育方法が推進された。二〇一五（平成二七）年三月の学習指導要領の一部改正において**考え、議論する道徳**という位置づけで導入された特別の教科である道徳は、この流れを先取りしたものといえる。

対話的・主体的で深い学びとしてのアクティブ・ラーニングを分解すると、対話的な学び、主体的な学び、深い学びという三つになる。この三つは、先にみた資質・能力の三つの柱と絡み合って学習過程を改善していく。

二〇一六年一二月二一日の中央教育審議会答申「幼稚園、小学校、中学校、高等学校及び特別支援学校の学習指導要領等の改善及び必要な方策等について」に掲載された、次頁の概念図を見てほしい。

三つの柱となる、知識・技能も、思考力・判断力・表現力等も、学びに向かう力・人間性の涵養なども、このアクティブ・ラーニングの過程で育まれていくことを示した図である。アクティブ・ラーニングは、大学教育で学問の専門性から教員の講義を学生が聴いてノートを取るというスタイルを改革するために導入され、さらに初等中等教育の教育方法を変えていくキーワードとなった。児童生徒が関心を持って意欲を高めて積極的に学習に取り組み、自分自

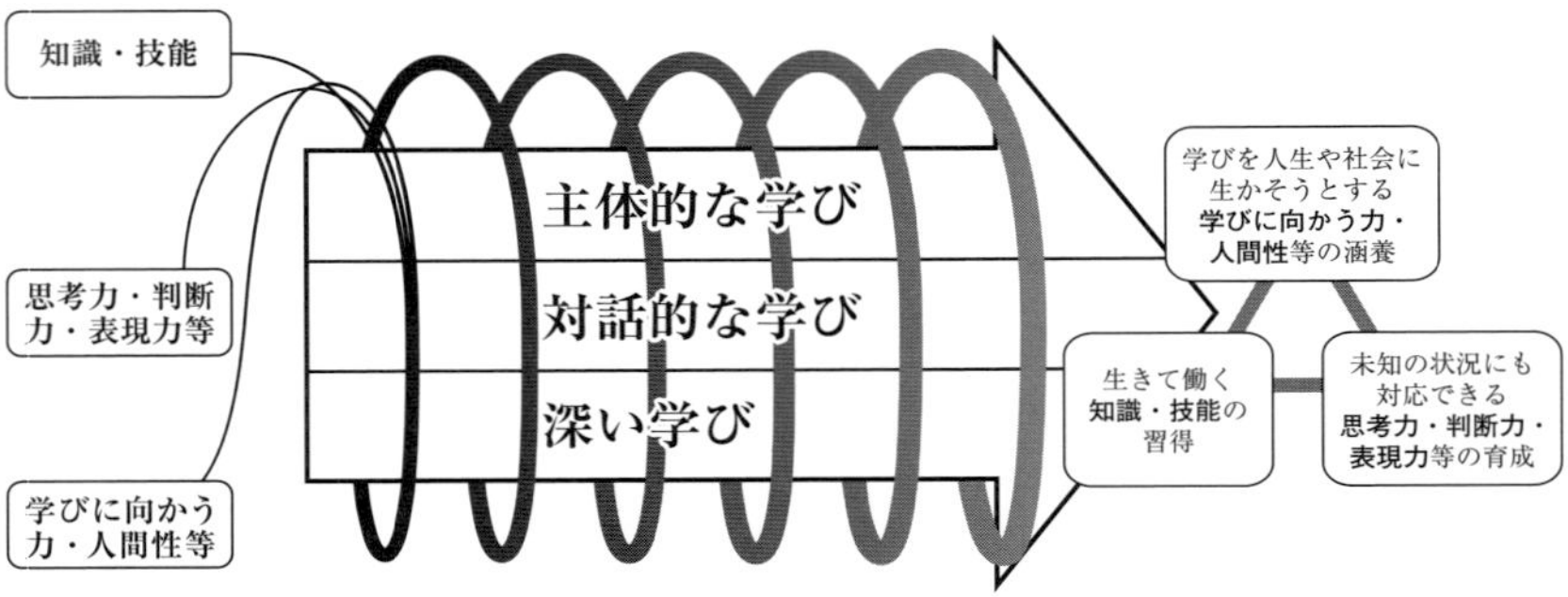

アクティブ・ラーニングの概念図　中央教育審議会答申「幼稚園、小学校、中学校、高等学校及び特別支援学校の学習指導要領等の改善及び必要な方策等について」2016 年 12 月 21 日より。

身の人生の見通しにまで至る**主体的な学び**は、関心・意欲・態度を強調した新しい学力観として定着していたが、これもアクティブ・ラーニングとして位置づけられた。教師と児童生徒がやりとりをしたり児童生徒が相互に話し合ったりする**対話的な学び**は、初等中等教育では当たり前のことだったかもしれないが、改めてその意義が強調された。従来のアクティブ・ラーニングの定義では対話や主体性は強調されても、本来の学問や教科の特質に根ざした学習は前提とされていたので軽視されがちであった。前掲の中央教育審議会答申では改めて各教科等の特質に応じた**見方・考え方**を意識して、知識を関連づけたり、問題に取り組んで解決したり、自分自身の思いや考えをもとに想像したりする**深い学び**として強調した。この三つの学びをアクティブ・ラーニングに取り組むための**三つの視点**として把握するのである。

特別の教科である道徳は、考え、議論する道徳として位置づけられていたが、改めてアクティブ・ラーニングの三つの視点から学習指導の改善が位置づけられた。主体的な学びの視点として、児童生徒が道徳的諸価値を自分自身の生き方に則して考えて道徳性を養うことになる。読み物教材の読解自体に終わったり、教師が望ましいと思うことを答えるだけの授業であってはならない。対話的な学びの視点として、児童生徒の協働、教員や地域の人びととの対話、先哲と呼ばれる過去の道徳的諸価値を示した人物の考え方との対話が必要である。単に意見を言い合ったり、付和雷同して意見をまとめるのではなく、自分の意見を述べて他人の意見を傾聴して、意見の違いや対立をも経験して、お互いに認め合っていくことが大切である。深い学びの視点としては、道徳的諸価値の理解をもとに、自分自身の課題として多面的・多角的に捉えて考え、議論をしていって、自分自身の人間の生き方としてまで進んでいくことが重要である。

このアクティブ・ラーニングによる道徳の授業は、なにか全く新しいものが登場したのではなく、二〇世紀の世界的な新教育運動や大正自由教育でも強調され、戦後教育改革でも取り組まれていった教育方法が、二一世紀に改めて提起されていると理解することができる。しかし道徳の時間では読み物教材によっては、仮想世界の中に耽溺《たんでき》したり、正しい答えを述べることを誘導される形式的な学習が広がったこともあり、大きな改革の取り組みになる。本書では第13章から第15章においてアクティブ・ラーニングの実践的な方法論に基づいた指導方法を改めて論じていくことになる。

第三節　チーム学校のカリキュラム・マネジメントと道徳

二〇一五（平成二七）年一二月二一日に、中央教育審議会は一度に三つの答申を出した。すなわち教員についての「これからの学校教育を担う教員の資質能力の向上について〜学び合い、高め合う教員育成コミュニティの構築に向けて〜」、学校についての「チームとしての学校の在り方と今後の改善方策について」、学校と地域の連携についての「新しい時代の教育や地方創生の実現に向けた学校と地域の連携・協働の在り方と今後の推進方策について」である。

この三つの答申をつなぐキーワードとして、**チームとしての学校**、略して**チーム学校**という言葉がある。日本の学校教員は、諸外国と比べて生活指導や課外活動などの範囲が広く、長時間の労働となっている問題がある。こうした問

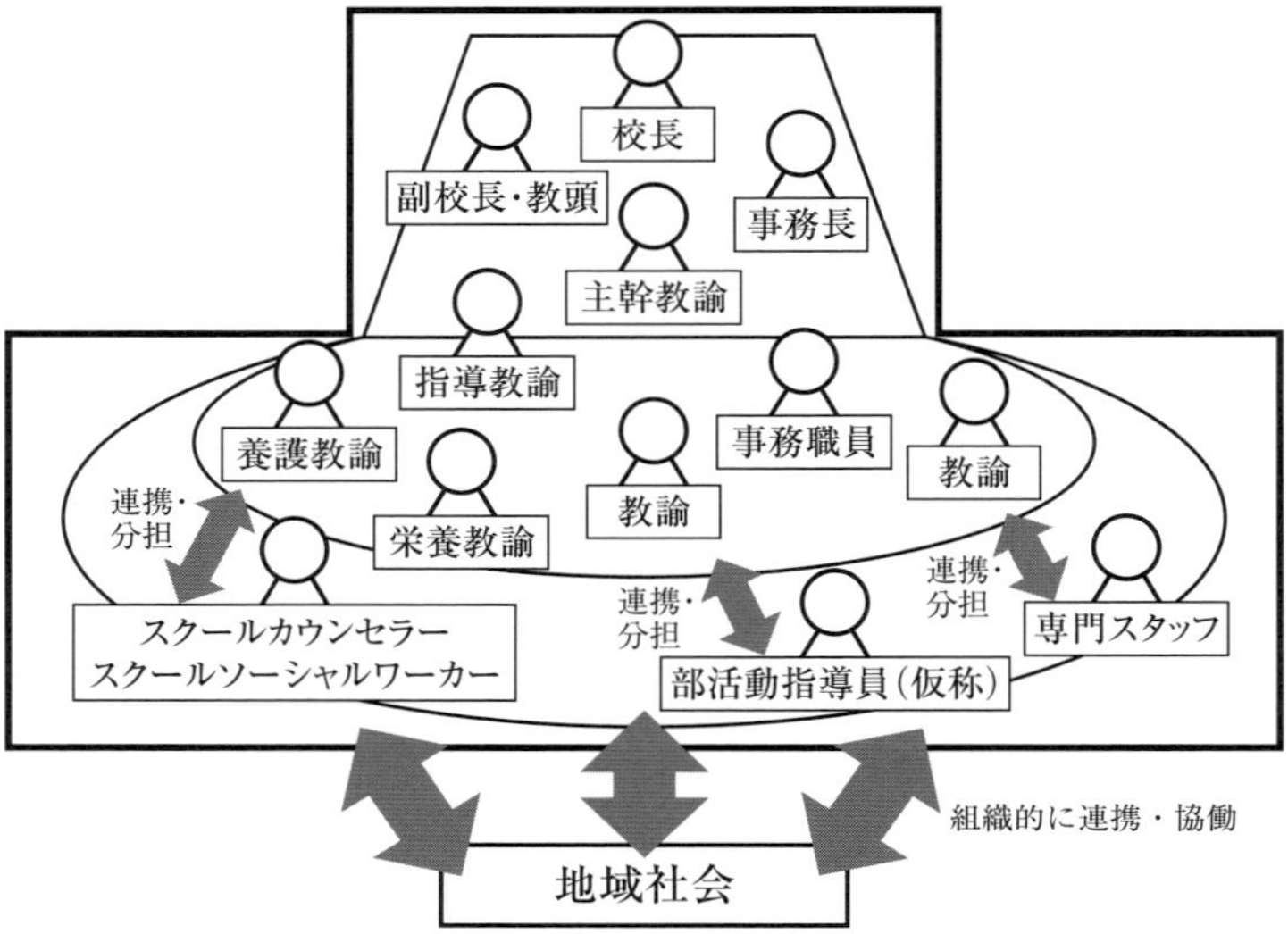

チーム学校の概念図　中央教育審議会答申「チームとしての学校の在り方と今後の改善方策について」2015年12月21日より。

題を解決しつつ、学校教員本来の専門性を発揮して学校教員のチームとして教育を進めていくのがチーム学校である。非常勤であることが多いが心理学の専門家である**スクールカウンセラー**の任用が進んできた。さらに児童生徒の生活を社会福祉の視点から相談に乗っていく**スクールソーシャルワーカー**も必要となっている。こうした心理や社会福祉の専門家もチーム学校の一員である。また地域社会との連携を進めて、地域の人びとが学校ボランティアとして協力したり、読み聞かせや総合的な学習の時間の外部講師として教壇に立つことも広がっている。こうした連携体制も充実していく。そして、学校教員は授業時間に専門性を発揮するためにも、研修活動を保障されて新たな教育課題に対応できる力量を学校に勤めながら伸ばしていく。

このようなチーム学校によって可能となるのが、現実の社会や世界に接点を持った**社会に開かれた教育課程**である。学校教育本来の目的や目標を堅持しつつ、社会や世界の変化に対応していくことで、子どもたちの生きる力が育まれるのである。ここで校長を中心とした専門家としての教員は、学校全体としての**カリキュラム・マネジメント**に当たっていく。学校教育の目的や目標、教科等の特徴を横断的に把握して、子どもたちの実際の姿や地域社会の現実を踏まえて、カリキュラム・マネジメントに臨んでいく。ここには全ての教職員が参加するとともに、社会に開かれた教育課程として地域の人びとによる外部評価なども行い、教育課程を計画plan して、実施do して、評価check して、改善action するという**PDCAサイクル**を確立する必要がある。

学校の教育活動全体を通じて行う道徳教育や特別の教科である道徳は、こうした改革の正面に位置づけられることになる。小学校や中学校では学級担任が実施するのが、道徳の時間以来のスタイルであるが、同時にチーム学校として校長を筆頭に全ての教員がかかわることになる。個々の授業の**学習指導案**や単元指導案、一学年を通じた**年間指導計画**、さらには学校としての**道徳教育の全体計画**が作成されるが、ここに社会に開かれた教育課程としての道徳教育が位置づけられて、カリキュラム・マネジメントの体制を確立して学校全体として行っていくのである。

このなかで校長を支えて連絡調整の中心となるのが、**道徳教育推進教師**である。学校には校長、教頭、教諭、講師といった学校教育法の定める職位があり、学校教育法施行規則に定める主任や主事など本来の職位に加えて任ずる充て職があるが、この道徳教育推進教師は二〇〇八（平成二〇）年に全部改正された小学校学習指導要領と中学校学習指導要領によって定められた役割である。この制度は小中学校で広く普及したが、二〇一八年に全部改正された高等学校学習指導要領でも規定されて、高等学校にも道徳教育推進教師が登場することになる。

第1章でみたとおり、従来から学校の教育活動全体を通じて行う道徳教育は高等学校で行われているが、二〇一八（平成三〇）年の高等学校学習指導要領では、高等学校における道徳教育として、新たに教科である**公民**のなかに、共通必修科目としての**公共**が位置づけられる。従来の教科である公民科では、科目である現代社会二単位、または倫理二単位と政治・経済二単位を選択する構成であったが、共通必修科目の公共二単位と選択履修科目としての倫理二単位と政治・経済二単位が置かれることになる。公共では、社会に参画して選択や判断を行うために必要となる概念や理論、民主主義や法の支配といった基本的原理などを学習しながら、公共の精神をアクティブ・ラーニングで培っていくことになる。こうして、高等学校では特別活動や公民科の倫理が従来からの道徳教育にかかわる場面であったが、この科目としての共通必修科目の公共と道徳教育推進教師の登場により新たな段階に入ることになる。

学校の教育活動全体を通じて行う道徳教育と特別の教科である道徳、そして新たな高等学校公共科の位置づけを、教育課程全体における授業時間数として把握しておいてほしい。二〇一六年一二月二一日に中央教育審議会答申「幼稚園、小学校、中学校、高等学校及び特別支援学校の学習指導要領等の改善及び必要な方策等について」の別紙として示された、小学校、中学校、高等学校の新旧対照表を掲げる。

ここまで、近年の教育改革における学力論、それをうけてチーム学校、地域に開かれた教育課程、カリキュラム・マネジメント、アクティブ・ラーニングなどをキーワードに現在進行する教育改革の様子をみてきた。こうした教育改革のなかで道徳は、正面から位置づけられ、かつ期待されていることが理解できる。押し付けではない道徳教育、変動する現代社会で活かせる道徳教育は、従来の道徳の時間の批判として語られ、かつ特別の教科である道徳が解決する課題として語られている。

明治以来の日本の道徳教育の歩みからみると、道徳教育は新しい可能性を持つ段階へと進んでいると実感できる。もちろん、本当に子どもたちが主体的に対話して深く学べたか、道徳性を生きる力として獲得できたかは、政策的変化ではなく実際の授業の変化となってはじめて達成できる。こうした課題に臨むためにも、教師も道徳についての見方・考え方を研ぎ澄まして、資質・能力の向上に努めていく必要がある。

小学校の標準授業時数について

〔改訂案〕

	1学年	2学年	3学年	4学年	5学年	6学年	計
国語	306	315	245	245	175	175	1461
社会	—	—	70	90	100	105	365
算数	136	175	175	175	175	175	1011
理科	—	—	90	105	105	105	405
生活	102	105	—	—	—	—	207
音楽	68	70	60	60	50	50	358
図画工作	68	70	60	60	50	50	358
家庭	—	—	—	—	60	55	115
体育	102	105	105	105	90	90	597
特別の教科である道徳	34	35	35	35	35	35	209
特別活動	34	35	35	35	35	35	209
総合的な学習の時間	—	—	70	70	70	70	280
外国語活動	—	—	35	35	—	—	70
外国語	—	—	—	—	70	70	140
合計	850	910	980	1015	1015	1015	5785

〔現　行〕

	1学年	2学年	3学年	4学年	5学年	6学年	計
国語	306	315	245	245	175	175	1461
社会	—	—	70	90	100	105	365
算数	136	175	175	175	175	175	1011
理科	—	—	90	105	105	105	405
生活	102	105	—	—	—	—	207
音楽	68	70	60	60	50	50	358
図画工作	68	70	60	60	50	50	358
家庭	—	—	—	—	60	55	115
体育	102	105	105	105	90	90	597
道徳	34	35	35	35	35	35	209
特別活動	34	35	35	35	35	35	209
総合的な学習の時間	—	—	70	70	70	70	280
外国語活動	—	—	—	—	35	35	70
合計	850	910	945	980	980	980	5645

※　この表の授業時数の１単位時間は、45分とする。

※　各教科の授業について、年間35単位時間を超える部分について、15分程度の短い時間を単位とするなど、柔軟な時間割を編成して実施することができる。

中央教育審議会答申「幼稚園、小学校、中学校、高等学校及び特別支援学校の学習指導要領等の改善及び必要な方策等について」2016年12月21日より。

中学校の標準授業時数について

〔改訂案〕

	1学年	2学年	3学年	計
国語	140	140	105	385
社会	105	105	140	350
数学	140	105	140	385
理科	105	140	140	385
音楽	45	35	35	115
美術	45	35	35	115
保健体育	105	105	105	315
技術･家庭	70	70	35	175
外国語	140	140	140	420
特別の教科である道徳	35	35	35	105
特別活動	35	35	35	105
総合的な学習の時間	50	70	70	190
合計	1015	1015	1015	3045

〔現　行〕

	1学年	2学年	3学年	計
国語	140	140	105	385
社会	105	105	140	350
数学	140	105	140	385
理科	105	140	140	385
音楽	45	35	35	115
美術	45	35	35	115
保健体育	105	105	105	315
技術･家庭	70	70	35	175
外国語	140	140	140	420
道徳	35	35	35	105
特別活動	35	35	35	105
総合的な学習の時間	50	70	70	190
合計	1015	1015	1015	3045

※　この表の授業時数の１単位時間は、50分とする。

※　各教科の授業について、年間35単位時間を超える部分について、15分程度の短い時間を単位とするなど、柔軟な時間割を編成して実施することができる。

※　「特別の教科である道徳」への名称変更をのぞき、教科等毎の名称や標準授業時数に変更はない。

中央教育審議会答申「幼稚園、小学校、中学校、高等学校及び特別支援学校の学習指導要領等の改善及び必要な方策等について」2016年12月21日より。

高等学校の各学科に共通する教科・科目等及び標準単位数

〔改訂案〕

教科	科　目	標準単位数	必履修科目
国語	現代の国語	2	○
	言語文化	2	○
	論理国語	4	
	文学国語	4	
	国語表現	4	
	古典探究	4	
地理歴史	地理総合	2	○
	地理探究	3	
	歴史総合	2	○
	日本史探究	3	
	世界史探究	3	
公民	公共	2	○
	倫理	2	
	政治・経済	2	
数学	数学Ⅰ	3	○2 単位まで減可
	数学Ⅱ	4	
	数学Ⅲ	3	
	数学A	2	
	数学B	2	
	数学C	2	
理科	科学と人間生活	2	「科学と人間生活」を含む2科目又は基礎を付した科目を3科目
	物理基礎	2	
	物理	4	
	化学基礎	2	
	化学	4	
	生物基礎	2	
	生物	4	
	地学基礎	2	
	地学	4	
保健体育	体育	7～8	○
	保健	2	○
芸術	音楽Ⅰ	2	
	音楽Ⅱ	2	
	音楽Ⅲ	2	
	美術Ⅰ	2	○
	美術Ⅱ	2	
	美術Ⅲ	2	
	工芸Ⅰ	2	
	工芸Ⅱ	2	
	工芸Ⅲ	2	
	書道Ⅰ	2	
	書道Ⅱ	2	
	書道Ⅲ	2	
外国語	英語コミュニケーションⅠ	3	○2 単位まで減可
	英語コミュニケーションⅡ	4	
	英語コミュニケーションⅢ	4	
	論理・表現Ⅰ	2	
	論理・表現Ⅱ	2	
	論理・表現Ⅲ	2	
家庭	家庭基礎	2	○
	家庭総合	4	
情報	情報Ⅰ	2	○
	情報Ⅱ	2	
理数	理数探究基礎	1	
	理数探究	2～5	
総合的な探究の時間		3～6	○2 単位まで減可

〔現　行〕

教科	科　目	標準単位数	必履修科目
国語	国語総合	4	○2 単位まで減可
	国語表現	3	
	現代文A	2	
	現代文B	4	
	古典A	2	
	古典B	4	
地理歴史	世界史A	2	○
	世界史B	4	
	日本史A	2	○
	日本史B	4	
	地理A	2	
	地理B	4	
公民	現代社会	2	「現代社会」又は「倫理」・「政治・経済」
	倫理	2	
	政治・経済	2	
数学	数学Ⅰ	3	○2 単位まで減可
	数学Ⅱ	4	
	数学Ⅲ	5	
	数学A	2	
	数学B	2	
	数学活用	2	
理科	科学と人間生活	2	「科学と人間生活」を含む2科目又は基礎を付した科目を3科目
	物理基礎	2	
	物理	4	
	化学基礎	2	
	化学	4	
	生物基礎	2	
	生物	4	
	地学基礎	2	
	地学	4	
	理科課題研究	1	
保健体育	体育	7～8	○
	保健	2	○
芸術	音楽Ⅰ	2	
	音楽Ⅱ	2	
	音楽Ⅲ	2	
	美術Ⅰ	2	○
	美術Ⅱ	2	
	美術Ⅲ	2	
	工芸Ⅰ	2	
	工芸Ⅱ	2	
	工芸Ⅲ	2	
	書道Ⅰ	2	
	書道Ⅱ	2	
	書道Ⅲ	2	
外国語	コミュニケーション英語基礎	2	
	コミュニケーション英語Ⅰ	3	○2 単位まで減可
	コミュニケーション英語Ⅱ	4	
	コミュニケーション英語Ⅲ	4	
	英語表現Ⅰ	2	
	英語表現Ⅱ	4	
	英語会話	2	
家庭	家庭基礎	2	
	家庭総合	4	○
	生活デザイン	4	
情報	社会と情報	2	○
	情報の科学	2	
総合的な学習の時間		3～6	○2 単位まで減可

中央教育審議会答申「幼稚園、小学校、中学校、高等学校及び特別支援学校の学習指導要領等の改善及び必要な方策等について」2016 年 12 月 21 日より。

第6章　道徳の内容項目と評価

高橋陽一

「論語読みの論語知らず」ということわざがある。道徳的諸価値を提示した先哲である孔子の言行録『論語』を読んで知識として理解しても、道徳的実践意欲や態度には結びつかず道徳性が低いということを揶揄《やゆ》する言葉である。

道徳は教えることができるか。これは教育現場で繰り返し語られた、古くて新しい課題である。しかし、第2章で考えたように、内からでも、外からでも、道徳はさまざまな形でやってくる。多様な価値観に根ざした道徳的諸価値というものを、教師という存在が、外から子どもたちの心の内にいかに育むかという実践的課題に取り組むためには、ここで再び道徳とは何かを考えつつ、実践への視点を養っていきたい。

第一節　道徳性と徳目

学校の教育活動全体を通じて行う道徳教育においても、特別の教科である道徳においても、よりよく生きる基盤となる道徳性を養うことを目標として教育が行われる。特別の教科の名称としての道徳ではなく、第2章で道徳とは何かと考えた道徳と道徳性はどういう関係があるのか、整理しておきたい。

英語では、**道徳** moral と**道徳性** morality という両方の言葉がある。道徳そのものに対して、道徳性は道徳の性質やあり方を抽象的に広く指していう。あるいは具体的で個別的な道徳に対して、道徳性は本性を抽象的に、総体としてとらえていう。英語の -ty という便利な語尾に類似する語尾は、インド＝ヨーロッパ語族にみられる。古代インド人のサンスクリットでも、-tā, -tva という語尾があり、仏典に載せられたこの言葉を性《しょう》と古代中国人は漢訳した。こうした性という語尾の抽象語が、漢訳仏典を通して古代から日本語に入ってきた。崇拝の対象となった個別的な仏 buddha そのものに対して、広く抽象的に仏性《ぶっしょう》という。「山川草木悉有仏性《さんせんそうもくしつうぶっしょう》」という言葉、仏教の本質を示す言葉のように語られたが、実は漢訳仏典の出典は不明確である。仏性のもととなるサンスクリットの buddhatā や buddhatva も経典上の言葉として不安定である。しかし、日本の仏教徒は人間は仏陀そのものではなくても抽象的には仏性があると考えるので、死者が成仏《じょうぶつ》するものだという言葉が定着する。いずれにせよ、この便利な性という言葉を、仏教流に呉音で「しょう」といわずに漢音で「せい」と読んで西洋文献の翻訳に多用して、英語の -ty などを「性」の語尾を付加して効率的に翻訳語を定着させていった。

そのようなわけで、道徳そのものは客観的に存在して知る対象であっても、道徳性は抽象的に自らの内面に養うことができるという論理が成立する。客観的に存在するということは、過去に道徳として確かに存在したということで、道徳教育の世界では、**先哲**という用語が、哲学者や宗教家を指して用いられる。

教育一般で内面化される価値を、**教育的価値**と呼ぶ。経済的価値や文化的価値などと比較すると、教育によって獲得できる価値ということになる。現代でも広く用いられている教育的価値は、**真善美**であろう。学問的な真理と道徳的な善と芸術的な美という、三つが互いに異なる価値を示す言葉である。この言葉は日本では大正期の教養主義とあいまって広まったが、カント（Immanuel Kant, 一七二四〜一八〇四）の流れを受けた新カント主義の哲学者によって主張された比較的新しい概念である。

道徳的な善を記述するには、推奨する善や、禁止する悪として表現できる。

神道では、六月と一二月の末日に儀式として読み上げる**大祓祝詞**《おおはらいのりと》が天《あま》つ罪や国つ罪を列記する形で禁止するべき悪を列記する。『古事記』や『日本書紀』の神話に基づいて、九〇五（延喜五）年から九二七（延長五）年に編纂《へんさん》された『延喜式《えんぎしき》』に記載された大祓祝詞は、朝廷での儀式のためのものであるが、今日も神社の儀式で用いられている。他人の財産を侵害したり、傷害や殺人を行ったりすることなどを罪としてとらえて、禁止する内容である。[1]

仏教では、初期仏典である『法句経《ほっくぎょう》』に「諸悪莫作《しょあくまくさ》、衆善奉行《しゅぜんぶぎょう》、自浄其意《じじょうごい》、是諸仏教《ぜしょぶっきょう》」（もろもろの悪を行うな、もろもろの善を行え、自ら心を清めよ、これが仏の教えである）という言葉があり、禁止と奨励として、悪と善を示した。

実際の内容は大乗仏典をはじめ多くの経典で**戒律**が記されることになるが、その内容は多様である。殺してはならないという不殺生戒《ふせっしょうかい》や、お酒を飲んではならないという不飲酒戒《ふおんじゅかい》などが現代でも語られることが多い。

儒教は、先祖や親への**孝**を基調にして儀礼を行う古代中国の宗教であるが、同時に哲学としての内容から儒学としてアジアに普及した。**孔子**の言行録である『論語』が親しまれ、性善説で知られる孟子による**仁義**、つまり人間関係に基づく正しさとしての仁と人間関係で左右されない正しさである義の強調によって、多くの道徳に関する語彙を日本に提供した。儒教の古典に登場する道徳の言葉や定義は実際にはさまざまであるが、五倫という人間関係では、父子の親、君臣の義、夫婦の別、長幼の序、朋友の信が語られ、五常という仁義礼智信が普及した。教育勅語もこうした儒教の**五倫五常**を踏まえて記されていることは第4章でみたとおりである。

キリスト教では、**ユダヤ教**の経典でもある『旧約聖書』の「創世記」に記された、モーセの**十戒**が古代から現代に至る道徳の内容として語られてきた。日本のカトリックとプロテスタントが共同で翻訳した『新共同訳聖書』（日本聖書協会、一九八七年）から抜粋すると、一〇の禁止事項を列記するスタイルとなる。①あなたには、わたしをおいてほかに神があってはならない。②あなたはいかなる像も造ってはならない。③あなたの神、主の名をみだりに唱えてはならない。④安息日を心に留め、これを聖別せよ。⑤あなたの父母を敬え。⑥殺してはならない。⑦姦淫してはならない。⑧盗んではならない。⑨隣人に関して偽証してはならない。⑩隣人の家を欲してはならない。前半四つが宗教上の、後半六つが日常生活の道徳とみることができる。この十戒が、説教を通じて伝えられ、家庭でも強調され、さらに**カテキズム**の形態で整理されることで、キリスト教教育の標準的な内容となった。

推奨する善や、禁止する悪として列記されたものを、**徳目**という。十戒、五倫五常など、数えられる形で整理すると分かりやすい。古くからのテキストでこうした徳目のスタイルが記載されて現在も活用されているように、教えやすく、学びやすいというメリットがある。このメリットと同時に、漏れ落ちる内容が発生したり、徳目が相互に現実には矛盾したりすることも発生する。このため、時代によって再整理や再解釈が行われる。教育勅語にも儒教起源や西洋近代起源の徳目が列記する形で記されて修身の教材として活用されたが、その解釈が常に議論されていたことは第4章でみたとおりである。

第二節　内容項目

学習指導要領の特別の教科である道徳で列記された徳目を、**内容項目**と呼ぶことが定着している。二〇一五（平成二七）年に一部改正された小学校学習指導要領と中学校学習指導要領では、小学校第一～二学年、小学校第三～四学年、小学校第五～六学年、中学校という四つの学年段階になって、それぞれ、一九項目、二〇項目、二二項目、二二項目となる。これをABCDの**四つの視点**によって区分する。つまり、「A　主として自分自身に関すること」、「B　主として人との関わりに関すること」、「C　主として集団や社会との関わりに関すること」、「D　主として生命や自然、崇高なものとの関わりに関すること」である。以前の学習指導要領について、内容項目を見直して教育基本法の全部改正などで明確な内容を加え、順番を入れ替えた。さらに四つの学年段階の内容項目をまとめる形で、**内容を端的に表す言葉**を新たに見出しにしている。この「内容を端的に表す言葉」という言い方は、『小学校学習指導要領解説　特別の教科　道徳編』や『中学校学習指導要領解説　特別の教科　道徳編』に記された言葉だが、まだ定着していない。むしろ「見出し」という表現で定着するかもしれない。これらの解説には、次頁以下のような小学校と中学校の内容項目の一覧表が掲載されていて便利である。

内容項目の一覧表を、縦軸の四つの学年段階を追って、横軸の内容を端的に表す言葉を追ってみよう。どの内容項目も、児童生徒の道徳の発達段階に留意して、表現が変化している。さらに「A　主として自分自身に関すること」、

小学校第５学年及び第６学年（22）	中学校（22）	
A　主として自分自身に関すること		
(1)自由を大切にし、自律的に判断し、責任のある行動をすること。	(1)自律の精神を重んじ、自主的に考え、判断し、誠実に実行してその結果に責任をもつこと。	自主、自律、自由と責任
(2)誠実に、明るい心で生活すること。		
(3)安全に気を付けることや、生活習慣の大切さについて理解し、自分の生活を見直し、節度を守り節制に心掛けること。	(2)望ましい生活習慣を身に付け、心身の健康の増進を図り、節度を守り節制に心掛け、安全で調和のある生活をすること。	節度、節制
(4)自分の特徴を知って、短所を改め長所を伸ばすこと。	(3)自己を見つめ、自己の向上を図るとともに、個性を伸ばして充実した生き方を追求すること。	向上心、個性の伸長
(5)より高い目標を立て、希望と勇気をもち、困難があってもくじけずに努力して物事をやり抜くこと。	(4)より高い目標を設定し、その達成を目指し、希望と勇気をもち、困難や失敗を乗り越えて着実にやり遂げること。	希望と勇気、克己と強い意志
(6)真理を大切にし、物事を探究しようとする心をもつこと。	(5)真実を大切にし、真理を探究して新しいものを生み出そうと努めること。	真理の探究、創造
B　主として人との関わりに関すること		
(7)誰に対しても思いやりの心をもち、相手の立場に立って親切にすること。	(6)思いやりの心をもって人と接するとともに、家族などの支えや多くの人々の善意により日々の生活や現在の自分があることに感謝し、進んでそれに応え、人間愛の精神を深めること。	思いやり、感謝
(8)日々の生活が家族や過去からの多くの人々の支え合いや助け合いで成り立っていることに感謝し、それに応えること。		
(9)時と場をわきまえて、礼儀正しく真心をもって接すること。	(7)礼儀の意義を理解し、時と場に応じた適切な言動をとること。	礼儀
(10)友達と互いに信頼し、学び合って友情を深め、異性についても理解しながら、人間関係を築いていくこと。	(8)友情の尊さを理解して心から信頼できる友達をもち、互いに励まし合い、高め合うとともに、異性についての理解を深め、悩みや葛藤も経験しながら人間関係を深めていくこと。	友情、信頼
(11)自分の考えや意見を相手に伝えるとともに、謙虚な心をもち、広い心で自分と異なる意見や立場を尊重すること。	(9)自分の考えや意見を相手に伝えるとともに、それぞれの個性や立場を尊重し、いろいろなものの見方や考え方があることを理解し、寛容の心をもって謙虚に他に学び、自らを高めていくこと。	相互理解、寛容
C　主として集団や社会との関わりに関すること		
(12)法やきまりの意義を理解した上で進んでそれらを守り、自他の権利を大切にし、義務を果たすこと。	(10)法やきまりの意義を理解し、それらを進んで守るとともに、そのよりよい在り方について考え、自他の権利を大切にし、義務を果たして、規律ある安定した社会の実現に努めること。	遵法精神、公徳心
(13)誰に対しても差別をすることや偏見をもつことなく、公正、公平な態度で接し、正義の実現に努めること。	(11)正義と公正さを重んじ、誰に対しても公平に接し、差別や偏見のない社会の実現に努めること。	公正、公平、社会正義
(14)働くことや社会に奉仕することの充実感を味わうとともに、その意義を理解し、公共のために役に立つことをすること。	(12)社会参画の意識と社会連帯の自覚を高め、公共の精神をもってよりよい社会の実現に努めること。	社会参画、公共の精神
	(13)勤労の尊さや意義を理解し、将来の生き方について考えを深め、勤労を通じて社会に貢献すること。	勤労
(15)父母、祖父母を敬愛し、家族の幸せを求めて、進んで役に立つことをすること。	(14)父母、祖父母を敬愛し、家族の一員としての自覚をもって充実した家庭生活を築くこと。	家族愛、家庭生活の充実
(16)先生や学校の人々を敬愛し、みんなで協力し合ってよりよい学級や学校をつくるとともに、様々な集団の中での自分の役割を自覚して集団生活の充実に努めること。	(15)教師や学校の人々を敬愛し、学級や学校の一員としての自覚をもち、協力し合ってよりよい校風をつくるとともに、様々な集団の意義や集団の中での自分の役割と責任を自覚して集団生活の充実に努めること。	よりよい学校生活、集団生活の充実
(17)我が国や郷土の伝統と文化を大切にし、先人の努力を知り、国や郷土を愛する心をもつこと。	(16)郷土の伝統と文化を大切にし、社会に尽くした先人や高齢者に尊敬の念を深め、地域社会の一員としての自覚をもって郷土を愛し、進んで郷土の発展に努めること。	郷土の伝統と文化の尊重、郷土を愛する態度
	(17)優れた伝統の継承と新しい文化の創造に貢献するとともに、日本人としての自覚をもって国を愛し、国家及び社会の形成者として、その発展に努めること。	我が国の伝統と文化の尊重、国を愛する態度
(18)他国の人々や文化について理解し、日本人としての自覚をもって国際親善に努めること。	(18)世界の中の日本人としての自覚をもち、他国を尊重し、国際的視野に立って、世界の平和と人類の発展に寄与すること。	国際理解、国際貢献
D　主として生命や自然、崇高なものとの関わりに関すること		
(19)生命が多くの生命のつながりの中にあるかけがえのないものであることを理解し、生命を尊重すること。	(19)生命の尊さについて、その連続性や有限性なども含めて理解し、かけがえのない生命を尊重すること。	生命の尊さ
(20)自然の偉大さを知り、自然環境を大切にすること。	(20)自然の崇高さを知り、自然環境を大切にすることの意義を理解し、進んで自然の愛護に努めること。	自然愛護
(21)美しいものや気高いものに感動する心や人間の力を超えたものに対する畏敬の念をもつこと。	(21)美しいものや気高いものに感動する心をもち、人間の力を超えたものに対する畏敬の念を深めること。	感動、畏敬の念
(22)よりよく生きようとする人間の強さや気高さを理解し、人間として生きる喜びを感じること。	(22)人間には自らの弱さや醜さを克服する強さや気高く生きようとする心があることを理解し、人間として生きることに喜びを見いだすこと。	よりよく生きる喜び

文部科学省『小学校学習指導要領解説　特別の教科　道徳編』2015 年 7 月、24-25 頁、及び文部科学省『中学校学習指導要領解説　特別の教科　道徳編』2015 年 7 月、23-24 頁より作成。

	小学校第 1 学年及び第 2 学年（19）	小学校第 3 学年及び第 4 学年（20）
A　主として自分自身に関すること		
善悪の判断、自律、自由と責任	(1)よいことと悪いこととの区別をし、よいと思うことを進んで行うこと。	(1)正しいと判断したことは、自信をもって行うこと。
正直、誠実	(2)うそをついたりごまかしをしたりしないで、素直に伸び伸びと生活すること。	(2)過ちは素直に改め、正直に明るい心で生活すること。
節度、節制	(3)健康や安全に気を付け、物や金銭を大切にし、身の回りを整え、わがままをしないで、規則正しい生活をすること。	(3)自分でできることは自分でやり、安全に気を付け、よく考えて行動し、節度のある生活をすること。
個性の伸長	(4)自分の特徴に気付くこと。	(4)自分の特徴に気付き、長所を伸ばすこと。
希望と勇気、努力と強い意志	(5)自分のやるべき勉強や仕事をしっかりと行うこと。	(5)自分でやろうと決めた目標に向かって、強い意志をもち、粘り強くやり抜くこと。
真理の探究		
B　主として人との関わりに関すること		
親切、思いやり	(6)身近にいる人に温かい心で接し、親切にすること。	(6)相手のことを思いやり、進んで親切にすること。
感謝	(7)家族など日頃世話になっている人々に感謝すること。	(7)家族など生活を支えてくれている人々や現在の生活を築いてくれた高齢者に、尊敬と感謝の気持ちをもって接すること。
礼儀	(8)気持ちのよい挨拶、言葉遣い、動作などに心掛けて、明るく接すること。	(8)礼儀の大切さを知り、誰に対しても真心をもって接すること。
友情、信頼	(9)友達と仲よくし、助け合うこと。	(9)友達と互いに理解し、信頼し、助け合うこと。
相互理解、寛容		(10)自分の考えや意見を相手に伝えるとともに、相手のことを理解し、自分と異なる意見も大切にすること。
C　主として集団や社会との関わりに関すること		
規則の尊重	(10)約束やきまりを守り、みんなが使う物を大切にすること。	(11)約束や社会のきまりの意義を理解し、それらを守ること。
公正、公平、社会正義	(11)自分の好き嫌いにとらわれないで接すること。	(12)誰に対しても分け隔てをせず、公正、公平な態度で接すること。
勤労、公共の精神	(12)働くことのよさを知り、みんなのために働くこと。	(13)働くことの大切さを知り、進んでみんなのために働くこと。
家族愛、家庭生活の充実	(13)父母、祖父母を敬愛し、進んで家の手伝いなどをして、家族の役に立つこと。	(14)父母、祖父母を敬愛し、家族みんなで協力し合って楽しい家庭をつくること。
よりよい学校生活、集団生活の充実	(14)先生を敬愛し、学校の人々に親しんで、学級や学校の生活を楽しくすること。	(15)先生や学校の人々を敬愛し、みんなで協力し合って楽しい学級や学校をつくること。
伝統と文化の尊重、国や郷土を愛する態度	(15)我が国や郷土の文化と生活に親しみ、愛着をもつこと。	(16)我が国や郷土の伝統と文化を大切にし、国や郷土を愛する心をもつこと。
国際理解、国際親善	(16)他国の人々や文化に親しむこと。	(17)他国の人々や文化に親しみ、関心をもつこと。
D　主として生命や自然、崇高なものとの関わりに関すること		
生命の尊さ	(17)生きることのすばらしさを知り、生命を大切にすること。	(18)生命の尊さを知り、生命あるものを大切にすること。
自然愛護	(18)身近な自然に親しみ、動植物に優しい心で接すること。	(19)自然のすばらしさや不思議さを感じ取り、自然や動植物を大切にすること。
感動、畏敬の念	(19)美しいものに触れ、すがすがしい心をもつこと。	(20)美しいものや気高いものに感動する心をもつこと。
よりよく生きる喜び		

文部科学省『小学校学習指導要領解説　特別の教科　道徳編』2015 年 7 月、24-25 頁より作成。

「B　主として人との関わりに関すること」、「C　主として集団や社会との関わりに関すること」という視点に分類されたものでは、低学年で空欄だったり、高学年に進んで統合したり、分割したりする例もある。「D　主として生命や自然、崇高なものとの関わりに関すること」でも低学年の空欄がある。

内容項目は、『小学校学習指導要領解説　特別の教科　道徳編』や『中学校学習指導要領解説　特別の教科　道徳編』が詳しく解説しているし、これらは文部科学省のウェブページからダウンロードもできる。内容項目と実際の授業のための学習指導案や教科書・副読本などとの関係は、第13章をみてほしい。年間指導計画ではこうした内容項目を学年ごとに漏らさず対照させ、教材その他を活用していく。このため教科書・副読本などは、内容項目を意識した排列となり、また教師が内容項目との関係が分かるように説明が記載されている。

ここでは、ABCDの四つの視点で区分して、小学校と中学校の内容を端的に表す言葉と、中学校の内容項目ごとに、第1章で示した教育の目的や目標を規定する文言との関係を一覧表にしてみよう。小学校と中学校では違いがあるが、すでにみた内容項目の一覧表の排列で整理しているので、若干の重複などが出る。第1章では**教育基本法**の前文、第一条（教育の目的）、第二条（教育の目標）、**学校教育法**第二十一条の義務教育の目標を掲げた。このほか、教育基本法第四条（教育の機会均等）や、第8章で説明する教育基本法第十四条（政治教育）や第9章で説明する教育基本法第十五条（宗教教育）も参考に掲出した。

（小・中）〔内容を端的に表す言葉〕 中学校の内容項目	教育基本法と学校教育法 **【教基】【学教】**と略して、前文、2①は第二条第一号を意味する。
A　主として自分自身に関すること	

（小）［善悪の判断、自立、自由と責任］ （小）［正直、誠実］ （中）［自主、自律、自由と責任］ 自律の精神を重んじ、自主的に考え、判断し、誠実に実行してその結果に責任をもつこと。	【教基前文】個人の尊厳を重んじ、 【教基２②】自主及び自律の精神を養うとともに、 【学教21①】自主、自律
（小・中）［節度、節制］ 望ましい生活習慣を身に付け、心身の健康の増進を図り、節度を守り節制に心掛け、安全で調和のある生活をすること。	【教基１】心身ともに健康な国民の育成を期して行われなければならない。 【教基２①】豊かな情操と道徳心を培うとともに、健やかな身体を養うこと。 【学教21⑧】健康、安全で幸福な生活のために必要な習慣を養うとともに、運動を通じて体力を養い、心身の調和的発達を図ること。
（小）［個性の伸長］ （中）［向上心、個性の伸長］ 自己を見つめ、自己の向上を図るとともに、個性を伸ばして充実した生き方を追求すること。	【教基前文】個人の尊厳を重んじ、 【教基１】人格の完成を目指し、 【教基２②】個人の価値を尊重して、
（小・中）［希望と勇気、克己と強い意志］ より高い目標を設定し、その達成を目指し、希望と勇気をもち、困難や失敗を乗り越えて着実にやり遂げること。	
（小）［真理の探究］ （中）［真理の探究、創造］ 真実を大切にし、真理を探究して新しいものを生み出そうと	【教基前文】真理と正義を希求し、 【教基２】学問の自由を尊重しつつ、 【教基２①】幅広い知識と教養を身に付け、真理を求める態

努めること。	度を養い、 【教基2②】その能力を伸ばし、創造性を培い、
B　主として人との関わりに関すること	
(小)〔親切、思いやり〕 (小)〔感謝〕 (中)〔思いやり、感謝〕 思いやりの心をもって人と接するとともに、家族などの支えや多くの人々の善意により日々の生活や現在の自分があることに感謝し、進んでそれに応え、人間愛の精神を深めること。	【教基2③】自他の敬愛と協力を重んずるとともに、 【学教21①】協同の精神、
(小・中)〔礼儀〕 礼儀の意義を理解し、時と場に応じた適切な言動をとること。	【教基2③】自他の敬愛と協力を重んずるとともに、
(小・中)〔友情、信頼〕 友情の尊さを理解して心から信頼できる友達をもち、互いに励まし合い、高め合うとともに、異性についての理解を深め、悩みや葛藤も経験しながら人間関係を深めていくこと。	【教基2③】男女の平等、
(小・中)〔相互理解、寛容〕 自分の考えや意見を相手に伝えるとともに、それぞれの個性や立場を尊重し、いろいろなものの見方や考え方があることを理解し、寛容の心をもって謙虚に他に学び、自らを高めていくこと。	【教基前文】個人の尊厳を重んじ、 【教基2②】個人の価値を尊重して、
C　主として集団や社会との関わりに関すること	

（小）［規則の尊重］ （中）［遵法精神、公徳心］ 法やきまりの意義を理解し、それらを進んで守るとともに、そのよりよい在り方について考え、自他の権利を大切にし、義務を果たして、規律ある安定した社会の実現に努めること。	【教基２③】自他の敬愛と協力を重んずるとともに、 【学教21①】規範意識、
（小・中）［公正、公平、社会正義］ 正義と公正さを重んじ、誰に対しても公平に接し、差別や偏見のない社会の実現に努めること。	【教基前文】真理と正義を希求し、 【教基２③】正義と責任、 【教基２③】男女の平等、 【教基４】人種、信条、性別、社会的身分、経済的地位又は門地によって、教育上差別されない。 【学教21①】公正な判断力
（小）［勤労、公共の精神］ （中）［社会参画、公共の精神］ 社会参画の意識と社会連帯の自覚を高め、公共の精神をもってよりよい社会の実現に努めること。	【教基前文】我々日本国民は、たゆまぬ努力によって築いてきた民主的で文化的な国家を更に発展させるとともに、 【教基前文】公共の精神を尊び、 【教基２③】公共の精神に基づき、主体的に社会の形成に参画し、その発展に寄与する態度を養うこと。 【学教21①】公共の精神に基づき主体的に社会の形成に参画し、その発展に寄与する態度を養うこと。
（小）［勤労、公共の精神］ （中）［勤労］ 勤労の尊さや意義を理解し、将来の生き方について考えを深め、勤労を通じて社会に貢献すること。	【教基２②】職業及び生活との関連を重視し、勤労を重んずる態度を養うこと。 【学教21⑩】職業についての基礎的な知識と技能、勤労を重んずる態度及び個性に応じて将来の進路を選択する能力を養うこと。

（小・中）〔家族愛、家庭生活の充実〕 父母、祖父母を敬愛し、家族の一員としての自覚をもって充実した家庭生活を築くこと。	【学教21④】家族と家庭の役割、生活に必要な衣、食、住、情報、産業その他の事項について基礎的な理解と技能を養うこと。
（小・中）〔よりよい学校生活、集団生活の充実〕 教師や学校の人々を敬愛し、学級や学校の一員としての自覚をもち、協力し合ってよりよい校風をつくるとともに、様々な集団の意義や集団の中での自分の役割と責任を自覚して集団生活の充実に努めること。	【教基2③】自他の敬愛と協力を重んずるとともに、
（小）〔伝統と文化の尊重、国や郷土を愛する態度〕 （中）〔郷土の伝統と文化の尊重、郷土を愛する態度〕 郷土の伝統と文化を大切にし、社会に尽くした先人や高齢者に尊敬の念を深め、地域社会の一員としての自覚をもって郷土を愛し、進んで郷土の発展に努めること。	【教基2⑤】伝統と文化を尊重し、それらをはぐくんできた我が国と郷土を愛するとともに、 【学教21③】我が国と郷土の現状と歴史について、正しい理解に導き、伝統と文化を尊重し、それらをはぐくんできた我が国と郷土を愛する態度を養うとともに、
（小）〔伝統と文化の尊重、国や郷土を愛する態度〕 （中）〔我が国の伝統と文化の尊重、国を愛する態度〕 優れた伝統の継承と新しい文化の創造に貢献するとともに、日本人としての自覚をもって国を愛し、国家及び社会の形成者として、その発展に努めること。	【教基前文】伝統を継承し、新しい文化の創造を目指す教育を推進する。 【教基1】平和で民主的な国家及び社会の形成者として 【教基2⑤】伝統と文化を尊重し、それらをはぐくんできた我が国と郷土を愛するとともに、 【教基14】良識ある公民として必要な政治的教養は、教育上尊重されなければならない。 【学教21③】我が国と郷土の現状と歴史について、正しい理解に導き、伝統と文化を尊重し、それらをはぐくんできた我が国と郷土を愛する態度を養うとともに、

(小・中)〔国際理解、国際貢献〕 世界の中の日本人としての自覚をもち、他国を尊重し、国際的視野に立って、世界の平和と人類の発展に寄与すること。	【教基前文】世界の平和と人類の福祉の向上に貢献することを願うものである。 【教基1】平和で民主的な国家及び社会の形成者として 【教基2⑤】他国を尊重し、国際社会の平和と発展に寄与する態度を養うこと。 【学教21③】進んで外国の文化の理解を通じて、他国を尊重し、国際社会の平和と発展に寄与する態度を養うこと。
D主として生命や自然、崇高なものとの関わりに関すること	
(小・中)〔生命の尊さ〕 生命の尊さについて、その連続性や有限性なども含めて理解し、かけがえのない生命を尊重すること。	【教基2④】生命を尊び、 【学教21②】生命及び自然を尊重する精神
(小・中)〔自然愛護〕 自然の崇高さを知り、自然環境を大切にすることの意義を理解し、進んで自然の愛護に努めること。	【教基2④】自然を大切にし、環境の保全に寄与する態度を養うこと。 【学教21②】生命及び自然を尊重する精神並びに環境の保全に寄与する態度を養うこと。
(小・中)〔感動、畏敬の念〕 美しいものや気高いものに感動する心をもち、人間の力を超えたものに対する畏敬の念を深めること。	【教基15】宗教に関する寛容の態度、宗教に関する一般的な教養及び宗教の社会生活における地位は、教育上尊重されなければならない。
(小・中)〔よりよく生きる喜び〕 人間には自らの弱さや醜さを克服する強さや気高く生きようとする心があることを理解し、人間として生きることに喜びを見いだすこと。	【教基前文】豊かな人間性と創造性を備えた人間の育成を期するとともに、 【教基1】人格の完成を目指し、

この一覧表によって、特別の教科である道徳の内容項目は、教育基本法と学校教育法の目的や目標の規定を前提に整備されたものであることが、理解できる。念のためにいうが、この一覧表は学習指導要領などに関連して文部科学省が発表したものではなく、法令の文言を手がかりに対照させたものである。四つの視点にそってみると、「A 主として自分自身に関すること」や「B 主として人との関わりに関すること」では、法令の文言よりも、現実の児童生徒の道徳性の発達にそって、内容を端的に表す言葉や内容項目が編成されていることが分かる。一方で「C 主として集団や社会との関わりに関すること」では、郷土や国家が登場して、法令との関係性が深い。「D 主として生命や自然、崇高なものとの関わりに関すること」でもある程度の関係性がみられる。歴史的に考えると、道徳の時間の時代から内容項目が学習指導要領で整備されていき、それを前提に二〇〇六（平成一八）年の教育基本法全部改正があったので、こうした関係性が増えていったことが分かる。

内容項目の文言に関連する法律は、このほかにも枚挙にいとまがない。日本国憲法は前文や権利義務に関する条項で、子どもたちが発達段階にそって学んでいくべき多くの内容を含んでいる。

特別の教科としての道徳というものが誕生した経緯では、**いじめ**の対応も重要である。内容項目として「いじめをなくす」とは書かれていないが、実際の指導ではこのテーマが不可欠となる。法律としては、**いじめ防止対策推進法**（平成二十五年六月二十八日法律第七十一号）において、第四条に記された「児童等は、いじめを行ってはならない。」という文言は重要である。第十五条第一項で「学校の設置者及びその設置する学校は、児童等の豊かな情操と道徳心を培い、心の通う対人交流の能力の素地を養うことがいじめの防止に資することを踏まえ、全ての教育活動を通じた道徳教育及び体験活動等の充実を図らなければならない。」と記されているように、学校の教育活動全体を通じて行う道徳教育でも、特別の教科である道徳でも、いじめの防止が正面から取り組まれる。

また、内容を端的に表す言葉「公正、公平、社会正義」では中学校の内容項目として「正義と公正さを重んじ、誰に対しても公平に接し、差別や偏見のない社会の実現に努めること。」があるが、**人権教育**としてさまざまな**差別**をなくすための教育も不可欠である。そのため、人権教育及び人権啓発の推進に関する法律（平成十二年十二月六日法律第百四十七号）などが定められている。**障害**をめぐっては、教育基本法第四条第二項に「国及び地方公共団体は、障害のある者が、その障害の状態に応じ、十分な教育を受けられるよう、教育上必要な支援を講じなければならない。」と定められているが、**特別支援教育**は、特別支援学校をセンターとして、小学校や中学校の特別支援学級、通級による指導、通常学級での学習障害等への対応など幅広い内容を含んでいる。**障害者基本法**（昭和四十五年五月二十一日法律第八十四号）の理念や、**障害者差別解消法**と略称される「障害を理由とする差別の解消の推進に関する法律」（平成二十五年六月二十六日法律第六十五号）に基づいて、学校や学級の実際に留意しながら取り組んでいく必要がある。障害に関する社会的障壁への対応として、学校の施設設備のバリアフリー化といった物理的な対応という小学校低学年でも分かりやすい例から、心の障壁という十分な配慮が必要な課題まで、特別な教科である道徳で取り組むべき課題となってくる。

法令に関係の深い内容項目は、教育の実践や学説に依拠して作り上げたものというだけではない、安定性がある。以前には「明るい」などの感性的な言葉でつかみ所がなかった内容項目が整備されてきたことが分かる。その一方で、現実の社会にある意見や立場の相違、多様な価値観というものが内容項目にも反映されるし、特別な教科である道徳では教師はそのことを知った上で多様な道徳性の発達を促進する必要がある。とくに深い理解が教師に求められるものとして、第7章で個人の尊厳を、第8章で公共の精神と伝統文化などを、第9章で宗教教育などを本書では説明する。

第三節　道徳教育の評価

道徳教育が道徳的諸価値に関する知識やそれを活用して判断を表現する能力を培うものだと割り切ると、特別の教科である道徳においても評価が可能であると考えることができる。高等学校の教科である公民では、科目である現代社会も、倫理も、政治・経済も、他の教科・科目同様に成績を評価するし、大学入学試験の受験科目にもなる。

一方で、道徳の時間として小学校と中学校に道徳が導入されたときから、道徳の評価は行わないものとされてきた。二〇〇八（平成二〇）年全部改正の小学校学習指導要領では、「児童の道徳性については、常にその実態を把握して指導に生かすように努める必要がある。ただし、道徳の時間に関して数値などによる評価は行わないものとする。」とあり、中学校学習指導要領でも「児童の」を「生徒の」と記して同文である。

教育では、教育活動で達成されるべき目標に則して学習者の状態を把握することを**教育評価**や**学習評価**、簡単に**評価**と呼ぶので、児童生徒の実態を把握して指導に生かす教師の活動はまさに評価である。一般に達成を個人ごとに行う絶対評価や集団と比較して行う相対評価などさまざまな手法がある。とくに評価の観点を明示して行う**観点別評価**が一般的である。またある程度のまとまった成果をとりまとめて五段階などで表示する**評定**も実施される。道徳の時間で児童生徒の実態を把握すること自体は評価という行為になるのだが、この評価を絶対評価や数値評価などでは示さず、したがって最終的な評定も実施されないことになる。これは、道徳の時間が学校教育の一つでありながら、児童生徒の内面の道徳性という人格にかかわるものであるため、その評価がむしろ学校教育のあり方に矛盾するためである。

特別の教科である道徳でも同様に、二〇一五（平成二七）年一部改正の小学校学習指導要領では、「児童の学習状況や道徳性に係る成長の様子を継続的に把握し、指導に生かすように努める必要がある。ただし、数値などによる評価は行わないものとする。」として、中学校学習指導要領も「生徒の」と記して以下同文である。こうして数値評価は行わない原則が継承されたが、特別の教科として、学校教育法施行規則（昭和二十二年五月二十三日文部省令第十一号）の第二十四条に定める**指導要録**には新たにどう記載するかという課題が発生する。指導要録は児童生徒の学習の記録として校長が作成して学校に保存される重要な書類である。進学に当たっては一般に調査書と呼ばれて、その抄本や写しが送付されるなど、選抜試験の判断材料となる。児童生徒や保護者にはその前提となる学習状況などの一部が通信簿等として示される。

文部科学省は、二〇一六（平成二八）年七月二九日に初等中等教育局長から各都道府県教育委員会などにあてて、「学習指導要領の一部改正にともなう小学校、中学校及び特別支援学校小学部・中学部における児童生徒の学習評価及び指導要録の改善等について」という通知を発した。ここでは特別の教科である道徳の学習評価の基本的な考え方を説明して、指導要録に「学習状況及び道徳性に係る成長の様子」の項目を設けて、資質・能力などを区分した観点別評価ではなく、また他の生徒と比較した相対評価でもなく、いかに成長したかを教師が受け止めて励ますための**個人内評価**として**記述式**で表現することを適切とした。実際の指導要録は各都道府県教育委員会等がさらに定めることになるが、通知に添付された「中学校生徒指導要録」参考様式は全体の表で大きなものなので、道徳に関係する部分を一部抜粋して示すと次頁から示す表になる。

一般の教科では、観点別評価を行い、最終的な評定を記すことになる。なお、二〇一七（平成二九）年の中学校学習指導要領全部改正を受けて各教科の観点別学習状況欄も二〇一七（平成二九）年三月に変更が通知された。従来は各教科の「観点」は教科ごとに異なっていたが、これを校種・教科を通じて「知識・技能」、「思考力・判断力・表現力」、「主体的に学習に取り組む態度」の三つに統一した。**資質・能力の三つの柱**と比較すると、学力として評価することに矛盾が生じる「人間性」の文言が除かれている。特別の教科である道徳については、変更はない。

各教科の学習の記録

Ⅰ 観点別学習状況				
教科	観点 ＼ 学年	1	2	3
国語	国語への関心・意欲・態度			
	話す・聞く能力			
	書く能力			
	読む能力			
	言語についての知識・理解・技能			

Ⅱ 評定	
学年	
1	
2	
3	

＊ここでは二〇一六（平成二八）年七月二九日通知から指導要録の様式例を記載したが、二〇一九（平成三一）年三月二九日通知により「各教科の学習記録」は校種・教科を通じて「知識・技能」、「思考力・判断力・表現力」、「主体的に学習に取り組む態度」に統一された。総合的な学習の時間や特別の教科である道徳には変更はない。

総合的な学習の時間は、観点を明示するが、評定を記さない。学習活動は実際の内容を端的に記述して、評価も記述式で行う。

総合的な学習の時間の記録

学年	学習活動	観点	評価
1			
2			
3			

次に特別の教科である道徳の欄をみよう。

特別の教科　道徳	
学年	学習状況及び道徳性に係る成長の様子
1	
2	
3	

総合学習と比較すると評定を記さずに記述式で行う点が同じである。観点別評価を採用しないので、学習状況と個人内評価としての成長の様子が同じ欄になっている。道徳的諸価値を自分自身のかかわりから理解していったか、一面的な見方から多面的・多角的な見方へと発展していったか、討議などで発言をしたり感想を発表したり自分自身の考えを深化させていったかなど、教師は指導のなかで児童生徒一人ひとりの**成長の様子**を把握して、記述式で評価を行い、最終的には校長が指導要録を作成することとなる。

また通知では、さらに、入学者選抜の合否判定に「学習状況及び道徳性に係る成長の様子」を用いないために、**調査書**には記載しないものとした。また、**発達障害**、注意欠陥多動性障害、自閉症などについても指導上留意して、評価に当たっては児童生徒の障害による困難な状況を理解して丁寧に捉えることを求めた。

第二節でみた四つの視点や内容項目は、子どもたちの道徳的諸価値の理解や道徳性の発達をみる場合の参考となるものであるが、こうした尺度で観点別評価を行うものではないことは強調しておきたい。特別の教科である道徳では、多様な価値観が存在し、現実の社会に対立があることを前提として、国家及び社会の形成者としてよりよく生きるための道徳性を養うことが達成するべき目標となるのである。この単純ではない教育課題と向き合うために、本書では次章から道徳的諸価値について検討をすすめ、さらに教育実践における方法を考えていきたい。

（1） 大祓祝詞と十戒は、高橋陽一『道徳教育講義』武蔵野美術大学出版局、二〇〇三年初版、二〇一二年新版の第3章と第4章に詳述した。

第7章　道徳としての個人の尊厳

高橋陽一

ここまで、多くの道徳に関する法令と制度、現在にいたる歴史などをみてきた。こうした講義をしていると、かならず学生からの感想で、「それならばどのような道徳を私たちの道徳とするべきなのか。」という質問が寄せられる。私は、「それを考えるのがこの講義の各自の課題である。」と答えることにしているが、たしかに単純にそれだけで終わると、道徳は各自の勝手であると主張しているように誤解されるかもしれない。宗教系私立大学の教員であれば、こうした質問に対して、まず建学の精神、宗教上の宗教の道徳性を客観的に提示するのが誠実な姿であると思う。私の奉職する武蔵野美術大学は、残念ながらそうした建学の精神はないのだが、それに代わるものとして語られる「教養を有する美術家養成」という金原省吾《きんばらせいご》の言葉や、「真に人間的自由に達するような美術教育」という名取堯《なとりたかし》の言葉は、人間の在り方と美術を結びつけた点からも含蓄が深い(1)。

そもそも、道徳教育という営みが可能なのは、私にも、あなたにも、互いに通用する道徳があるという考えがあるからである。誰にでも共通に前提としうる道徳、普遍的な道徳は存在するのかという問いは、道徳の歴史と現状を学べば学ぶほど、答えは暗澹《あんたん》たるものになる。普遍性を求めて虚構を重ねた滑稽な事例は、第4章で教育勅語のテキスト自体にみた。これからも、これを守れば間違いないと自称する道徳には、私は常に疑いを持って接するだろう。ただ、我々がこの世界で生きて、何らかの形で人とかかわりを持ち、そして各種の教育にかかわるときには、自分自身の道徳が問われることは当然である。仮に普遍的な道徳がないとしても、それぞれが普遍的道徳であってほしいと思う道徳、つまり普遍的たるべき道徳に依拠して人とかかわらざるをえないのである。

そうした普遍的たるべき道徳として、まず考えてほしいのは、「個人の尊厳」である。ここでは、今の日本の法律のなかに表れる「個人の尊厳」に注目して考えるが、決して私は法律に書かれているから正しいという方法を採っているのではない。法律によってすべての人々に保障されているという事実、あるいは法律に書かれる程度には合意があるという事実を前提としながら、それが我々の社会のなかの道徳として普遍的になることを願って記すのである。

第一節　法律のなかの個人の尊厳

個人の尊厳は一人ひとりが大切だという分かりやすい意味であるが、今日の教育の理念を考えるための基本的な概念である。一九四七（昭和二二）年の**教育基本法**は、第4章にみた教育勅語とは異なる、新しい戦後社会の教育の在り方を個人の尊厳を明示することで模索した。ここでは二〇〇六（平成一八）年の全部改正される以前の、制定時の前文と第一条をみてほしい。

教育基本法（昭和二十二年三月三十一日法律第二十五号）

われらは、さきに、日本国憲法を確定し、民主的で文化的な国家を建設して、世界の平和と人類の福祉に貢献しようとする決意を示した。この理想の実現は、根本において教育の力にまつべきものである。

われらは、個人の尊厳を重んじ、真理と平和を希求する人間の育成を期するとともに、普遍的にしてしかも個性ゆたかな文化の創造をめざす教育を普及徹底しなければならない。

ここに、日本国憲法の精神に則り、教育の目的を明示して、新しい日本の教育の基本を確立するため、この法律を制定する。

第一条（教育の目的）教育は、人格の完成をめざし、平和的な国家及び社会の形成者として、真理と正義を愛し、個人の価値をたつとび、勤労と責任を重んじ、自主的精神に充ちた心身ともに健康な国民の育成を期して行われなければならない。

前文の個人の尊厳という言葉は、第一条の個人の価値という言葉に呼応する。第1章や第6章でみた全部改正を経た教育基本法にも、前文は個人の尊厳を掲げ、第二条で個人の価値を目標として掲げている。さて、この法律ができる二年前までは、教育勅語のもとで日本は天皇のために戦争をすることが道徳的だと考えられていた。天皇に臣民が忠を尽くすことが道徳の基本であると考えられていたことと、この教育基本法とは、全く異なる構造を持つ。教育勅語は勅語、つまり天皇からの言葉として命じられたが、教育基本法は日本国憲法のもとで正規の法律としての手続きを経て制定された。勅語の根拠が天皇であれば、教育基本法の根拠は国民である。そうした手続き上の問題は、その内容に反映されている。

教育勅語は、国体があって、そこに教育の淵源《えんげん》があると述べたが、教育基本法の前文は、「民主的で文化的な国家」は「根本において教育の力にまつべきものである。」と述べている。国体から教育が発するのではなく、教育が国家をつくるのである。つまり、教育によって国民が育成されて国家や社会が出来上がるのである。天皇や国体から発想する教育勅語に対して、教育基本法は国民から発想しているのである。

もちろん、近代の歴史のなかで、「国民」はいろいろな意味を持つ。別に教育勅語のもとでも「国民」が禁句だったのではなく、「皇国ノ道」の教育のために一九四一（昭和一六）年に置かれた学校は「国民学校」だった。しかし、日本国憲法の想定する「国民」は、そうした「臣民」的な「国民」とは異なる。教育基本法は、前文では「個人の尊厳を重んじ」と述べ、第一条では「個人の価値をたつとび」と「個人」をキーワードとしている。現在の「国民」はまず「個人」であり、一人ひとりに違いがあることが前提になっている。たとえば、日本国憲法では、「個人の尊厳」という言葉は、婚姻のところに登場する。憲法第二十四条第二項に「配偶者の選択、財産権、相続、住居の選定、離婚並びに婚姻及び家族に関するその他の事項に関しては、法律は、個人の尊厳と両性の本質的平等に立脚して、制定されなければならない。」と記されているのは、結婚や家族というきわめて一体性が想定される状態でも、基本は個人の尊厳ということが原則だと述べている。家族はいうまでもなく、国家や社会に関するあらゆる人間関係において、個人の尊厳が前提とされてはじめて民主主義といえるのである。

教育基本法第一条は、「教育は、人格の完成をめざし」として**人格の完成**を述べているので、何か「完成された人格」のような特定の人間像を想定しているかのような読み方もありうる。そう読めば、続く「平和的な国家及び社会の形成者として、真理と正義を愛し、個人の価値をたつとび、勤労と責任を重んじ、自主的精神に充ちた心身ともに健康な国民」という部分が、その人間像の内容になるのだろう。だが、これが教育基本法の目指す特定の完成された人格だとすると、何か不十分に感じて、あれもこれもと付け加えたくなり、結局は、人間を法律でがんじがらめにしてしまうことになりかねない。

教育基本法の制定に主導的な役割を演じた法学者の田中耕太郎（一八九〇〜一九七四）が、カトリック信者であり自然法思想を有していることから、「人格の完成」に具体的内容を見出そうとする研究がある。(2) たしかに田中耕太郎は「完成された人格は、経験的人間には求められない。それは結局超人間的世界すなわち宗教に求めるほかはないのである。」との信念を持っていたが、それと実際の条文の意味を区別していたし、常に「神がかり的、狂信的な国家主義であってはならない。」と条件を付けていたことも、(3) 忘れられてはならない。念のためにいっておくと、法律はまず条文を読み、さらに関連する法令なども含めて理解がされるべきであり、いくら田中耕太郎が大きな役割を果たしたとしてもかかわった多くの人々のうちの一人なのであり、その一人の思想の解釈だけでは理解はできないのである。その意味では、文部省が一九四七（昭和二二）年五月三日に訓令第四号で示した解釈は、田中自身が違和感を表明していても、当時の公式解釈として重視されなくてはならない。そこには「人格の完成とは個人の価値と尊厳との認識に基き、人間の具えるあらゆる能力を、できる限り、しかも調和的に発展せしめることである。」という解釈が示されている。「人格の完成」は「個人の価値と尊厳」の認識のもとで読まれるべきだとの解釈は、前文と第一条に示されている内容とまさに一致しており、「人格の完成」は「個人」の視点から考えられるべきなのである。つまり、「人格の完成」に、誰かが「完成された人格」を読み込むとしても、それはあくまでも、それぞれの「個人の尊厳」に基づいた行為であり、この法律自体が一つの「完成された人格」のモデルを示すものではないということである。

近代では、一つの国家や社会のなかに、さまざまな宗教と思想が混在する。それぞれの個人は、いろいろな価値観や信仰を知り、選択したり拒否したりと自由に思索して、成長していく。一つの宗教や一つの思想には、それぞれに「完成された人格」を設定することは自由であるし、またそれを奉じる人々がその「完成された人格」を目指すのも自由である。個人にとっての人格の完成は、そうした既成の「完成された人格」を目指してもよいし、またそれ以外の像を目指してもよいはずである。「個人の尊厳」とは、そうした自由な個人がかけがえのない大切なものだということを認めているのであり、「人格の完成」というのは、その自由な個人による人格の完成なのである。従って「個人」が多様である以上、「人格の完成」には誰でも認める一つの像があるわけではないのである。

もちろん、個人は、第一条がいうとおり「平和的な国家及び社会の形成者」として、国家や社会のなかで他の個人との関係を持って生活する。「個人の尊厳」とは、国家や社会が個人の尊厳を守るということとともに、個人がそうした国家や社会を形成するということを意味する。個人は自己の尊厳を守られるとともに、また他人の尊厳を守らなければならないという点は次節で検討したい。

なお、全部改正を経た教育基本法（平成十八年十二月二十二日法律第百二十号）では、強調した前文の「個人の尊厳を重んじ」という文言はそのまま新法の前文にうたわれている。第一条の「個人の価値をたっとび」という文言は、新法では教育の目標を列記した第二条第二号で「個人の価値を尊重して」という文言で継承された。「個人の尊厳」という精神は、教育基本法全部改正を通じて継承された理念として理解できる。

さて、「個人の尊厳」という言葉は、教育関係の法令以外にも、社会福祉関係の法のなかに登場する。一九五一

（昭和二六）年の**社会福祉法**（昭和二十六年三月二十九日法律第四十五号）では、福祉サービスの基本的理念を定めた第三条で「福祉サービスは、個人の尊厳の保持を旨とし、その内容は、福祉サービスの利用者が心身ともに健やかに育成され、又はその有する能力に応じ自立した日常生活を営むことができるように支援するものとして、良質かつ適切なものでなければならない。」と述べている。また、一九七〇（昭和四五）年の**障害者基本法**（昭和四十五年五月二十一日法律第八十四号）も、改正を経た現在の条文では、地域社会における共生等を定めた第三条のなかで「全ての障害者が、障害者でない者と等しく、基本的人権を享有する個人としてその尊厳が重んぜられ、その尊厳にふさわしい生活を保障される権利を有すること」と定めている。まさに人が人として尊厳を有することが、福祉という社会的な営みのなかでは、まず確認されなければならないのである。

教育基本法のいう「個人の尊厳」は、あらゆる人にとっての尊厳である。教育をイメージすると子どもがまず念頭に浮かび、それゆえに教育基本法の第一条に明示された人格の完成という言葉も子どもを念頭に理解されるかもしれない。しかし、人格はあらゆる人が有するのであり、その年齢や心や身体の状況などには依拠しない。重度の障害や疾病を持っている者も、あるいは高齢者も、たとえ表面上は教育が不可能だと思われる状態であったとしても、あらゆる状況で個人は尊厳を有しており、それは本来的には人格の完成に向けての教育の過程にあると考えられるのである。我々が教育とは人の発達を促進する営みであると考えても、人間の生涯すべてを、前向きの変化をイメージさせる「**発達**」の一言で表現するには難しさがある。人には病があり、老いがあり、そして死があるからである。人として生まれて死ぬまで、いかなる心や身体の状態であったとしても、その人には人格があり、そこに「個人の尊厳」を認めるのであって、「人格の完成」に向けた教育とは、それぞれに合ったきわめて多様な営みでなければ成立しえないのである。私たちが生涯学習という言葉を使うときには、こうした個人の多様さと人生のステージの変化を視野に入れて考えるべきであり、学校教育もそのなかに位置づけられるのである。

学校教育と社会福祉をつなぐ近年の動向としては、一九九七（平成九）年の正式には「小学校及び中学校の教諭の普通免許状授与に係る教育職員免許法の特例等に関する法律」と呼ぶ**介護等体験法**が「個人の尊厳」を強調したことが注目される。その第一条を引用したい。

小学校及び中学校の教諭の普通免許状授与に係る教育職員免許法の特例等に関する法律（平成九年六月十八日法律第九十号）

（趣旨）

第一条　この法律は、義務教育に従事する教員が個人の尊厳及び社会連帯の理念に関する認識を深めることの重要性にかんがみ、教員としての資質の向上を図り、義務教育の一層の充実を期する観点から、小学校又は中学校の教諭の普通免許状の授与を受けようとする者に、障害者、高齢者等に対する介護、介助、これらの者との交流等の体験を行わせる措置を講ずるため、小学校及び中学校の教諭の普通免許状の授与について教育職員免許法（昭和二十四年法律第百四十七号）の特例等を定めるものとする。

小中学校の教員を目指す大学生に七日間の社会福祉施設や特別支援学校での介護等体験を行うことを定めたこの介護等体験法については、福祉や教育の現場での受け入れ等の問題が指摘される。しかし、その趣旨は教育基本法の示した「個人の尊厳」を自ら体験して学ぶという教員にとって不可欠な実践的認識を培おうとするものである。

高齢化が進み、あらゆる人々がバリアフリーに活動できる社会を考えるならば、現代の教員に求められる「個人の尊厳」の認識とは、個人とは何かを思索することだけではなく、それぞれの個人に向き合って模索する実践的な認識が求められているといえよう。(4)

第二節　「権利の濫用」をめぐって

法令にみえる「個人の尊厳」という言葉から、道徳の理念を探ってきた。

学校の現場においては、「個人」ということを強調しすぎる弊害、あるいはその個人の「権利」ということを言い過ぎる問題を耳にすることは珍しくない。学校や教員に法外なクレームや要求を行う父母や児童・生徒に悩まされたことのない教員はいないのではないか。大学においても、自己の努力や能力を棚に上げて、「単位がもらえないのは人権侵害だ」「裁判で訴えてやる」という学生がいることを耳にすると、まことに情けない思いがする。

しかし、こうしたことから、「個人の尊厳」や「権利」について、学校の教員が取り組みに消極的になることは残念である。はたして「個人の尊厳」を知ったからわがままな子どもが増え、「権利」を知ったからトラブルを起こす子どもが増えるのだろうか。「個人の尊厳」や「権利」についての正しい理解が培われないからそうした問題が起こるのではないか。たとえば、個人や権利について記した**日本国憲法**の次の条文をみよう。

日本国憲法（昭和二十一年十一月三日憲法）

第十一条　国民は、すべての基本的人権の享有を妨げられない。この憲法が国民に保障する基本的人権は、侵すことのできない永久の権利として、現在及び将来の国民に与へられる。

第十二条　この憲法が国民に保障する自由及び権利は、国民の不断の努力によつて、これを保持しなければならない。又、国民は、これを濫用してはならないのであつて、常に公共の福祉のためにこれを利用する責任を負ふ。

第十三条　すべて国民は、個人として尊重される。生命、自由及び幸福追求に対する国民の権利については、公共の福祉に反しない限り、立法その他の国政の上で、最大の尊重を必要とする。

憲法第十一条が記すように、基本的人権はすでに国民一人一人に保障されている。教えられたから与えられたというものではない。もちろん知らないと活用できないのであるから、第十二条に記すように、不断の努力により保持されるものである。さらに、「これを濫用してはならない」「常に公共の福祉のためにこれを利用する責任を負ふ」と言葉を加えていることは重要である。権利は、常に**権利の濫用**の禁止と、それを活用するための責任が伴うものである。さらに第十三条は、個人の尊重を明言して、「生命、自由及び幸福追求に対する国民の権利」を最大の尊重を必要とすべきものとして記している。ここにも「公共の福祉に反しない限り」ということが加えられている。

個人が個人として尊重され、権利を権利として使っていくことが、単にわがままなトラブルを起こすためであっては困ってしまう。当然に権利を使うことの責任を知り、「公共の福祉」つまり自分以外の他の個人と社会のことも、また念頭において行動しなければならないのである。

公共の福祉という言葉は、非常に難しい。「公」といえば第4章の教育勅語でみた「一旦緩急アレハ義勇公ニ奉シ」という言葉が浮かぶが、何でも国家のためにというのでは、個人の権利はないに等しくなってしまう。現代の個人にとっても求められている「公共の福祉」の認識とは、もっと能動的に、自分自身が教育基本法第一条にいう「平和で民主的な国家及び社会の形成者」として「公共の福祉」に関与しているのであり、こうした関与を通じて「公共の福祉」を豊かにすることを求めているのである。

このように考えると、道徳教育における「個人の尊厳」や「権利」の位置づけはきわめて本質的であることがわかる。「個人の尊厳」ということを教育において大切にすることは、ただ、子どもたちに、「あなたの個人の尊厳は守られています。」「あなたの権利は守られています。」と伝えるだけではなく、「あなたは他人の尊厳を守らなくてはなりません。」「あなたは他人の権利を守らなくてはなりません。」ということも含めて理解を促すことを課題としているのである。

一九八九（昭和六四）年に国連総会で採択され、日本では遅れて一九九四（平成六）年に批准された**子どもの権利条約**（正式の条約名は、**児童の権利に関する条約**〈平成六年五月十六日条約第二号〉）は、子どもを保護するための国際的な条約であるだけではなく、子どもたち自身が一人の人間として権利を能動的に使うことを認めた条約である。ここに子どもの権利として明記されたものとして、意見表明権（第十二条）、表現・情報の自由（第十三条）、思想・良心・宗教の自由（第十四条）、結社・集会の自由（第十五条）、プライバシィ・通信・名誉の保護（第十六条）、適切な情報へのアクセスの権利（第十七条）などがある。これらは、大人にとっては国際的にも当たり前の人権であろうが、これを当然に子どもも持っている権利であることを確認したことの意義は大きい。こうしたことを、教育の現場で生かしていくためには、子どもたちの発達段階に即して、教師や大人たちが必要なアドバイスや条件の整備を行い、権利を権利として使うための知識と態度を身につけさせていく必要がある。子どもの権利条約が従来の日本の学校現場からみて、非常に進んだものであるために躊躇《ちゅうちょ》する向きもあろうが、子どもも大人と同じ人間として同じ人権を持っているということや、さらに子どもには個人の尊厳や権利が何なのかということを伝えることから始めなくてはならないという課題を併せて考えるならば、積極的に取り組むべき課題であることが理解される。

第三節　対等な「個人」としての認識

さて、もう一度、「個人の尊厳」ということを素直に考え直してみると、今ここにいる人間と人間が、それぞれ互いに対等な人間として、個人として認識し合うことがスタートになる。あまりに当たり前のことであるが、自分と相手はいろいろな違いがあっても対等な人間であるという認識は、そもそも同じ種に属していることを認識して行動するあらゆる生物に可能なことのようにも思えるのだが、決して歴史的に当然のこととはいえない。たとえば、近代以前の身分制は、生まれによって対等ではない人間が存在することを前提にしている。近代になっても、財産や納税額によって選挙権を制限することも普通だと考える時代が続いた。とりわけ男女が対等だという考えを法律上で徹底することは遅れて、日本では日本国憲法によってやっと実現したのである。

もちろん、差別を当然とする認識は、人類の歴史のなかで過去のものとなったことを期待するのだが、我々の周りにはそうではない考え方が存在する。たとえば、一九九五（平成七）年に桜井修という財界人が日本私立大学協会の各大学の学生指導担当者を集めて研修会で行った講演は、教育改革を主張した人物の発言だけに、教育関係者に波紋を与えた(5)。

本来、大企業というものが生き残るためには、どういう形であるべきかというのを極めて短絡的に申し上げれば、私も極めて無能ながら経営をやりましたので痛感しておりましたが、まずトップの能力がなければいかんので、これは私も差し障りがありますので横へ置きまして、少なくともそのトップを支える極めてブリリアントな幹部要員、参謀本部、マネージメントの達人が必要です。しかし、これはほんの一握りでいい、しかもこれは単に人柄がいいとか、そんな話ではなくて、マネージメントのスペシャリストでなければならない。

つまり、それを徹底的に勉強してきた人間でないと、本当はできないのです。

そして、それが一握り、しかし、かなりの量のスペシャリスト集団、これは実は企業の中に入ってから教えればいいという生半可なものではありません。これは日本がこの数十年、先ほど申し上げた徹底的なアマチュアリズムでやれたから、アマチュア同士で国中が馴れ合って来れたからできたに過ぎないのであって、本当に先ほど来申《らい》し上げたアメリカ的な教育を受けた、アメリカのスペシャリストと太刀打ちし、かつ大企業というのはグローバル化せざるを得ませんから、そういうアメリカのスペシャリストもジョインさせなければならない。そういうことを考えますと、このスペシャリスト集団というのは、かなりの分野で、かなりの量が必要なのです。

〔中略〕

したがって、大企業が動き出すのは、極めて今難しい状況にある。しかし、先ほど申し上げた、今後の大企業のイメージ、つまり一握りのブリリアントな参謀本部と、マネージメントのプロと、それからかなり大量なスペシャリスト集団と、それ以外はロボットと末端の労働力であります。この末端の労働力は、おそらく賃金にこれだけ一〇〇倍の差があれば、申しわけないことながら、東南アジアの労働力を使うことになるのでしょう。そういたしますと、今の学生諸君がその一握りの参謀本部に入るために大学を出て、大企業にチャレンジするとしたら、これはとんでもない話であって、完全なマネージメントのプロになってもらわなくてはならない。それでなければ、何らかのスペシャリスト、こういう資格があるからこの資格でこの企業にポストはないかと、幾らなら私は働きますというような形になるべきなのです。

まず、誤解を与えてはならないので断っておくと、この箇所の主題は、私立大学卒業者たちが参謀本部が無理ならスペシャリストになるように大学側は指導してほしいという学生就職支援の職員への親切なアドバイスなのだろう。また、この講演記録には「自己表現、他者尊重、社会貢献のできる人材育成を」というまことに人権に配慮した副題が記されている。全文を読んでもそういう人権問題を中心に論じているとは思えないのだが、大胆な発言をするときにはこういう副題は便利な免罪符として機能しうる。しかし、この文章を読んだ我々の目を引くのはそんな点ではなく、「ブリリアントな参謀本部と、マネージメントのプロ」や「大量なスペシャリスト集団」のほかの人間について、「それ以外はロボットと末端の労働力であります。」と述べている点である。桜井氏の眼には、企業に勤めるごく普通の労働者や東南アジアの人々は、ロボットや労働力として非人格的にしか認識できないのであろうか。それでは、ちょうど古代には妻や奴隷をロバやウシと同一視したように、現代では一般の会社員や東南アジアの労働者をロボットと同一視する財界人が存在するということになってしまう。

ちなみに、この講演と同じ年に、経済同友会で桜井氏自身が中心になってまとめた「合校」（これを「がっこう」と読むという）という提起も重なってくる。(6) この提起は、学校のスリム化として評価もされたが、その内実は、「音楽・美術・演劇などの芸術教科」を学校教育から「アウトソーシングする」、つまり学校の外部に任せて学校の授業科目として認めないというものであった。自由といえば自由な発想であるが、学校から芸術を排除する姿勢には、エリート以外を「ロボットと末端の労働力」としか認識できないことと、つながっているように思える。

人間を人間として認識できないという問題は、特別な現象ではないかもしれない。いまだに学校現場で横行している教師による体罰事件も、その現実的な現象であろう。学校教育法第十一条による体罰の禁止を引くまでもなく、そもそも自由なはずの個人と個人の関係において、一方が他方に自由に暴力を振るうという人間関係を考えることはできない。一方が教師で、他方が子どもであれば、体罰が可能であるという発想自体の根底には、子どもを対等な個人と認識していないという問題がある。こうした実例は、さらに近年クローズアップされたセクシュアル・ハラスメントの問題や児童虐待の問題においても、観察されるだろう。

もちろん、我々の日常の発想において、常に他人のことを考えて行動するということは難題である。知らないうちに、我々自身が互いを個人として認識し合うことができなくなることはありうるのであり、そのことにあらゆる個人は敏感でなければならない。

セクシュアル・ハラスメントの防止や対策は、企業はもちろん、学校での大きな課題である。現在の日本における性別の格差などを考えると、学校教育においても、企業内教育においても、高い位置づけで取り組まなくてはならない「個人の尊厳」をめぐる課題である。この把握では、性的言動によって被害者を「不快にさせる」ものだったかという、個人の尊厳を基準にした判断が重要である。しかし、勢い余って新たな人権侵害を起こす場合もありうる。たとえば、定評ある学校用マニュアルでも、加害者側へのアドバイスとして、「もしあなたが被害を訴えられたら」「多分あなたが悪い」と述べて、また合法的な反論までもが「加害者が暴れる」と表現しているものがある。[1] カウンセリングの場としては、まず訴える側の言い分を親身に聞くことが当然の技術だが、これが勢い余っていつでも加害者とされた者が有罪だと推定する方法にまで進むならば、それ自体が冤罪《えんざい》づくりの温床として人権の侵害につながる可能性が高いだろう。ハラスメントをめぐる問題では、職場の上下関係を前提にしたハラスメントや、学校などで指導関係を前提にしたハラスメントなど、今日では**パワー・ハラスメント**としてあらゆる人たちが関係しうる課題として把握されている。あらゆる問題について、あらゆる個人の尊厳を尊重する立場で臨まなければならないのである。

ここまで述べてきたのが、「それならばどのような道徳を私たちの道徳とするべきなのか。」という質問への、普遍的たるべき道徳という仮説の回答である。もちろん、「個人の尊厳」という言葉を繰り返していても、道徳教育は進まない。しかし、その大切な言葉が二〇〇六年の教育基本法の全部改正という荒波をもくぐって今日の道徳教育の可能性として存在していることに期待をしたい。第6章で説明した道徳の内容項目と法令の関係を再び確認しておきたい。そこにどのような豊かな内容を盛り込むかは、学校の教員のみならず、あらゆる個人に課せられた課題なのである。

（1）創立六〇周年史編集委員会『武蔵野美術大学六〇年史』武蔵野美術大学、一九九一年、二一五頁。武蔵野美術大学八〇周年記念誌編集委員会『武蔵野美術大学のあゆみ　一九二九―二〇〇九』武蔵野美術大学出版局、二〇〇九年、八～一〇頁。

（2）杉原誠四郎『教育基本法の成立「人格の完成」をめぐって』日本評論社、一九八三年。

（3）田中耕太郎『教育基本法の理論』有斐閣、一九六一年、七九～八一頁。

（4）介護等体験法については、高橋陽一『美術と福祉とワークショップ』武蔵野美術大学出版局、二〇〇九年を参照。

（5）桜井修「これからの大学教育に対する期待」『教育学術新聞』教育学術新聞社、第一七七六号（一九九五年八月二三日）～第一七八〇号（同年九月二七日）。引用は一七七九号四面より。なお、この発言については斎藤貴男『機会不平等』文藝春秋、二〇〇〇年、二五～二八頁参照。

（6）経済同友会「学校から『合校』へ」『季刊教育法』エイデル研究所、第一〇三号、一九九五年九月。

（7）沼崎一郎『キャンパスセクシャル・ハラスメント対応ガイド』嵯峨野書院、二〇〇一年、一五〇～一五一頁、一六一頁。

第8章　公共の精神と伝統文化

高橋陽一

近年の道徳教育への最も大きなインパクトは、二〇〇六（平成一八）年の教育基本法の全部改正である。この改正により教育の目的や目標を明記した法令上の規定が変化し、学校教育法や学習指導要領の改正に連動していった。特別の教科である道徳もその延長線上にある。本書で何度も出てくる公共の精神、伝統文化、愛国心や郷土愛などは、教育基本法改正をめぐって論争された争点でもある。したがって道徳教育では指摘された危惧や弊害を知りつつ、将来この国の主権者になる子どもたちにとって意義のある教育を行っていく必要がある。とりわけ、特別の教科である道徳において、アクティブ・ラーニングによって現代社会に生きる力として公共の精神を育むことは、大切なことになる。多様な価値観があり対立があることが現実の社会であり、道徳教育はこうした現実に依拠して子どもたちが考えて議論していく姿勢を促進する教科である必要がある。本章は、この論争的なテーマについて詳しく考えていきたい。

第一節　教育基本法の継承と追加と変更

一九四七（昭和二二）年三月三一日に公布・施行された**教育基本法**（昭和二十二年三月三十一日法律第二十五号）は、戦後教育改革の指針として戦後の教育をリードしてきた。教育基本法は一九四六年一一月三日公布の日本国憲法と並行して検討され、日本国憲法を踏まえた内容となっている。この憲法とは別に教育に関する法律を検討するために、一九四六年八月一〇日に、内閣総理大臣の諮問機関として**教育刷新委員会**が置かれ、この建議に基づいた法案が当時まだ帝国議会であった国会で可決されたものである。

戦前の教育法制は**勅令主義**と呼ばれ、教育勅語を中心とする教育理念が定められ、さらに小学校令をはじめとした天皇の命令である「勅令」により整備されていた。これに対して、教育基本法は**法律主義**の法体系の根幹になり、教育刷新委員会での審議を経て国会で議決された「法律」として制定され、さらに学校教育法などの法令の基礎となる「基本法」として機能した。また、その内容は、日本国憲法に基づく戦後改革を反映して、個人の尊厳、平和、民主主義、学問の自由、男女平等などを基本的な理念としつつ、教育の政治からの独立、政治的中立のための工夫が組み込まれた法律となっていた。

教育基本法は、戦後日本で教育の個人の尊重や教育の自由の根拠として機能するとともに、政府による教育の統制に教育の現場から抵抗するための根拠としての役割を果たしてきた。このため、政府や政党からの教育基本法見直し論が永らく提起されて、国会等の政治上の論点となってきたことも戦後史の事実である。

この改正が具体的に動いたのが、二〇〇〇（平成一二）年三月二四日、自由民主党の小渕《おぶち》恵三内閣における**教育改革国民会議**の設置であった。森喜朗《よしろう》内閣となってからも継続して、一二月二二日に「教育改革国民会議報告　教育を変える一七の提案」が報告され、教育基本法の見直しと教育振興基本計画の策定が提起された。さらに小泉純一郎内閣でもこの課題が継続して、二〇〇一年一一月二六日に中央教育審議会に諮問がなされ、二〇〇三年三月二〇日に「新しい時代にふさわしい教育基本法と教育振興基本計画の在り方について」が答申された。これを受けて与党における検討がなされ、二〇〇六年四月二八日に法案が閣議決定し、同年の第一六四回通常国会に提出されたが同国会では継続審議となり、安倍晋三内閣となった第一六五回臨時国会では一一月一六日に衆議院本会議で可決、一二月一五日に参議院本会議で可決・成立し、一二月二二日に平成一八年法律第百二十号として公布されて即日施行されたという経緯である。一般に法律は改正前の法律を**旧法**と呼び改正後を**新法**と呼ぶが、教育基本法は一度だけの改正なので改正前後で旧法と新法として分かりやすく呼ぶことができる。

なお、新法の制定過程は、国会での賛否が大きく分かれ、教育関係者や教育関係学会から多くの慎重論や反対論が出されたことや、国民の意見を聞くための「タウンミーティング」に依頼されて金銭を受け取った「やらせ」の質問者が多く存在したという問題がマスコミなどで報じられて、波瀾《はらん》のなかで成立したこともまた記憶されている。

さて、法律としての一九四七（昭和二二）年の旧法と、二〇〇六（平成一八）年の新法との関係から、法律の内容をみると次の三つの視点から論じることができる。

第一に旧法の継承という視点である。教育基本法の改正は、法令改正の手法として、「**全部改正**」という手法がとられた。多くの法令改正でなされる条文の部分的な修正や追加のための「**一部改正**」ではないが、「廃止」と「制定」という手法はとられなかった。つまり「教育基本法（昭和二十二年法律第二十五号）の全部を改正する」という文言をもって法律の文言全部が改正され、法律名は「教育基本法（平成十八年法律第百二十号）」となり、法律名は同一で番号が変わるというスタイルをとった。この手法とともに、法律の文言についても、旧法を受け継いだものが多くを占め、旧法の下で制定された法令や慣行がそのまま継続できることになる。教育の目的は旧法から新法にほぼ同様に引き継がれ、前章で注目した「個人の尊厳」も、旧法の前文から新法の前文へと引き継がれた文言である。このような視点でみたときに、基本法たる教育基本法の改正ですべての教育法令や慣行が変更される必要がないという技術的なことだけではなく、これまで評価されてきた旧法の理念を引き続き生かしていくことが求められるのである。

第二に新法による追加という視点である。全一一条だった旧法は、全四章十八条の構成に拡充されている。旧法になかった新しい条文としては、生涯学習の理念（第三条）、大学（第七条）、私立学校（第八条）、教員（第九条）、家庭教育（第十条）、幼児期の教育（第十一条）、学校、家庭及び地域住民等の相互の連携協力（第十三条）、教育振興基本計画（第十七条）があり、環境の保全（第二条第四号）、障害（第四条第二項）などの文言の追加も注目できる。こうした新法による追加は、戦後のさまざまな法令の制定や教育の取り組みを反映しているものと考えることができる。現実の政治過程ではこれらの条項により全部改正への政治的合意を調達するプロセスがあったのだが、新法で追加された内容を教育に生かして教育の発展へつなげる視点が大切になるだろう。

第三に新法による変更という視点である。もちろん文言上は新法で追加されたものといえるが、旧法の趣旨とは異質なものとして教育や政治の場面で議論を招いた文言などは、理念が変更されたものと考えて検討をするべきだろう。大きく捉えると、これから論じる「公共の精神」、「伝統を継承し」、「伝統と文化を尊重し」、「我が国と郷土を愛する」といった日本国民の政治的・文化的な統合を求める文言が強調され、特に道徳的な理念の提示という性格を強める方向に改正された。また旧法の第十条にある教育の不当な支配の禁止について、教育が政治からの独立性をもつ根拠とされた「国民全体に対し直接に責任を負つて行われるべきもの」という文言が削除され、新法の第十六条第一項の「この法律及び他の法律の定めるところにより」という法令準拠の強調へと変化したことである。こうした変更は、改正が必要であるとする立場からの積極的動機として語られてきた。たとえば二〇〇六（平成一八）年一一月六日の衆議院の教育基本法に関する特別委員会の審議では伊吹文明文部科学大臣から「日本人としてのアイデンティティー、つまり我が国国民が、民族が大切にしてきた伝統、文化」、「日本の固有文化、伝統、社会規範」(1)と語られている。こうした強調点が、国家による統制が強められる可能性として改正反対論の立場から議論された。そしてこの焦点が、教育のなかでは道徳に関することとなるのである。

法令を解釈する際には、法令そのものの本文のほか、その法令に基づいて出された法令をみることが大切であるが、教育法に基づく政令や省令、たとえば学校教育法に基づく学校教育法施行令や学校教育法施行規則に相当するものは、教育基本法には存在しない。それは教育法令全般が教育基本法を基本として出されるからである。そこで、まず直接に参考になるのが、教育基本法全部改正にあたって各都道府県・指定都市教育委員会ほかにあてて文部科学事務次官から出された「教育基本法の施行について（通知）」（平成一八年一二月二二日・一八文科総第一七〇号）であり、ここには安倍晋三内閣総理大臣談話と伊吹文明文部科学大臣談話が収録されている。この「通知」を注目してみてみよう。なお、その後も国会答弁をまとめた刊行物や研究書が出されている。(2)

この通知が「法律の概要」として、「教育の目的及び目標について、旧法にも規定されている『人格の完成』等に加え、『公共の精神』や『伝統と文化の尊重』など、今日重要と考えられる事柄を新たに規定したこと。」と簡潔明瞭に書いていることに、注目できる。私のいう「旧法の継承」の眼目が「人格の完成」だとしたら、「新法による変更」は「公共の精神」と「伝統と文化の尊重」がまず挙げられるのである。通知に添付された安倍総理談話では、「道徳心、自律心、公共の精神など、まさに今求められている教育の理念などについて規定しています。」「志ある国民が育ち、品格ある美しい国・日本をつくることができるよう、教育再生を推し進めます。」と述べられている。この政治家としてのキャッチフレーズである「美しい国・日本」はもう忘れられてしまったが、たしかに強調点は明確に思える。

教育基本法の文言に即していえば、前文の「伝統を継承し」と第二条第五号「伝統と文化を尊重し」という伝統の継承という概念と、前文の「公共の精神を尊び」と第二条第三号の「公共の精神に基づき」と第五号の「我が国と郷土を愛する」という公共の精神と愛国心・郷土愛の概念について、これから考えてみよう。

第二節　伝統の継承

「おたまみ――おたまじゃくしの成長を祝う伝統行事です」。私の戸棚の扉には一〇年以上前のチケットが大切に貼られている。武蔵野美術大学鷹の台キャンパスの二号館が宮下勇教授の設計により二〇〇八（平成二〇）年竣工《しゅんこう》の新二号館となる工事の前まで、ヒキガエルのオタマジャクシが成長する旧二号館のカエル池を会場にして、五月ごろの夕方にカエル好きの教職員や学生がちらし寿司を食べる会が催された。もちろん、この行事は一九九九年から私が始めたものだから、帝国美術学校以来の伝統でも何でもない。しかしこの「伝統行事」という文句が数年たつと、毎年あるものだと学生たちも自分も思い込むようになってしまった。

　変な話をしてしまったが、実は伝統というのはこんなところがある。**伝統** tradition とは、ラテン語にさかのぼれば、「超えて」を意味する接頭辞の trans と「与える」を意味する動詞の dō に至るので、引き継いで渡されたものなら伝統だといえる。実際よりもはるか昔からあった、歴史が始まってからずっとあったと思い込むのである。

　たとえば、稲作。「昔から米作りは日本の伝統文化だ」などと気軽にいう人は少なくない。稲作にかかわる「伝統」的な宗教儀礼や習俗はたくさんあるが、一方で中学校までの歴史でイネは大陸伝来の外来作物であることを誰でも知っているから、その「昔から」の範囲に興味が注がれる。弥生式文化の時代だと思われた伝来が、さらに縄文式文化の時代のいつまでさかのぼれるかをめぐって考古学的発見への注目が集まるわけで、学問的関心なのである。もちろんこれは考古学だけではなく、稲作可能な北限の拡大やさまざまな品種改良の歴史は近代まで、いや現在も続いているのだから、近現代史的な関心でもある。問題は「日本の」といってしまう常識的な考え方である。稲作不可能な地域は北限内でもいくらでもある。この原稿を書いている武蔵野美術大学鷹の台キャンパス、つまり江戸時代初期開墾の小川新田（現在の小平市小川町）でもそうである。新田だから昔は一面が水田だったと思う人もいるかもしれないが、孟子が理想とした中国の井田制《せいでん》を含めて「田」は耕作地一般であり、畑という日本でつくられた漢字（国字）が通用しているために「田」が水田のみを意味すると私たちが思っているだけである。このようなわけで「昔から米作りは日本の伝統文化だ」という一つのテーゼは、考古学、宗教学、民俗学、歴史学の研究テーマとなりえても、そのまま通用するとは誰にも思えないものである。いや稲作ができない地域があっても「日本」全体の話だという反論をすれば、今度は「日本」とは何かという歴史的な大いなる論争へと進んでいく。

　このようなテーマは、小中学校の教育で、社会科、理科、さらに総合的な学習の時間における地域の歴史をテーマにした体験学習で有意義な題材になるだろう。非水田地域で陸稲はできるか、どんな穀物が主だったのかなどと話題は尽きない。問題は、教育基本法で伝統は「継承」や「尊重」をすべきもの、あくまでもポジティブなモラルの対象として規定される。それは**伝統の継承**として、さらに学ぶ価値のある**伝統文化**として描かれている。このため、研究的な姿勢よりも尊崇の姿勢が強調されてしまうことである。

私のような国学者には、古いものはもうそれだけでありがたいのであるが、人の感性はさまざまである。数百年前からあるからといって、それだけで新しい教育基本法のいうとおり伝統と文化の継承や尊重の対象になるとは限らない。古くからの子育ての習俗は、現代の核家族化した家庭教育を批判するために豊富な話題を提供するものなのだが、逆に昔のスタイルがすべてよいかというと首をかしげる。もちろん当時の経済状況や医学の常識により多くの制約があるのはいうまでもないが、洋の東西を問わずみられる間引きや子殺しは日本でも明治期まではみられ(3)、出産時を中心に子育ての習俗の最初を形成するものだったが、これがよい文化だと考えるならば背筋が寒くなる。過去の文化には取捨選択が必要なのである。男女や身分による差別など過去の伝統文化には今日ではそのまま通用しないものが非常に多い。

かつて一九三六（昭和一一）年に文部省は、「**日本精神**」をキーワードに伝統文化を学者が研究していけば教育もうまくいくと考えて推進したことがあった。ところが毎年何度も学会を開いて研究発表させてみると、日本の伝統音楽や伝統美術だと思ったものも海外伝来であったり、「和魂洋才」「和魂漢才」というキーワードさえ出典は幕末の偽書（菅原道真《すがわらのみちざね》の名前をかたった偽物）だったりと、「日本精神」を揺るがす研究報告が続出して、伝統は簡単に国家が利用できるものではないことが明白になってきた。かくして国費を投入した全国規模の事業を行いながら、太平洋戦争末期の一九四四年に文部省令で「日本精神」の看板を下ろすという、まさに歴史の皮肉のような一幕があった(4)。「伝統」は国を守ってくれるわけではないのである。

特別活動・学校行事と関係して物議をかもすものに、国旗と規定された**日の丸**や国歌と規定された**君が代**がある。

これも伝統だというには、あまりに西洋風で近代的である。(5) 日の意匠は月や星とともに多くの文化圏で愛用されているが、この国を意味する意匠として使用したのは一八五四（嘉永七）年の江戸幕府による船舶用の「白地日之丸幟《のぼり》」である。一八七〇（明治三）年太政官《だじょうかん》布告の郵船商船規則（のちに商船規則に改称）では、幟ではなく西洋流の横長長方形に定めた。太政官布告というと強い法令と思えるが、あくまで船の国籍を表す旗だったのである。残念なことにこの布告で指定された意匠図には計算間違いがあり、微妙にゆがむ。その誤差は僅少なのだが、当時の錦絵をみると比率はもっとバリエーションに富んでいる。この意匠は商船以外にも、官庁の執務日を示したり、祝賀を意味するために転用されていく。児童画にみられるように太陽が丸では寂しいので旭光や日差しを周囲に描きたくなるものであるが、船舶旗の意匠を超えて陸海軍では連隊旗や艦船旗などを豪華絢爛《けんらん》に変形させていった。公式なものでも多種多様な日の丸があったというのが実態であった。

これと比べると「君が代」は、九〇五（延喜五）年の勅命による『古今集』の「賀歌」に収録された和歌を歌詞にするので伝統文化的にみえる。(6) しかしこれまた残念なことに『古今集』のテキストからではなく『和漢朗詠集』などを通じて変形して訛伝《かでん》したテキストを使ってしまった。本当は「君が代は」ではなく、「わが君は」が正しい。明治前期の西洋音楽は軍楽と国家儀礼と学校教育で普及されるのだが、それぞれ陸海軍の軍楽隊、宮内省の式部寮、文部省の音楽取調掛・東京音楽学校がその役割を担った。現在の曲は、宮内省雅楽課伶人《れいじん》の奥好義《おくよしいさ》が作曲し、海軍軍楽隊教師のドイツ人フランツ・エッケルトが編曲して一八八〇（明治一三）年に初演され、奥の上司である林広守の名義で普及したものである。音楽教育史上有名な教科書である一八八一年の音楽取調掛編『唱歌集』にも「君が代」が掲載されているが、こちらは歌詞を追加して二番まである創意ある別の楽曲である。(7) この他にも異曲があったが、一八九三（明治二六）年の文部省告示第三号の祝日大祭日歌詞並楽譜により「君が代」が「古歌」「林広守作曲」として歌詞と楽譜が確定して、一九〇〇（明治三三）年の小学校令施行規則により職員・児童による学校儀式での斉唱が規定された。

かくして明治前期から歴史は進むのであるが、太政官布告の商船規則や文部省令の小学校令施行規則などが根拠規定では国旗や国歌として法令で定められたことにはならないし、伝統文化というには意匠も楽曲も近代的なのである。西洋流に商船の国籍を明示する必要があり、賛美歌斉唱が一般的な西洋の学校にならって学校儀式に取り入れるといった西洋モデルの文明開化のための戦術として採用されたものであり、伝統文化の墨守や復古とは異なる発想があったことがわかる。また、この近代の学校儀式においては、教育勅語の謄本や「御真影《ごしんえい》」をはじめ天皇を直接に想起させる多くのツールがあり、修身や読本などの教科書にも多くの国家と天皇に関する教材があったがゆえに、「日の丸」と「君が代」のみが突出する状況ではなく、あくまでも機能的で副次的なツールとして活用され、「国旗」や「国歌」としての位置も法令上は確定しなかったのである。

そして、敗戦後の教育改革、さらに戦後復興と高度経済成長などを経て、あやふやな形で「日の丸」と「君が代」が存続する。しかし、日本国憲法と教育基本法のもとで教育勅語や「御真影」が位置づけられないので、副次的だった「日の丸」と「君が代」が国民統合のツールとして浮上してくる。そして一九九九（平成一一）年に国旗及び国歌に関する法律（平成十一年八月十三日法律第百二十七号）で、法律上の国旗や国歌としての位置づけが確定した。本文は「第一条　国旗は、日章旗とする。」「第二条　国歌は、君が代とする。」というもので、各条第二項により別記として「日章旗の制式」と「君が代の歌詞及び楽曲」が定められた。日章旗は縦横比率やその特例を定めて矛盾がないようになっている。君が代の歌詞は「わが君は」とは訂正されず、「古歌」と出典も粗略に記されたままで、作曲者さえ林広守と記されて、奥やエッケルトの名は忘れられた。この法律は意匠と楽曲を確定したにすぎないのだが、学校儀式での掲揚や斉唱が強く求められる要因となったことは周知のとおりである。

このようにみると、昔からのもの、古くからのものと思われがちな伝統には、あまりに近現代的で新しいもの、改変されたものが多いことがわかる。前世紀の末、「おたまみ――おたまじゃくしの成長を祝う伝統行事です」と始めたのが、国旗と国歌の法定の年だったことは何かの因縁かもしれない。いずれにせよ、教育基本法前文のように「伝統を継承し」と素直に書けるほど伝統は甘くない。教育基本法第二条第五号のように「伝統と文化を尊重し、それらをはぐくんできた我が国と郷土を愛する」というように、「それらをはぐくんできた」とつなげるほど伝統と国家や郷土が簡単につながるのかは、疑問である。

第三節　愛国心・郷土愛と国際理解

郷土の話題は、閑話に適切である。私の所属する教職課程研究室の四名の教授のうち二名は長野県出身なので、長野県出身ではない私ともう一人、つまり二対二で、県歌「信濃の国」で知られた教育県長野の自慢と揶揄《やゆ》で盛り上がる。このとりとめもない話題から武蔵野美術大学の「伝統と文化」をみると、一九三五（昭和一〇）年の帝国美術学校と多摩帝国美術学校の分裂[8]、つまりムサビとタマビの分裂として知られる事件の人脈図は、タマビ側の新潟出身の北昤吉《れいきち》校長による、ムサビ側の長野出身の金原省吾《きんばらせいご》、名取堯《なとりたかし》、清水多嘉示《たかし》の排斥であるといった、川中島の戦いのような歴史観も語りうるのである。武蔵野美術大学は創立から長野県出身者が多いが、同じ長野県民といっても盆地ごとに伝統は大きく異なる。本書第13章以降を執筆する伊東毅《たけし》教授は北部出身なので、川中島の戦いでは上杉謙信に従った地域として、武田信玄に従った多数派と対立する。県歌「信濃の国」はこうした県内の対立を緩和するために信濃教育会が明治期から広め、戦後に県歌となった。

長野県を信濃国というように、日本でも中国でも国の概念は流動的で相対的である。もちろん古代律令の国制で「信濃国」という地域区分なのだが、大国主神《おおくにぬしのかみ》の国譲り神話では、信濃の神である建御名方神《たけみなかたのかみ》が最後まで天照大神の命令に抗戦したように、やはり国には一つの結束した統治単位というイメージが存在する。

国を愛する心、**愛国心**という言葉は、一八七二（明治五）年に神仏合同布教のために置かれた大教院の**三条教則**では第一条「敬神愛国ノ旨ヲ体スヘキ事」によって近代日本に登場するが、英語の翻訳語としての愛国者patriotや愛国心patriotismという近代西洋から移入された概念として理解できる。そしていうまでもなく、第二次世界大戦に至るまでの国家至上の傾向を感じる言葉であるから、戦後社会においては敬遠されるネガティブな言葉となり、教育基本法の旧法には出てこないし、新法でも**郷土愛**または愛郷心とセットにして「我が国と郷土を愛する」と記して「愛国心」とは書かれないのである。

教育基本法第二条第五号には愛国心の三文字ではなく、「伝統と文化を尊重し、それらをはぐくんできた我が国と郷土を愛するとともに、他国を尊重し、国際社会の平和と発展に寄与する態度を養うこと」と複雑な構造で記されている。文章を分解すると次のようになる。

（前半の前半）　伝統と文化　を尊重し、
　　　　　　　　＝
（前半の後半）　それら　をはぐくんできた　我が国と郷土を愛する
　　　　　　　　ともに、
（後半）　他国を尊重し、国際社会の平和と発展に寄与する
　　　　　　　　　　　　　　　　　　　　　　　　態度を養うこと

つまり前半の前半で伝統と文化を尊重するという、伝統文化に関する目標が記される。次に前半の後半でこの伝統と文化を「それら」と受けて、「伝統と文化をはぐくんできた」という修飾句を「我が国と郷土」にかけて、我が国

と郷土を愛する態度を養うという、愛国心と郷土愛についての目標を定めている。文言に則していえば、「国や郷土は伝統と文化をはぐくむ」という命題は自明の理ではない。国や郷土が伝統と文化をはぐくむこともあれば、冷遇や破壊をすることもあるのが、栄枯盛衰の文化文明史である。

後半には対比するように、他国の尊重と国際社会の平和と発展に寄与する態度を養うという目標が掲げられている。こうした非常に複雑な構造は、伝統文化、愛国心、郷土愛をめぐる批判的な議論を踏まえつつ、旧法から継承された日本国憲法の原則に基づく**国際理解教育**や**平和教育**が組み合わされている。第一節でみたとおり、継承と追加と変更という旧法と新法をめぐる関係が、このバランスを成立させているといえる。

愛国心と郷土愛の関係について述べておきたい。国と郷土の概念は流動的で相対的である。郷土のようなものが国になることは歴史上よくある。西洋の伝統と文化を形成した強国といえばローマ帝国だが、リウィウスの『ローマ建国史』の本来の題名が『都市ができてから』"Āb《アブ》 urbe《ウルベ》 conditā《コンディター》" であるように[9]、ローマは都市 urbs《ウルプス》 にすぎない。諸国を併呑して巨大帝国になってからも、彼らの共和制であるSPQRという「ローマ人の元老院と民会」S(enātus)《セナートゥス》 P(opulus)《ポピュルス》 q(ue)《クウエ》 R(ōmānus)《ローマーヌス》 を守ろうとしたように、虚構的であっても都市は都市であり続けようとした。体制は違うが、名前だけであれば中国でも、秦にしても漢にしても帝国名はもともと地方名であった。

近代西洋の愛国心 **patriotism** は、ギリシャ語の同郷人 *πατριώτης*《パトリオーテース》 さらに父 *πατήρ*《パテール》 という言葉にまでさかのぼるのだが、決して西洋近代のような愛国心が古代にあったのではなく、同郷人や父という意味である。ラテン語の同郷人 **patriōta**《パトリオータ》 は父 **pater**《パテル》 という言葉を含んでいて、男の大人、家長へとつながっていく。これらは、男の大人だけが都市の元老院や民会の構成員となって政治や軍事に参加した伝統と文化を継承した古式ゆかしい言葉なのであるが、言葉のなかに国という言葉が含まれているのではない。このように考えると西洋近代のパトリオティズムは語源が古代にあってもやはり近代国家ができてからの産物であるし、また日本語の訳語「愛国心」はさらに「国」というものを実体化して表現した言葉といえる。

さらに、この国や郷土は巨大化すれば重層的に存在するのだから、ひとりの人に幾重にも郷土愛と愛国心があるはずで、ときには相互の桎梏《しっこく》があらわれる。帝国傘下の都市が反乱するのは、ローマ帝国でも、大英帝国でも珍しいことではない。現代の国際紛争も、民族や宗教と相まって、こうした実例は枚挙にいとまがない。愛国心や郷土愛は自然な感情であるという見方もできるが、実際に私たちが紛争報道で目にするものは、学校教育や社会教育で意図的に形成された感情が多いだろう。読者が本稿を読まれるころにもそうした重層的な別の争いがどこかで起こっているだろう。

では、争いのない国際社会を支える道徳教育はどうあるべきか。いかなる郷土愛にせよ、愛国心にせよ、それが伝統文化や政治や宗教と重なり合うときには不寛容な対立の原因となり、さらに対立を増幅し続ける危険性もある。郷土愛や愛国心は偏狭なものではなく、他者の郷土愛や愛国心への寛容さ、さらには対話して合意に至る可能性をも含むものでなくてはならない。伝統文化をめぐってもまた同じ問題と可能性を考えるべきだろう。第二次世界大戦の反省から平和教育や国際理解教育が定着し、さらに国レベルでだけではなく多様な文化をも視野に入れて、**異文化教育**や**異文化理解教育**という言葉で語られることが多くなってきた。さらに現在では、さまざまな文化を持つ人たちが同じ地域に共存することも意識して、**多文化共生**をキーワードに**多文化教育**という言葉もでてきた。また国際的には開発途上国への支援で使われてきた**開発教育**という言葉が、持続可能な開発を目指す教育としての**ESD**（Education for Sustainable Development）という言葉へと変化している。こうした言葉は、愛国心や郷土愛を語るときにもつねに意識しておきたい。特別の教科である道徳の学習指導要領に則して位置づけると、四つの視点では「C　主として手段や社会との関わりに関すること」に分類されている。「伝統と文化の尊重、国や郷土を愛する態度」と「国際理解、国際親善」として小中学校ともに内容項目が規定されている。教師の側が特定の愛国心や郷土愛についての見解を押し付けるのではなく、多様な見解を紹介して尊重し合える授業を目指す必要がある。このことについては、すでに第5章や第6章で述べたとおり、特別の教科である道徳という教科が、特定の価値観を押しつけたり、主体性を持たずにいわれるままに行動するという弊害をのぞくことに力点を置いて、考える道徳、議論する道徳として構成されていることを再確認する必要がある。

ところで教育基本法にはすでに新法第一条にも旧法第一条にも「平和で民主的な国家及び社会の形成者」とあるのだから、男女平等の参政権とすべての人間の権利を前提にした日本国の形成者の規定はすでに明記されているのである。あえて整合的にいうならば、「平和で民主的な国家及び社会の形成者」とは、それぞれが愛国心や郷土愛を持っても、つねに多様な文化と国際社会のあり方を理解し、対話して解決できるような主体であると理解できる。

第四節　公共の精神

公共の精神については、すでに第7章において「個人の尊厳」が「権利の濫用」に至らないための「公共の福祉」として論じたことが前提となる。個人が他者と調和して社会に参画していく精神といってよい。新たな教育基本法で登場する「公共の精神」はこの文脈のなかで理解できるはずである。だから、新法第二条第三号の「正義と責任、男女の平等、自他の敬愛と協力を重んずるとともに、公共の精神に基づき、主体的に社会の形成に参画し、その発展に寄与する態度を養うこと。」という教育目標は、文言そのままに素直に理解できるものである。

従って新法で「公共の精神」が追加されたということは単なる文言上のことであって、従来からの日本国憲法と旧法の精神の継承と考えたいのである。しかしながら、教育基本法制定時の通知でこれを「新たに規定した」と強調するのだから、これまた、何かあると思わざるをえない。「公」とは、もともと「ム」、つまり「私」の右側の構成要素でもある囲い込むことを意味する「ム」を、「八」のように開くこと、オープンにすることを意味する言葉だから、公共と訳される英語の共通 common や民衆 public とも違和感がない。これと異なる「公」を探すとしたら、どうも第4章でみた教育勅語の「一旦緩急アレハ義勇公ニ奉シ」というときの「公」、つまり日本語で「おおやけ」と訓じて、大きな家として国家を意味していく「公」なのである。こう解釈して初めて共通でも民衆でもない公共というものが登場することになる。ここには「公共の精神」と愛国心との連結が生じる危険性が出てくる。実際に新法で追加された「公共の精神」に対してはこうした危惧が存在する。

特別な教科である道徳においては、この公共の精神は、正面に据えて考えていくべきテーマとなる。アクティブ・ラーニングつまり対話的で主体的な深い学びの課題として整理してみよう。道徳の授業を**対話的な学び**として行うならば、対話をするという能力はもちろん、その姿勢そのものが公共の精神といえる。国際問題を扱った教材でも、クラスで発生したトラブルを題材にした話し合いでも、それは公共の精神を培うものとなる。文化的理由でも、個人的利害でも、それぞれが違う立場や意見を持ち、それを話し合いで解決する体験を行うことは、擬似的な討議でも実際問題の話し合いでも、これからの社会で活かせる道徳教育となる。また**主体的な学び**として位置づけるならば、児童生徒の発達段階に応じた自分自身の意見が語られて、それが尊重される場としての授業を行う必要がある。単に授業内の知識や経験や、教師から与えられた情報を鵜呑《うの》みにするのではなく、相互の批判や理解を前提にした主体的な道徳性の形成を目指したい。教育基本法第二条第三号の「主体的に社会の形成に参画し、その発展に寄与する態度を養うこと。」という目標は、まさにそうした児童生徒の主体的な学びが社会のなかで主体的に生きる力となることを掲げたものである。最後に**深い学び**としては、公共の精神というものを与えられた単なる常識として身につけるのではなく、多様な価値観や現実の対立を含めて理解して、解決への模索を考え始めるための問題解決能力の獲得をも含めて道徳の授業を構想する必要がある。

実際の公共の精神は、世の中に現実に機能している法律を知ったうえで生かすことができる。現在の高等学校の教科としての**公民**は、科目として現代社会二単位、倫理二単位、政治・経済二単位で構成されている。二〇一八（平成三〇）年度に全部改正された高等学校学習指導要領では、教科公民の科目として公共二単位、倫理二単位、政治・経済二単位で構成する。現代社会の諸課題や過去の知識を踏まえて自立した主体として他者と協働して国家や社会の形成者になるための科目としての**公共**が、必修となる見込みである。これは公共の精神を高等学校教育段階で実践的に身につける科目となることが期待される。

公共の精神についても、さきに挙げた愛国心や郷土愛についても、現実の課題を教材にもちいることで生きた学習が可能になる。二〇一五（平成二七）年に公職選挙法（昭和二十五年四月十五日法律第百号）が改正されて二〇一六年の参議院議員選挙から高等学校生徒である者も含む**十八歳選挙権**が実施され、生徒が参政権を持つ時代となった。教育基本法第十四条の定める政治教育のあり方として、**政治的教養**の教育の重視と、学校教育法第一条の定める学校における**政治的中立**は、教育基本法の旧法と新法を通じての一貫した重要な原則である。「ゴミの分別処理をどうするか」「学校のとなりの児童公園をどう活用するか」といった小学校低学年でも議論が可能なテーマでも、地域社会では環境政策や都市計画をめぐる政治的なテーマである可能性もある。だからといって避ける必要はない。アクティブ・ラーニングのなかでは、児童生徒が一つの政治的な結論に至る可能性もあるだろうが、学校とそれぞれの教員は常に多様な価値観と対立が存在することを前提として、中立性を確保する必要がある。

もう一つ、理解してほしい論点としては、日本国憲法第二十三条の「学問の自由は、これを保障する。」という**学問の自由**の規定である。教育基本法がこの学問の自由という言葉を、旧法第二条でも新法第二条でも掲げていることは、教師が何でも教えてよいという自由ではなく、学習者の学習権の確保のためのものである。このため教師が自由に学問を研究して学習者の発達段階に応じた学問の成果を提供するのである。道徳の授業、その教材の選択でもこうした視点が必要である。

伝統文化をめぐって文部科学省著作『私たちの道徳』という副読本で、実在しない「江戸しぐさに学ぼう」という教材を掲出した事件があった(10)。「江戸しぐさ」は一九八〇年代からの民間の文化運動であって、江戸時代に実在する事例ではなかった(11)。これなどは、近世史研究者であれば簡単に見破られる捏造《ねつぞう》であり、二一世紀の文部科学省著作物でこうした事件が発生したことが驚きである。

実践の場における教育の中立性の確保と学問の自由を踏まえた教材やテーマの選定は、伝統文化、愛国心や郷土愛、国際理解教育などにおいても、不可欠なテーマとなる。学習指導案や教室での指導においても十分に留意した実践が必要である。

（1）『第一六五回国会衆議院教育基本法に関する特別委員会会議録』第七号、平成一八年一一月六日。

（2）旧法と新法の前文解釈は高橋陽一『新しい教育通義』武蔵野美術大学出版局、二〇一八年を参照。このほか、田中壮一郎監修・教育基本法研究会編著『逐条解説　改正教育基本法』第一法規、二〇〇七年。佐々木幸寿『改正教育基本法　制定過程と政府解釈の論点』日本文教出版、二〇〇九年。

（3）太田素子編『近世日本マビキ慣行史料集成』刀水書房、一九九七年。

（4）高橋陽一「芸術学会」「国体・日本精神と教学刷新」駒込武・川村肇・奈須恵子編『戦時下学問の統制と動員　日本諸学振興委員会の研究』東京大学出版会、二〇一一年。

（5）佐藤秀夫編『日本の教育課題　第一巻「日の丸」と「君が代」』東京法令出版、一九九五年。同書は多くの法令や文書史料を収めるとともに、佐藤秀夫氏による丁寧な解説が付されている。

（6）『古今和歌集（新日本古典文学大系五）』岩波書店、一九八九年、一一三頁。

（7）音楽取調掛長伊澤修二序・文部省音楽取調掛編纂『唱歌集初編　小学校師範学校中学校教科用書』文部省、一八八一年一一月出版版権届・一八八五年第三版、一六丁ウ～一七丁オ。
（8）高橋陽一「同盟休校事件と帝国美術学校の分裂」『武蔵野美術大学のあゆみ　一九二九―二〇〇九』武蔵野美術大学出版局、二〇〇九年、一五～一七頁。
（9）Livuius, "Ab urbe condita", Liber I, Philipp Reclam jun. Stuttgart, 1981. 岩谷智訳『ローマ建国以来の歴史1』京都大学学術出版会、二〇〇八年。
（10）文部科学省『私たちの道徳　小学校5・6年』廣済堂あかつき、二〇一四年、五八～五九頁。
（11）原田実『江戸しぐさの正体　教育をむしばむ偽りの伝統』星海社、二〇一四年。原田実『江戸しぐさの終焉』星海社、二〇一六年。

第9章　宗教教育と道徳

高橋陽一

宗教教育というテーマは、私立学校において特別な教科である道徳と置き換えることのできる宗教という教科を第1章から説明しているので、国公立の学校とは異なる別世界のことだという印象かもしれない。しかし教育基本法第十五条に定める宗教教育は、伝統文化にも関係して、社会科や美術科など各教科で活用される宗教に関する教材も含めて、国公私立の学校を通じた課題である。しかし、日本国憲法第二十条の定める信教の自由も含めて、実際の学校教育のなかでは混乱も起きやすい。教師の側の知識や経験の不足はもちろん、自分の信仰や思い込みを持ち込んでしまうケースである。日本の道徳教育の歩みも、この混乱を経てきた。戦前から混乱の原因になった宗教的情操論や、誤解を招きやすい心の教育論も理解しておく必要がある。現在の教育基本法第十五条はこうした混乱の起きにくい明確な規定となっているが、学習指導要領の内容項目にある「人間の力を超えたものに対する畏敬の念」という文言をめぐって混乱の原因となり得る。

かつて宗教に言及しないことがマナーと思われた時代から、宗教に関する公正な配慮と正確な知識を教員が持って教育にあたることが大切な時代となっている。すべての人に開かれた宗教教育について、宗教の信仰を持つ者も持たない者も教員として正確に理解しておく必要があるので、この点も確認しておきたい。

第一節　心の教育

道徳教育や宗教教育などの概念と微妙な位置にある「**心の教育**」という言葉が、日本の教育政策に位置づけられたのは、二〇世紀末のころであった。

一九九七（平成九）年六月二八日午後七時五分、兵庫県警の須磨警察署は、神戸市で起こっていた連続児童殺傷事件の容疑者として中学三年の男子を逮捕した。事件自体の凶悪性だけではなく、その容疑者が中学三年生であるということに世間は衝撃を受けた。この衝撃は、直接的には、政治の世界で少年法の見直し論として展開したが、同時に文部省もこの問題に積極的な関与をする姿勢を示した。すなわち、六月三〇日、中央教育審議会に「幼児期からの心の教育」について諮問するという方針を文部省が発表したのである。(1)記者会見は、二日前の逮捕劇を踏まえたタイムリーな対応として印象づけられた。そして、八月四日に小杉隆文部大臣が諮問することとなるが、諮問を受けた中央教育審議会の有馬朗人《あきと》会長は、記者会見で「モデル的な理想像を検討してみたい。反発もあるかもしれないが、いうべきだと思う」と言明した。(2)その後、翌一九九八(平成一〇)年の三月三一日には、中央教育審議会中間報告として「幼児期からの心の教育の在り方について」が発表され、(3)さらに六月三〇日には「幼児期からの心の教育の在り方について」が答申された。(4)諮問から一年以内で本答申まで至っているのだから、ずいぶんと速いペースで進んだことがわかる。

まず答申の内容を概観すると、「第一章　未来に向けてもう一度我々の足元を見直そう」に始まり、「第二章　もう一度家庭を見直そう」と家庭教育への注文が詳しく述べられ、さらに「第三章　地域社会の力を生かそう」と続いて、最後に「第四章　心を育てる場として学校を見直そう」と学校が登場する形である。期待されたスクールカウンセラーの充実なども記されているが、全体としては、従来の中教審で十分に扱われなかった家庭教育を中心に据えた格好となっており、そのため盛りだくさんの内容を含んだ大部の答申となっている。このなかで、第一章の冒頭の文章が目を引く。

我が国は、自由で民主的な国家として、国民が豊かで安心して暮らせる社会を形成し、世界の平和に貢献しようと努力を傾けてきた。また、我が国は、継承すべき優れた文化や伝統的諸価値を持っている。誠実さや勤勉さ、互いを思いやって協調する「和の精神」、自然を畏敬し調和しようとする心、宗教的情操などは、我々の生活の中で大切にされてきた。そうした我が国の先人の努力、伝統や文化を誇りとしながら、これからの新しい時代を積極的に切り拓いていく日本人を育てていかなければならない。

一般に戦後教育改革期以降の審議会の答申は、官僚主導のもとで、現行法制や世論と矛盾がないように言葉を選びつつ、審議会委員の意見を総花的に盛り込んでいく。この答申全体は、そうした百貨店的な色合いがきわめて強い。従って、この答申の文章に普通の表現、常識的な文章を探しても、この答申の意義はみつからない。何が以前と違っているかという点にこそ注目しないと読解にはならない。引用した第一章の最初の「我が国は」で始まる部分は、憲法や教育基本法を踏まえた常識的な文章である。ところが、次に「継承すべき優れた文化や伝統的諸価値」として、列挙されるもののなかに、「宗教的情操」が盛り込まれていることが注目される。この言葉は戦前昭和期になって初めて定着した言葉であるから、とても「伝統的諸価値」とはいえないのだが、詳しい内容は本章でこれから検討するので、まずはこの答申に「心の教育」として「宗教的情操」が明記されていることに注意しておきたい。論証もなく、こういったことが、「我々の生活の中で大切にされてきた」とされる書き方は、第4章でみた教育勅語の「世世《よよ》厥《そ》ノ美ヲ済《な》セルハ」という表現と同じように、また第8章で伝統文化をめぐって検討したように、論証不可能な歴史をあたかも自明の理のように使う危険な論法である。とにもかくにも、この答申は、「心の教育」という言葉を前面に出したということや、家庭の自主性に任されている家庭教育に積極的に文教行政が介入しようとした点で、注目すべき答申となったのである。

「心の教育」という言葉は、目立たない熟語であり、別に新語というわけでもない。ただ、教育界の言説のなかでは、「心の教育」という言葉は、特別な意味を持って同時代に語られていた言葉であることも事実である。

たとえば、一九八〇年代に教育改革について発言していた井深大《いぶかまさる》（一九〇八～九七）が、「心の教育」をキーワードとして、教育を論じている。ソニーの創設者として知られる人物であるが、教育勅語を戦後も信奉していた。彼は教育勅語の戦後教育での排除を叙述して、次のように論じている。(5)

こうして明治以降の富国教育の中で、心の教育の支えとなっていた教育勅語は、戦後の教育現場から姿を消しました。人が人として生きていくために必要不可欠なルール、そのルールのよって立つ理念を集大成して明瞭簡潔に宣言していたのが、教育勅語です。その失効排除によって、明治以来の心の教育の伝統が断ち切られ、アメリカ流のプラグマティズムだけが、日本の教育に残ったというわけです。言いかえれば、戦後の日本の教育には、教育の半分の側面しか残らなかったのです。それが戦後日本の教育にどれほどの混乱とひずみをもたらしたか、その歴史的な報いが、いま現在私たちを深刻に悩ませている、さまざまな教育問題として噴出しているといってもいいでしょう。

第4章で教育勅語を詳しく読解したので、井深の言う教育勅語が「人が人として生きていくための不可欠のルール」だという解釈に無理があることを知っている。教育勅語は単純に「人」を語ったのではなく、「臣民」へ呼びかけたものであることは、読めばわかることである。そうした基本さえ理解できないのであれば、教育勅語を賛美することはできないはずである。しかしここでは、「心の教育の支えとなっていた」のが「教育勅語」だということであり、これがないから戦後の教育は「混乱とひずみ」が生じたということ、裏返せば、再び教育勅語を奉戴せよと彼は主張しているのである。歴史とともに社会も人の心も変化する。たしかに、戦前から戦後にむけて失ったものはいろいろとあるだろうが、その評価はさまざまであろう。しかし井深の論理は、失ったものは、教育勅語という「心の教育」であり、それが大切なものだということなのである。

言論は自由であり、教育勅語を誤った読解で持ち上げることもまた自由であることは、当然に認めなくてはならない。しかし、これが単なる一私人ではなく、「心の教育」を教育政策として推進した政治家の発言であれば、慎重に対応せざるをえない。問題の「心の教育」について中央教育審議会に諮問を行った文部大臣小杉隆は、諮問をした翌月である九月に『うしなわれた「心の教育」を求めて』という書籍を刊行している。同書は、政治家の業績宣伝用の書籍にありがちな総花的な内容で、官僚作成の資料までもそのまま含み込んで出した本であるから、個々の内容を検討するほどのものではないが、彼の業績宣伝のために一番工夫されているはずのタイトルが、『うしなわれた「心の教育」を求めて』なのである。彼の本には、昔は地域の子育ての協力があったといった誰でも知っていることは述べられているが、「心の教育」として何が失われ、何を求めているのかは、明確には提示されていない。ただそうした茫漠《ぼうばく》とした文章でも、彼のいいたいことのニュアンスは次に引用した文章でも読み取ることはできる[6]。

そして、私はこの事件に関連して、別の恐ろしい現実を見た。テレビでご覧になった方も多いと思う。中学生逮捕を伝えるテレビ中継のカメラは、報道記者の背後で、テレビに一瞬でも映ろうと、仲間を押しのけるようにピースサインを突き出す若者たちの姿を映し出していた。異常なゲーム感覚は、容疑者の少年の心のなかだけでなく、当事者ではないマスコミや、報道を他人事のように眺めている多くの人々の心のなかにも巣食っている。他人の痛みや苦しみ、いつ自分にも襲いかかってくるかもしれない悲劇を前にして、この現実感の希薄さ、刹那的な楽しみを優先させる感覚は、いったい何だろう。私たちは、「心」を育てる教育を、いつから忘れてしまったのだろう。

連続児童殺傷事件は誰にも驚きであり悲しみであった。当然にその理由や解決方法を我々は知りたい。少年法は甘すぎるという厳罰主義の立場からの少年法改正論が一番世間の注目を浴びたが、これは法務省管轄であり、文部大臣の所管ではない。そんな縄張りの計算があったかなかったかはわからないが、文部大臣小杉隆は、問題を「現実感の希薄さ、刹那的な楽しみを優先させる感覚」と把握して、『心』を育てる教育をいつから忘れてしまったのだろう」と問いかけるのである。「ピースサインを突き出す若者たち」をテレビでみただけで、ここまで結論づけるのは論理の飛躍である。この現象が、心を育てる教育を「忘れてしまった」という理由にはならないからである。そもそも「忘れる」というのは、以前は何を覚えていたのだろうか。

昔は心の教育があったのだが今は「うしなわれた」という論調で、同じ時代に、同じ論理で語るならば、小杉は慎重に教育勅語に言及しないのだが、井深の教育勅語復活の主張と呼応するのではないかと危惧を持って読まざるをえない。

さて、その後、文部省、さらに文部科学省は、答申を受けていくつかの試みを行っている。現在までのところ、学校現場にむけて送り込まれた文部科学省の発行物には、直接に教育勅語や宗教的情操を押し付けるような内容は目に飛び込まないが、以前と異なってきわめて膨大な印刷物が「心の教育」という理由で学校や行政を通じて配付されるようになった。

まず、家庭教育への関与として、一九九九（平成一一）年度から始まった、小学校就学前の子どもの親のための**『家庭教育手帳』**(7)と小中学生の親のための『家庭教育ノート』(8)の配付が挙げられる。これらはともにA六判本文五六頁のコンパクトな多色刷りのものである。初版の『家庭教育手帳』の構成は、「家庭とは？」「しつけ」「思いやり」「個性と夢」「遊び」「記録編」となっており、『家庭教育ノート』の構成は、「家庭とは？」「しつけ・子どもの非行」「家庭でのルール」「思いやり」「個性と夢」「ゆとり」となっていて、それぞれ一頁完結で漫画も含めた説明がある。『家庭教育手帳』は母子健康手帳交付時や三歳児健康診断時に、『家庭教育ノート』は学校を通じて、配付が行われた(9)。

なお二〇一〇（平成二二）年度版は『家庭教育手帳』と題して乳幼児編から小学生・中学生編までの三分冊となっている。二〇一六（平成二八）年現在の『家庭教育手帳』は、「乳幼児編」（就学前の子どもを持つ保護者向け）、「小学生（低学年〜中学年）編」（小学一年〜四年生の子どもを持つ保護者向け）、「小学生（高学年）〜中学生編」の三分冊である。

ノートや手帳という名前のコンパクトな冊子なので、記入するためのものかと思う。たしかに、表紙の見返しには子どもの写真を貼る欄や名前を記入する欄があり、また『家庭教育手帳』の記録欄には四頁にわたって「新しい命が宿りました」「誕生したときの様子」「子どもの名前」「初めての体験」「家族での決まり」という記入欄がある。意図としては、記入させて大切にさせようということだろうが、手帳としては小さすぎて書けたものではないし、読み物も教訓とその短い解説だけである。

内容は、『家庭教育ノート』の「家庭でのルール」の見出しを抜き出すと、「ルールってだれのためにあるのだろう。」「子どもを不幸にしたいなら、何でも買ってあげればいい。」「テレビやビデオは使いよう。」「子ども部屋を与えるときには、そのルールも与えよう。」「家事を手伝わせたら、子どもがしっかりしてきた。」などとなっている。たしかに書かれていることはもっともだが、もっともなことを国家がマニュアルとして家庭に配付するというのは、当たり前のことではない。本来は各家族の考え方や経済事情などに応じて多様に行われるべき家庭教育について、国家が具体的にアドバイスという形で一律にマニュアルを配って介入するということ自体が、教育行政の範囲を逸脱したものといえる。

さらに二〇〇二（平成一四）年度からは、「心の教育」をテーマとした道徳の副読本『**心のノート**』を小中学校に文部科学省が配付した。これは、小学校では一〜二年、三〜四年、五〜六年に分かれ、中学校用とあわせて四種類が刊行され、七億三〇〇〇万円の予算を使って、学校を通じて児童・生徒に配付された(10)。中学校用は、B五判本文一二八頁の多色刷りである。なお、文部科学省から配布された教師向けの資料には「教科書や副読本に代わるものではないもの」(11)と説明されている。教科書でないのは法令的に明らかだが、「副読本に代わるものではないもの」では本書の位置づけの説明にならないので、「副読本」と呼ぶしかない。ただ、この表現には既存副読本を刊行する教科書会社の市場を圧迫せずに併用を推奨するという配慮が感じられる。

見開き二頁ごとにレイアウトされているが、全体を通じて統一されたデザインはないため、新聞に挟み込まれた雑多な広告のチラシのような印象を与える。各見開きはポスターや書き込み式の教材プリントのようにレイアウトされている。初版の全体の構成は、「自分を見つめ伸ばして」「思いやる心を」「この地球に生まれて」「社会に生きる一員として」となっており、これは次章でみる中学校学習指導要領の四つの柱に該当しており、その下の内容も、学習指導要領に記された徳目に準じている。つまり、この副読本を三年間こなすことで、学習指導要領の内容がカバーできるようになっている。内容では、宗教的情操や畏敬の念にかかわる事項が、自然や生命尊重に関するテーマにまとめられて、「生命を考える」「いまここにいる不思議」「いつか終わりがあること」「ずっとつながっていること」などとなっており、何か怪しげな誘導が感じられるが、全体としては特定の思想が教えられているという印象は受けにくくなっている。(12)

内容は、『心のノート』と題しながら、道徳の副読本であるが、こうした副読本が国家予算を使って全国の小中学校に一斉に配付されること自体、きわめて異様なことといえる。本来的に副読本である以上は、学校の現場での使用義務はないはずだが、このパンフレットとあわせて公開されたパンフレットでは、「教科書のような使われ方をするものではありません。」と述べつつ、「学校では、各教科や道徳、特別活動、総合的な学習の時間など、教育活動全体で用いられます。」と説明している。(13) 教科書の採択プロセスをめぐる問題は従来、各地域や学校のなかでも検討されてきた課題であるが、そうした地域や学校の討議やニーズの把握といったプロセス抜きに、文部科学省から突然に副読本が送りつけられるということ自体が異様なのである。

そもそも、道徳の教育のためには、教材の選択や教育方法については大幅に現場の工夫が重視されなくてはならない。たとえば、「我が国を愛しその発展を願う」という頁では、「美しい言葉がある　そして四季がある　そして……」とポスターのように大書され、その下に「私は日本のよさをこう考えている」とあって縦約三センチ、横八センチ四方で右下に「年月日」と記された空欄がある。この頁を使った指導は、いったいどうさせるつもりなのだろうか。私はきわめて散漫な授業か、戦前の修身の授業しか思い浮かばない。おそらく「日本はよい国」という内容を記述をしない子どもは叱られるのだろう。もちろん、この頁を作成した官僚やデザイナーには何かの考えがあったのだろう。しかし、書き込み式の教材というものは本来、それぞれの教員が工夫したプリントをつくって効果が出るものであり、全国の中学校の三学年分をあわせて一律に同じ書き込みの指導で授業が成立すると思うこと自体が、大変な思い上がりであろう。ある人にとっての万全の工夫が、ある人には使いにくい迷惑にすぎないのである。こうした画一的な教材では、一人ひとりの心に応じたきめ細かな教育は、どんどんと遠のいてしまう。

現在までのところ、心の教育は、紙資源の無駄を伴いながら、一つの戯画的な試みにもみえる。しかし、家庭へダイレクトにマニュアルを提示したり、全国一律の道徳の副読本を配ったりするということは、戦前の教育の国家統制の時代はともかく、多様なメディアと教材がある現代ではきわめて異様な光景である。二〇〇九（平成二一）年度には改定版がつくられたが、政府の政権交代ののち、二〇〇九年一一月には政治家等が既存事業予算の無駄を整理するという「事業仕分け」が鳴り物入りで行われ、『心のノート』も対象となり、二〇一〇年度予算からは印刷物ではなくインターネット経由でプリントアウト可能な形態で配布するように縮小された(14)。再び政権交代を受けて、二〇一三年度使用分からはすべての小学生・中学生への配付が再開された。特別の教科である道徳の開始により、正式に教科書が導入されるので、この『心のノート』の位置づけも見直されることになる。これからもこうした動向を見守る必要があるが、次節では少し過去にさかのぼって検討してみたい。

第二節　宗教的情操論の経緯

宗教的情操という言葉は、個々の宗教に関する情操ではなく、すべての宗教に共通する情操という特殊なタームである。この特殊な術語が、前節でみた一九九八（平成一〇）年六月の中央教育審議会答申「幼児期からの心の教育の在り方について」で言及されていた。この「宗教的情操」という概念の有効性は、戦前から批判され、また今日の宗教学研究でも「錯覚」として扱われているのだが、[15] 学習指導要領の内容項目に登場する「畏敬の念」をめぐって現在でも肯定的に論じられることがある。

この複雑さを理解するためには、宗教的情操論が誕生した戦前の日本の宗教教育事情をまず概観してみる必要がある。[16] 第3章でも垣間見《かいまみ》たように、明治維新は祭政一致を目指した復古でもあった。実際には復古といっても、神職や国学者を動員しただけでは力が足りないので、初期には抑圧していた仏教勢力にも一八七二（明治五）年には教導職資格を与えて維新政府に取り込んでいった。かくして、東京に**大教院**、府県に中教院、各社寺が小教院という全国的な民衆教化体制が整えられた。しかし、実際には神道を僧侶に教えさせるという無理な政策であるから、一八七五（明治八）年にはこの大教院は解体される。ただ、その後も神官や僧侶が天皇の政府を奉戴するという構造は維持されたのである。このころ、キリスト教は公式の地位を与えられていないが、欧米の持つ文明開化の技術力のみならず、宣教師たちが持つ教育能力と意欲は、目を見張るものがあった。キリスト教の聖職者や熱心な信者である欧米人を国家や地方の学校で御雇外国人教師として登用することは珍しくなく、またキリスト教系宣教団体によるキリスト教系私立学校も普及していく。第4章でみた**教育勅語**が出された一八九〇（明治二三）年の翌年一月九日、天皇の自筆署名の勅語が渡された第一高等中学校（のちの第一高等学校、戦後の東京大学教養学部）では教育勅語を読んで勅語に教員や学生が数人ずつ進み出て敬礼するという儀礼が行われた。このとき、札幌農学校（のちの北海道帝国大学、戦後の北海道大学）の御雇外国人教師ウィリアム・スミス・クラーク（William Smith Clark, 一八二六〜八六）に学んだキリスト教徒の内村鑑三（一八六一〜一九三〇）は、第6章でみた十戒に記されたように偶像崇拝をしないというキリスト教徒の義務を理解していたので、サイン入り勅語に深々と宗教的礼拝をすることはせずに、挨拶のような頭の下げ方をした。このことが「不敬」であると騒がれて、講師をしていた彼は辞職に追い込まれた。世にいう**内村鑑三不敬事件**である。その後の一八九二（明治二五）年にも、教育勅語の公式解釈者たる井上哲次郎がキリスト教自体が教育勅語に矛盾すると追撃を行い、教育と宗教の衝突論争が展開する。このとき、キリスト教側の反論は、すでに大日本帝国憲法でも認められている信教の自由を語ることよりも、キリスト教が教育勅語に矛盾していないということを論証することに意が注がれた。内村鑑三でさえ、「儀式に勝る敬礼」として「勅語の実行」を語ったのである。(17)皮肉にも、この事件や論争によって、日本のキリスト教は、教育勅語を頂点とする日本の道徳教育のなかに取り込まれる過程を進むこととなる。

祭政一致により神道に国教的位置を与える政策は、神道が独占するという意味においてはすでに大教院の段階で破綻している。我々は気軽に「神道」というが、八百万《やおよろず》の神はいろいろな経緯を持っていて、単純に皇祖神や皇孫、天皇の権威と結びつくわけではない多様性を持っている。明治政府のもとに形成されたのは、従来の伝統的な多様な神道とは隔絶した、天皇を頂点とする新しい神道としての国家神道であった。もちろん、新興の宗教だというのでは権威はないので、伊勢神宮を頂点に全国の神社を組織化して国家の管理のもとに置いて伝統を誇った。しかし、これだけでは、信教の自由を認める近代国家としての体裁が失われるので、こうした管理下の神道は宗教ではないという理解不可能な公式見解がつくられ、信者の「講」などの組織が教派神道として宗教であると位置づけられるのである。教育勅語が宗教性を隠しながらも宗教性を持ったことは第4章にみたとおりであるが、国家神道も、宗教性を持ちながらも宗教ではないという詭弁《きべん》が前提となるのである。

学校教育に力を持ったキリスト教は、徐々に公式の場で認められながら、枠の中にはめ込まれていく。一八九九（明治三二）年、文部省は**訓令第十二号**を発する。ちなみに「十二号」というのは年ごとに振られる法令番号であるが、「訓令十二号」という呼び名は、その後もこの年の固有の訓令を指すものとして宗教関係者に呼び慣らわされた。この訓令は、教育と宗教の分離を求めて、官公立学校と「学科課程ニ関シ法令上ノ規定アル学校」については、宗教教育や儀式を教育課程内はもちろん、課程外でも禁止したものである。このため、学科課程の定めのない各種学校と専門学校や一九一八（大正七）年の大学令で公認される私立大学では聖職者養成を含めた宗教教育が行えるのであるが、初等中等教育では禁止されることになる。とりわけ私立の中学校や高等女学校の分野に力を持っていたキリスト教は大変な規制を受けることになる。実際には各教団・学校ともにいろいろな工夫をするのだが、公式にカリキュラムに宗教教育が組み込めないというのは大変な痛手であった。もちろん、明治政府が新たにつくった宗教を前提にした教育勅語は、神道は宗教にあらずという公式見解のもと、禁圧された宗教教育の隙間に浸透していくことになる。

宗教のようでも宗教でない教育勅語と、私立学校も含めた宗教教育の禁止のなか、学校現場には不自由な閉塞感が漂った。この打開のため、大正末期から昭和初期に徐々に教員や宗教者の間で語られ始めたのが、宗教的情操論である。この「宗教的情操」とは、単に宗教についての情操一般を指すのではなく、特定の宗教・宗派に依拠しないすべての宗教に共通する情操という意味である。ゆえに宗教教育の禁止に該当しないので、公立の学校でも教育可能だという議論となる。大正デモクラシー以降に西洋からのさまざまな思想が青少年に影響を与えるなか、修身教育を徹底するには、宗教の力が期待され、規制された宗教の側からはこの流れが規制の緩和にみえた。そして一九三五（昭和一〇）年に文部次官通牒《つうちょう》「学校ニ於ケル宗教的情操ノ涵養《かんよう》ニ関スル件」により、訓令十二号の解釈を変更して、公立学校などでも宗教的情操の教育を可能とする公式見解が発表されたのである。(18)

しかし、事態は複雑である。そもそも、宗教的情操とは何であるかがこの時代も不明確であった。宗教的情操論の推進論者たちは、それぞれ自分の信仰する宗教の徳目から、たぶん他の宗教とも共通すると思える内容を語っているのであって、これがすべての宗教に普遍的な宗教的情操だという納得できる具体的例示は、このときから現在に至るまで、私はいまだ出会ったことがない。一九三四（昭和九）年まで東京帝国大学教授を務めていた吉田熊次《くまじ》もそれを見抜いて、反対論を展開している。彼の議論は、第一に、特定の宗派的信仰を抜きにして宗教についての情操が発生するのかという根本的な疑問であり、第二に信教の自由の立場から宗教教育は本来的には家庭や社会で行われるべきだということであり、第三に一般的な宗教的情操だといわれることが多い「真善美」などは宗教と関係なく育成されるのだから議論が成り立たないという批判である(19)。

こうして展開された吉田熊次の批判に、私は現代の理論としても同意できるが、実際の歴史はもっと複雑である。井上哲次郎の娘婿の彼は、この時代の教育勅語解説者として教育界に権威を持つ人物であった。彼は、一方では文部省が一九三五年に教育界や宗教界の代表者を招いた宗教教育協議会に出席し、文部次官通牒の案文の作成に関与しているのである。この場においても吉田熊次の批判的主張は変わっていないが、むしろ彼は宗教的情操を教育勅語と矛盾させないということを強調することに力を注いでいる。そのため、実際の通牒本文にも「学校教育ヲ固《もと》ヨリ教育勅語ヲ中心トシテ行ハルベキモノナルガ故ニ之ト矛盾スルガ如キ内容及方法ヲ以《もつ》テ宗教的情操ヲ涵養スルガ如キコトアルベカラズ」と明記されることとなった。つまり、この文部次官通牒により、宗教的情操論は教育勅語に基づいて理解されることになったのである。たしかに、宗教のようで宗教でない国家神道に基づく教育勅語こそ、宗教的情操の名に値するのであろう。この通牒の後、宗教的情操をきちんと具体的に示した実践が教育現場で展開されていったわけではない。アジアへの侵略を展開して太平洋戦争へと進むこの時期に、そうした淡い期待はできなかったのである。学校の児童・生徒を引率して戦勝祈願のために神社に参拝することは普通に考えると宗教儀式であるが、宗教的情操論によって公式にも疑問のないところとなり、戦時下に奨励されたのである。

一九四五（昭和二〇）年の敗戦の後、戦後教育改革の構想が話し合われるとき、宗教教育の自由化とともに、宗教的情操論が再び語られる場面があった。こうした経緯も興味深いが、実際の憲法や法律のなかでは、政教分離と信教の自由を柱として、教育基本法では、「宗教に関する寛容の態度」や「宗教の社会生活における地位」の尊重という正確な言葉が使われた。この点については、次節でもう一度読解したい。

しかし、その後も、文部省の審議会の答申などで宗教的情操論が登場してくる。最も典型的な例が、一九六三（昭和三八）年六月に文部大臣より中央教育審議会に「後期中等教育の拡充整備について」とあわせて諮問された「**期待される人間像**」である。中央教育審議会は、まず一九六五（昭和四〇）年一月に「中間草案」を発表し、国家から道徳を徳目として命令することに対する世論の強い反発を受けて、若干の表現を修正した本答申を一九六六（昭和四一）年一〇月に発表した。経済的な発展のもとで高等学校教育が普及していくこの時期、新たな道徳教育の標準として示されたのが、この「期待される人間像」である。「中間草案」より、宗教的情操に関係する「第一章」の「六」を引用する。[20]

六　幸福な人間であれ
われわれはお互いに幸福な人間でありたい。幸福な人間となるためには、経済的・政治的な条件が整えられる必要があることはもとよりである。しかしそれよりもいっそう大切なのは心構えであり、心のもち方である。そしてそれは感謝と畏敬の念であろう。不平不満の種はいろいろとあろう。しかし絶えず不平不満だけを感じる人ほど不幸な人はない。それに反し小さな好意や親切にも感謝できる人は幸福である。それによって社会は明るくなり、健全な進歩が期待される。憎しみと恨みによる変革は逆作用を伴う。

またわれわれは生命の根源に対して、畏敬の念をいだくべきである。われわれは自ら自己の生命を生んだのではない。われわれの生命の根源には父母の生命があり、民族の生命があり、人類の生命があり、宇宙の生命がある。しかしここにいう生命とはもとより、単に肉体的な生命だけをさすのではない。われわれには精神的な生命がある。このような生命の根源に対する畏敬の念が真の宗教的情操であり、人間の尊厳と愛もそれにもとづき、真の幸福もそれにもとづく。しかもそのことはわれわれに天地を通じて、一貫する道があることを自覚させ、われわれに人間としての使命を悟らせる。その使命により、われわれは真に自主独立の気迫をもつことができるのである。

念のためにいうが、これは何かの宗教の説教の一部ではない。文部省の中央教育審議会の答申案なのである。さすがにこの草案全体で何箇所も出てくる「幸福な人間であれ」という命令調は、本答申では改められているが、国家が徳目を示して道徳を命じている事実には相違がない。この答申自体は、さすがに教育現場にも社会にも受け入れられずに現在ではほとんど忘れ去られてしまっているが、戦後にもこのような文書が存在していることは記憶しておくべきであろう。

もう一度この文章の論理を追ってみると、前半の段落では、人間の幸福は、経済や政治よりも「心構え」や「心のもち方」だという論旨である。そういう人生訓が好きな人が酒場でお説教を垂れるのは個人の自由だが、国家の政策として発表するのは本末転倒である。これでは道徳が、不平不満をいわせないための道具のようになってしまう。さらに、「生命」を論じては、「宇宙の生命」や「精神的な生命」が登場する。ＳＦ小説やオカルト小説ならともかく、国家がこうした話をするというのは、教育勅語を上回る逸脱といえよう。さすがに本答申では「宇宙の生命」という意味不明の言葉は消えている。ただ、この文章は、そういう謎の生命体を前提にしており、「このような生命の根源に対する畏敬の念が真の宗教的情操であり」と言い切るのである。宗教的情操は、どんな宗教にも共通するものだと主張され、そんなものはないと批判されてきたが、ここで登場した謎の生命体に対する「畏敬の念」を内容とする「真の宗教的情操」というのは、どんな宗教にも共通するものではないことは明白であろう。この文章に述べられているように、個人の不平不満を抑えるための道具として畏敬の念や宗教が使われるというのは、国家による宗教の利用であるだけではなく、宗教というものへの冒瀆《ぼうとく》である。

「期待される人間像」は批判され無視されていったし、ここで登場した「畏敬の念」や再登場した「宗教的情操」もすぐに政府の政策として登場したわけではない。しかし、しばらく時代が流れて、そこで使われた**畏敬の念**という言葉が法令上の位置づけを持つ。一九七七（昭和五二）年七月に告示された「中学校学習指導要領」では、「人間が有限なものであるという自覚に立って、人間の力を超えたものにたいして畏敬の念をもつように努める。」という文言が織り込まれ、一九八九（平成元）年三月の「小学校学習指導要領」と「中学校学習指導要領」にも「主として自然や崇高なものとのかかわりに関すること」として「畏敬の念」が盛り込まれている。このことは、二〇〇八（平成二〇）年三月告示の現行の「小学校学習指導要領」と「中学校学習指導要領」でもほぼ同文である。畏敬の念は、畏れて敬う心だから、宗教的だとは限らない。現在に至る副読本類でも、自然の偉大さや偉人の超越的な努力など、道徳性を養うための教材が採用されている。しかし、期待される人間像として示された戦後道徳教育の歩みを踏まえると、この畏敬の念が宗教的情操という概念の混乱を惹起《じゃっき》する可能性については、注意しておかなくてはならない。

第三節　国公立学校における宗教教育

我々のなかには、宗教を信じる者も、信じない者もいる。いや、もっと事情は複雑で、複数の宗教を信じたり、宗教を宗教と感じていなかったり、一言では言い切れない。たとえば私自身は、国学者として南朝の忠臣である楠木正成《くすのきまさしげ》を祭った湊川《みなとがわ》神社に毎年参拝するが北朝の末裔《まつえい》を崇拝する気など全くないし、天台宗の檀家の一員として祖先崇拝とあわせて墓参をするが自分が死んだときには心なき葬式だけは何としても避けたいし、クリスマスとバレンタインデーのプレゼントは感謝して受け取るが三位《さんみ》一体なる神だけが唯一の神だとは思っていない。こういういろいろな宗教に関係する心性を、西洋のキリスト教的な哲学を奉じる者は、日本人の宗教意識は遅れた多神教と偶像崇拝だと批判することが多い。一方、キリスト教の三位一体説は昔からイスラム教徒に多神教で偶像崇拝だと批判され、そのイスラム教徒がマホメット以前からあるメッカの神殿にお参りをするのだから、世界の宗教事情はまことに複雑である。このように、人が宗教を信じたり信じなかったりすることを批判するのはまことに簡単だが、理解することはとても難しいのである。

一つの学校の教室にも、いろいろな信仰を持ち、あるいは持たない子どもたちがいる。教師もまた宗教についての立場と信条はさまざまであろう。こうした状況をみても、戦後教育改革のなかで誕生した教育基本法（旧法）の第九条の**宗教教育**の規定は非常に重要な意味を持つ。

教育基本法（昭和二十二年三月三十一日法律第二十五号）

第九条（宗教教育）　宗教に関する寛容の態度及び宗教の社会生活における地位は、教育上これを尊重しなければならない。

2　国及び地方公共団体が設置する学校は、特定の宗教のための宗教教育その他宗教的活動をしてはならない。

この旧法の規定は、日本国憲法第二十条に記された、あらゆる人に宗教を信じて行動することも拒否することも認めた**信教の自由**と、国家や地方自治体と宗教を厳密に分離した**政教分離**の原則に基づいて理解されるべきである。

日本国憲法（昭和二十一年十一月三日憲法）

第二十条　信教の自由は、何人に対してもこれを保障する。いかなる宗教団体も、国から特権を受け、又は政治上の権力を行使してはならない。

2　何人も、宗教上の行為、祝典、儀式又は行事に参加することを強制されない。

3　国及びその機関は、宗教教育その他いかなる宗教的活動もしてはならない。

憲法第二十条は、天皇を神の子孫として奉戴した戦前の国家神道の体制への反省として、政教分離を強調している。信教の自由の保障は、大日本帝国憲法第二十八条も明記していた。しかし、これには「安寧秩序ヲ妨ケス及臣民タルノ義務ニ背カサル限ニ於テ」という条件がついていた。まず帝国憲法第一条に示された万世一系の神話に基づく天皇に対して、臣下としての義務があるのであり、何を信じても信じなくても、まずは国家神道と教育勅語を強制されたのであり、そのための最も有効な手段として学校における道徳教育が活用されたのである。

この憲法の規定と背景を踏まえると、教育基本法（旧法）第九条の意義がよくわかる。第一項に「宗教に関する寛容の態度及び宗教の社会生活における地位」を教育上尊重するというのは、まさに信教の自由を最大限尊重しようということである。そして第二項で国公立の学校が「特定の宗教のための宗教教育その他宗教的活動をしてはならない。」というのは、信教の自由のために政教分離の原則を学校教育においても確認したのである。いうまでもなく、私立学校においては、その建学の精神に基づいて宗教教育は自由である。もちろん、私立学校のなかには信者やその子であることを入学条件として信者や聖職者の養成を目的としている学校もあるが、そうでない学校の場合において限度を超えて宗教の儀式を強制したり、信者となることを強制したりすることは、権利の濫用である。それゆえ、私立学校の宗教教育は社会的にも宗教的にも十分な見識を有する宗教者が担当しなければ、十分な教育効果は期待できないのである。教育は個人の尊厳に基づく行為であることは、あらゆる教育を通じて忘れてはならない前提である。

国公立の学校での特定宗教の宗教教育を禁止した第二項に関係して、この旧法第九条を宗教教育に否定的であるとの印象を持つ場合がある。しかし、国公立の学校においても、「宗教に関する寛容の態度及び宗教の社会生活における地位」を、教育上の配慮として尊重するだけではなく、教育の内容として含むことを可能としていることを理解しておく必要がある。つまり、当然に国公立の学校においても教育すべき内容として、宗教に関する寛容の態度、宗教の社会的生活における地位の尊重、これらを踏まえての宗教に関する一般的な教養が、考えられるのである。

二〇〇六（平成一八）年一二月に全部改正された教育基本法（新法）の第十五条は、旧法の文言上は不明確であった「宗教に関する一般的な教養」を追加する形で次のように改正された。

教育基本法（平成十八年十二月二十二日法律第百二十号）

（宗教教育）

第十五条　宗教に関する寛容の態度、宗教に関する一般的な教養及び宗教の社会生活における地位は、教育上尊重されなければならない。

2　国及び地方公共団体が設置する学校は、特定の宗教のための宗教教育その他宗教的活動をしてはならない。

実は、この全部改正の方向性を示した二〇〇〇（平成一二）年一二月の「教育改革国民会議報告―教育を変える一七の提案―」では「宗教的な情操を育む」という表現があり、二〇〇三年三月の中央教育審議会答申「新しい時代にふさわしい教育基本法と教育振興基本計画の在り方について」でも「宗教的情操の涵養」が言及されていたのだが、法案においては「宗教的情操」は含まれずに、「宗教に関する一般的な教養」という文言が追加された。前節でみた歴史的経緯を踏まえるならば、当然の改正といえる。

「宗教に関する寛容の態度」、つまり**宗教的寛容**とは、どのような信仰を持つ者も、持たない者も、お互いを認め合うということであり、まさに個人の尊厳ということを宗教についても認め合うことである。時に宗教をめぐる問題は激しい感情的な対立を起こしやすい。もちろん、宗教を推奨したり批判したりすることは信教の自由として保障された大切な行為であるが、この自由な権利が濫用されないために、違う宗教を信じる者の間も、宗教を信じる者と信じない者との間も、お互いを認め合うということが大切なのである。このことは考え、議論する道徳においても大切なテーマとなる。

「**宗教に関する一般的な教養**」とは、宗教に関する歴史や文化がさまざまな機会を通じて伝えられて、豊かな教養を身につけることである。学校教育では歴史や現在を扱う社会科などはもちろん、図画工作科・美術科や音楽科、総合的な学習の時間や特別活動などでも重要な課題である。旧法には「宗教に関する一般的な教養」の文言はなく、新法で追加されたのであるが、いうまでもなく戦後の教育を通じて宗教に関する歴史や文化は各教科の教育内容として含まれていた。これが新法では「宗教教育」を規定した第十五条第一項で位置づけられることにより、法令上の位置が明確になったのである。「教養」は人間の心を豊かにするものであるが、国公立の学校における宗教教育では、「宗教に関する寛容の態度」を前提としてさまざまな宗教の歴史と文化が公正に教材として位置づけられて伝えられることが必要である。たとえば美術科で仏像を教材として扱う場合、その美術史の意義と併せて宗教史上の意義が語られて、その仏像を信仰の対象とした仏教者の精神が理解されるように説明されるべきであろう。この際、子どもたちやその保護者の宗教観の多様性は前提であり、教材の歴史的文化的背景となる信仰に共感する子どもも違和感を感じる子どもいることが当然であり、子どもの心までを成績の評価の対象とすることはできないこともまた、当然である。教員はこうした多様な宗教観を前提にして、宗教に関する一般的な教養が習得できるように慎重に配慮するべきなのである。こうした教材は、社会科はもちろん、国語科における宗教関連の文学作品、音楽科における宗教音楽など枚挙にいとまがない。

「宗教の社会的生活における地位の尊重」とは、単に宗教の地位を尊重するというだけではなく、個人が宗教を信じることにより生じる具体的な行動も含めて尊重することを意味する。ある宗教を信じると、食べられないものがあったり、できない行動が起こったりする。こうしたことも他人の権利を侵害しない範囲で十分に配慮して認めるということである。学校教育のプロセスにおいてこうした配慮をするとともに、それがお互いに必要なのだということを教育の内容としても含むということである。たとえば、武道を禁止した宗教の信徒であればそれに沿って代替可能な対応を配慮するということがあろう。また現在の学校行事においても、国旗掲揚や国歌斉唱の強制など、日本の伝統を装いつつ維新政府が開発した新式の国家神道流の儀式が存在するが、それが宗教の強制だと感じる者は、憲法第二十条第二項によっても強制されない権利を有している。学校において何人《なんぴと》も宗教上の行為などを強制されない権利が尊重されるべきことはいうまでもない。これから国際化が進み、文化の多様化が進むことを考えると、ここに述べた宗教教育は、ますます重要となるであろう。

さて、この教育基本法（新法）第十五条から「宗教的情操」の教育が可能であるという議論は成り立つだろうか。すでにみたように、宗教的情操論とは、教育勅語と矛盾しないものだという公式解釈が一九三五（昭和一〇）年に文部省から発表されているので、教育勅語の反省のうえに成立している教育基本法にこれを読み込むこと自体が無理である。それでは、教育勅語を離れた宗教的情操を新たに発明すれば、ありうるだろうか。まず、言葉の意味として考えてみよう。

まず、宗教に情操が関係するかというと、これは然《しか》りであろう。ただ、宗教的情操という言葉は、個々の宗教にかかわる情操のことではなく、個々の宗教を超えた情操だというのである。吉田熊次が批判した時代から七〇年近く経過したが、いまも「個々の宗教を超えた情操」というのはみつけがたい。文部省の中央教育審議会は、「期待される人間像」の草案で「宇宙の生命」に発見したと発表したが、そうした謎の生命体を認める宗教がどれほどあるだろうか。世界の成り立ちや宇宙論は宗教ごとのオリジナルな世界観なのだ。もちろん、いくつかの宗教に共通する情操を発見することは可能である。たとえば神道の大祓祝詞《おおはらいのりと》でも仏教の不殺生戒でもキリスト教の十戒でも述べられるように、殺すことはいけないということを宗教的情操ということは可能だろうか。私は、宗教者がそうした情操を持って活動することを大いに期待しているが、宗教を持たない人も、殺すことはいけないという情操を持つだろう。つまり、これは宗教だけの特質ではないということになり、宗教的情操ではなくなるのである。このように人間の行動や自然や社会のかかわりについて、いくつかの宗教に共通する情操や道徳性を探すことは有意義かもしれないが、それを宗教のみの課題としてしまうのは無理がある。宗教を信じる者が自らの宗教に基づいて、人間の尊厳や自然の大切さを語ることは傾聴に値するが、また同じことを宗教を信じない者も発言できるのだから、信じる者も、信じない者も、それぞれの立場で教育を行えばよいということになろう。つまり、今日の学校における宗教教育は、教育基本法第十五条を踏まえて行われるべきものであり、法令的にも学説的にも根拠の不明な「宗教的情操」という概念は不要なのである。

　現代の学校教育において求められる宗教についての道徳教育は、宗教を信じるにしても信じないにしても、それぞれの立場を通じて対話して共通するものを認め合い、さらに違うこともまた認め合うことであり、つまり個人の尊厳に基盤をおいて考えるべき課題であると考えられる。国公立の学校教育において、教育基本法第十五条に明記された宗教教育を担う立場になる教員は、宗教的寛容と宗教的一般教養と宗教の社会的地位の尊重を教育内容として扱うとともに、自らの知識と行動規範としても身につけなければならない。社会教育や家庭教育において、自由に自らの宗教の立場で教育できる宗教者や保護者、より自由な立場にいる宗教系私立学校の教員もまた、こうした原則を留意したうえで信教の自由に基づく宗教教育に取り組むべきである。このときに国家に求められることは、特定の宗教を推奨することでも、また特定の宗教ではないとして「宗教的情操」という不可思議な概念を持ち出すことでもない。すでに日本国憲法に定められているとおり、信教の自由の保障と政教分離が国家の原則とされるべきであり、自由のためにも国家は無用な干渉を避けるべきである。国公立の学校教育は、その原則に則《のっと》って、宗教的寛容と宗教的一般教養と宗教の社会的地位の尊重に関する教育を行うべきであり、それ以上の宗教教育は個人の幸福追求として自由に行われるべきものである。それ以上に国家が宗教に関与する場合には、宗教者はむしろ利用されることに警戒をするべきであろう。明治維新以来の日本の宗教史は、残念なことに国家による宗教の統制と利用の歴史でもあるのだから。

（1）「『心の教育』中教審に諮問へ　小六殺害事件契機　ビデオの影響も検討」『日本経済新聞』（朝刊）一九九七年七月一日。
（2）「『心の教育』を諮問　小杉文相、中教審に」『朝日新聞』（朝刊）一九九七年八月五日。
（3）中央教育審議会「新しい時代を拓く心を育てるために　次世代を育てる心を失う危機　幼児期からの心の教育の在り方について（中間報告）」『文部時報』第一四五九号、一九九八年四月。
（4）中央教育審議会「新しい時代を拓く心を育てるために　次世代を育てる心を失う危機　幼児期からの心の教育の在り方について（答申）」『文部時報』第一四六六号、一九九八年一〇月。
（5）井深大『井深大の心の教育』ごま書房、一九九七年、一〇〇頁（初版《旧題『あと半分の教育』》は一九八五年）。
（6）小杉隆『うしなわれた「心の教育」を求めて　21世紀に贈る教育改革』ダイヤモンド社、一九九七年、四一～四二頁。

(7) 文部省編『家庭教育手帳』大蔵省印刷局、一九九九年。

(8) 文部省編『家庭教育ノート　小・中学生を持つ親のために』大蔵省印刷局、一九九九年。

(9) 「子育ての基本知って　家庭教育の冊子配布始まる」『朝日新聞』（朝刊）一九九九年四月一五日。

(10) 「小・中学用『心のノート』の評判　文科省初の『道徳』副読本」『週刊朝日』二〇〇二年七月二六日号。

(11) 文部科学省『「心のノート小学校」活用のために　平成二一年度改訂版』廣済堂あかつき、二〇一〇年、九頁。文部科学省『「心のノート中学校」活用のために　平成二一年度改訂版』廣済堂あかつき、二〇一〇年、七頁。

(12) 文部科学省『心のノート　中学校』文部科学省、刊行年不記載（二〇〇二年）。なお、その後も部分改訂があり、「平成二一年度改訂版」と記された二〇〇九（平成二一）年五月奥付の版も出されている。

(13) 文部科学省初等中等教育局教育課程課『みつめ考えはぐくんでいく豊かな心　中学校心のノート』文部科学省、刊行年不記載（二〇〇二年）。

(14) 「「仕分け」指摘の事業、予算案も厳しい結果　文科省」『朝日新聞』（朝刊）二〇一〇年一月一〇日。「聞こえてこない、現場の声　教育予算の「事業仕分け」」『朝日新聞』（朝刊）二〇〇九年一一月二二日。

(15) 岩田文昭「国公立学校における宗教教育の現状と課題」日本宗教学会『宗教研究』第八五巻第二輯、二〇一一年九月。

(16) 高橋陽一「共通教化の基礎仮説　近代日本の国民統合の解明のために」『研究室紀要』東京大学大学院教育学研究科教育学研究室、一九九六年六月。日本の宗教史を概観したものとしては、久木幸男『日本の宗教』サイマル出版会（一九七一年）が簡潔明瞭である。

(17) 内村鑑三「文学博士井上哲次郎君に呈する公開状」『教育時論』開発社、一八九三年三月一五日号。内村鑑三不敬事件については、小沢三郎『内村鑑三不敬事件（日本キリスト教史双書）』新教出版社（一九八〇年）を参照されたい。

(18) 高橋陽一「宗教的情操の涵養に関する文部次官通牒をめぐって　吉田熊次の批判と関与を軸として」『武蔵野美術大学研究紀要』第二九号、一九九八年。

（19）吉田熊次「教育と宗教の本質的関係」『教育思潮研究』第一〇巻第一輯、一九三六年一月。

（20）「期待される人間像　中間草案」『時事通信内外教育版』第一六二〇号、一九六五年一月一五日。

第10章　プレゼンテーションと道徳

高橋陽一

本章は、道徳をどう伝えていくかという視点から、その最もわかりやすい方法論を考えていく。伝統的には、説教と呼ばれる方法が、社会教育、とりわけ宗教教育における伝え方である。実はこれは大変な熟達が必要である。しかし、教師が道徳をわかりやすく伝えるには、この技術を学ぶことが大切である。説教の技術は、一般的にいえば、プレゼンテーションの技術である。さらに、読み聞かせや紙芝居、さらには映像メディアの活用などもふくめて、ここでは論じておきたい。

第一節　説教とは何か

そもそも**説教**とはどのようなものであろうか。実は「説教」という表記自体は、新しい表記である。それ以前は、「説経」というのが普通であった。つまり、「経典を説く」ということである。これが「教えを説く」という形で一般的になったのは、一八七二（明治五）年に明治維新政府のもとに神仏合同の民衆教化機関である大教院ができてからである。

さて、説教の歴史の研究としては、関山和夫の『説教の歴史的研究』が名高い(1)。またキリスト教世界を扱ったものでは、エドウィン・チャールズ・ダーガンの『世界説教史』が邦訳されている(2)。ダーガンが旧約聖書における「聖典の奨励的講解」として紹介している「ネヘミヤ記」第七章第七二節から第八章第一二節の箇所を「新共同訳」から引用しながら読んでみよう(3)。この部分は、有名なバビロン捕囚からユダヤ人が帰還し、エルサレムを復興していく過程で描かれる。

第七の月になり、イスラエルの人々は自分たちの町にいたが、民は皆、水の門の前にある広場に集まって一人の人のようになった。彼らは書記官エズラに主がイスラエルに授けられたモーセの律法の書を持って来るように求めた。祭司エズラは律法を会衆の前に持って来た。そこには、男も女も、聞いて理解することのできる年齢に達した者は皆いた。第七の月の一日のことであった。彼は水の門の前にある広場に居並ぶ男女、理解することのできる年齢に達した者に向かって、夜明けから正午までそれを読み上げた。民は皆、その律法の書に耳を傾けた。

文中に「書記官」や「祭司」の肩書きで登場するエズラが、この箇所の主役である。一方の登場人物は、「一人の人のようになった」というくらい一体性がある民衆である。「理解することのできる年齢に達した者」というから、青少年も参加している。この箇所で中心となるものは、「モーセの律法の書」つまり今日もキリスト教教育のテキストである**カテキズム**に書かれるモーセの**十戒**を中心としたものである。ただ、「夜明けから正午までそれを読み上げた」というのだから、読み上げたのが十戒だけでは短すぎるし、モーセ五書と呼ばれる「創世記」「出エジプト記」「レビ記」「民数記」「申命記」の五つすべてであれば長すぎるので、十戒を中心に『旧約聖書』にみられるいろいろな律法類をふくむものかもしれない。さらに、話は続く。

書記官エズラは、このために用意された木の壇の上に立ち、その右にマティトヤ、シェマ、アナヤ、ウリヤ、ヒルキヤ、マアセヤが、左にペダヤ、ミシャエル、マルキヤ、ハシュム、ハシュバダナ、ゼカルヤ、メシュラムが立った。エズラは人々より高い所にいたので、皆が見守る中でその書を開いた。彼が書を開くと民は皆、立ち上がった。エズラが大いなる神、主をたたえると民は皆、両手を挙げて、「アーメン、アーメン」と唱和し、ひざまずき、顔を地に伏せて、主を礼拝した。

非常に映像的な文章である。木の壇の上に立つエズラ。それに従う左右の人々。見守る人々の前で開かれる律法の書とともに、わき起こる唱和。興奮して神をたたえる人々。その情景にうつる多くの人々は、単なる群衆というより、むしろ訓練された人々にみえる。「第七の月の一日のこと」という前の文章と合わせると、ここで描かれた儀式が、一度だけではなく何度も繰り返されたのだろうと思わせる。つづいて、レビ人による解説が始まる。

次いで、イエシュア、バニ、シェレブヤ、ヤミン、アクブ、シャベタイ、ホディヤ、マアセヤ、ケリタ、アザルヤ、ヨザバド、ハナン、ペラヤというレビ人がその律法を民に説明したが、その間民は立っていた。彼らは神の律法の書を翻訳し、意味を明らかにしながら読み上げたので、人々はその朗読を理解した。

総督ネヘミヤと、祭司であり書記官であるエズラは、律法の説明に当たったレビ人と共に、民全員に言った。「今日は、あなたたちの神、主にささげられた聖なる日だ。嘆いたり、泣いたりしてはならない。」民は皆、律法の言葉を聞いて泣いていた。彼らは更に言った。「行って良い肉を食べ、甘い飲み物を飲みなさい。その備えのない者には、それを分け与えてやりなさい。今日は、我らの主にささげられた聖なる日だ。悲しんではならない。主を喜び祝うことこそ、あなたたちの力の源である。」レビ人も民全員を静かにさせた。「静かにしなさい。今日は聖なる日だ。悲しんではならない。」

民は皆、帰って、食べたり飲んだりし、備えのない者と分かち合い、大いに喜び祝った。教えられたことを理解したからである。

祭司を助けて神に仕えるレビ人たちが、モーセの律法の書をわかりやすい言葉に置き換えた。(4)「翻訳」というのは、ヘブライ語から当時一般的なアラム語に置き換えたのだと解釈されている。彼らが行ったのは、十戒の逐条的な解釈だろう。民衆はこの解釈を敬意を払いながら緊張して聴き入っている。十戒の神の言葉は峻厳《しゅんげん》である。人々は自らを省みて、嘆いたり、泣いたりした。それは神の言葉に対する正確な反応だろう。しかし、祭司エズラは、そうした正確な解釈と反応だけでは止めない。彼は、この日が安息日であることから、十戒のなかの安息日の聖別を特に取り上げて、悲しまずに、喜べと呼びかける。それが神の命じるところだと述べて、民衆の感情を暗から明へと誘導する。そして、飲めや歌えやの大騒ぎが始まるのである。この場面はまさに祭礼である。

もう一度、このエズラによる説教を振り返ると、重要な登場人物は、説教者と聴衆である。もちろん、きわめて荘厳なこの説教のため、説教者には、演壇や、左右の取り巻きや、レビ人が補助的説教者として付随している。そして不可欠なものは、テキストたる律法の書である。

説教には、いくつかの段階がある。まずはテキスト自体の読み上げである。「律法の書」が、説経される経典である。そしてテキストの解説はレビ人が行った。続くテキストの解説にとどまらない呼びかけは、総督ネヘミヤとエズラとレビ人が協力して説いている。テキストがあり、テキストの解説があり、さらにテキストの解説にとどまらない提起があるのである。

この説教は成功している。最後に記されているように「教えられたことを理解した」から成功である。成功の要素は、第一に祭司エズラをはじめとする説教者側の力量がある。聴衆を泣かせるのも喜ばせるのも彼らの口から出る言葉の力である。第二に聴衆たる民衆の力量がある。説教を聞きたいと意思表示をし、「アーメン」と唱和し、泣き、笑う。彼らは単に操作された群衆ではなく、そういう行動をすることをすでに身につけた、教育された人々であろう。第三に、いうまでもなくテキストの権威、神から下されたモーセの律法の書の威力である。テキスト自体に持つ力がなければ、説教者と民衆がいても、説教は成立しない。まさに、説く者と、聴く者と、説かれるテキスト、この三つの構成要素があって初めて説教は説教として成立するのである。

西洋世界の説教がモーセの十戒と切り離せないように、説教はやはり説経、つまりテキストを説明するという行為が根底にある。日本における説教は、関山和夫が指摘しているように、五六八年に朝廷で聖徳太子が勝鬘経《しょうまんぎょう》の説経をしたというのが最初の記録だろう。これは文字どおり経典の説明であり、今も伝わる聖徳太子の経典の注釈書、三経義疏《さんきょうぎしょ》（『勝鬘経義疏』『法華《ほっけ》義疏』『維摩経《ゆいまきょう》義疏』）(5)により聖徳太子の経典理解をうかがうことができる。日本における初期の仏教理解を示すこれらのテキストに示されているのは、経典の意義を理解して明らかにしようとする文字どおりの義疏（意義が疏《とお》る）という彼の真摯な姿勢であり、先の「ネヘミヤ記」に登場したレビ人のような説明をするにとどまる段階であった。仏教の定着に伴い、本源的な経典理解から発達して、経典の意義をさらに発展させて解釈を示すようになり、その説経自体が一つの文化現象となる。平安期の清少納言の『枕草子』には、朝廷の貴族たちが説経を聞く様子が詳述されているが、彼女が「説経の講師は顔よき」（説経をする講師は顔がよい者がふさわしい）と評価基準を示しているように(6)、経典の意味を理解するというよりも、説経師が説経の技術だけではなく風貌まで重視される人気タレントのような存在になっていたことがわかる。さらに、中世に仏教が民衆に浸透していくなかで、物語を中心とした説経や仏教にちなむ図像などの視覚的メディアを併用した絵解きにも発展し、近世には話芸自体も独立した芸能へと展開していって、話芸が中心となる落語の起源ともなるのである。

説経が時代とともに変化していくなかで、場合によっては本来の主題たるべき経典さえ消えていくことがみえる。ただ、それでも、仏教はその説経の題材の豊かな供給源として機能し、また僧侶が伝統的な説経者であることは変わらないまま、近代の幕が開くのである。

第二節　説教の技術

教導職の説教をまねて、タコの僧侶が魚に説教する様子（河鍋暁斎）
（仮名垣魯文『蛸入道魚説教』存誠閣、1872（明治5）年、三丁オ～四丁ウ）

明治維新に伴う近代教育のスタートは、多くの人が知っている「文明開化」や「富国強兵」という言葉でイメージされるように、欧米列強の文化をモデルとしたものであった。一八七二（明治五）年の学制による小学校での道徳教育（修身）さえ、欧米の教科書をもとにした翻訳によって成立した。しかし、その「文明開化」や「富国強兵」という四字熟語が、当時の神官や僧侶たちの説教のテーマだったことは忘れ去られやすい。明治維新は、単なる西洋モデルの近代化ではなく、伝統的な説経までも動員する体制であったのだ。

　維新の初期は、廃仏《はいぶつ》毀釈《きしゃく》として知られる神仏分離政策によって、江戸時代に公認されていた仏教の社会的地位は大幅に低下する。しかし、天皇に宗教的権威を増大させて維新政府の地位を確立するためには、国学者や神道家をまず頼みとしなければならないが、彼ら自身が江戸時代に民衆へのそれほどの影響力を持っていなかったのだから、神道と政治を一致させる祭政一致の方針もかけ声で終わってしまう。こうして、一八七二（明治五）年には、今まで疎外していた仏教勢力の社会的地位を公認して、僧侶にも神職と同じ**教導職**という公式の地位を与えた。そして、東京に新設した**大教院**を中心として、神仏合同布教のために宗教家の大動員が試みられるのである。(7)

教導職が奉じることになったのは、一八七二（明治五）年四月二八日教部省布達の**三条教則**であり、「敬神愛国ノ旨ヲ体スヘキ事」「天理人道ヲ明ラカニスヘキ事」「皇上ヲ奉戴シ朝旨ヲ遵守セシムヘキ事」となっている。つまり、僧侶も含めて神道的な立場にたって天皇を戴く維新政府の方針を民衆に徹底することが求められたのである。さらに一八七三年に十一兼題として、全国の教導職が説教のテーマとして学習するべき兼題が教導職を監督する官庁である教部省から示された。すなわち、「神徳皇恩の説」「人魂不死の説」「天神造化の説」「顕幽分界の説」「愛国の説」「神祭の説」「鎮魂の説」「君臣の説」「父子の説」「夫婦の説」「大祓《おおはらい》の説」である。この最後の「大祓」は、神道の道徳観を示す大祓祝詞《のりと》を読みあげる大祓のことであり、君臣、父子、夫婦という儒教的な人間関係の道徳のほか、神道研究までが僧侶に求められたことがわかる。さらに同年には、十七兼題が追加される。すなわち「皇国国体説」「道不可変説」「制可随時説」「皇政一新説」「人異禽獣《きんじゅう》説」「不可不学説」「不可不教説」「万国交際説」「国法民法説」「律法沿革説」「租税賦役説」「富国強兵説」「産物製物説」「文明開化説」「政体各種説」「役心役形説」「権利義務説」である。こちらは、富国強兵、文明開化といった維新政府の政策的なテーマが中心である。

「説経」が「説教」へと変化した時代の、「教」の中身は以上のとおりである。「経」が「教」になったことで、テキストから自由になるぶん、共通した理解がないと語られる内容が散漫になる可能性がある。しかし、こうしたテーマを与えられても、実際に統一した内容を得ることは簡単ではなく、実際には説教の内容は説教者によってまちまちで混乱した。それでも、すでに説教者としての技術を持っている僧侶たちは、政府から押しつけられたテーマをこなしつつ、自らの宗教的地盤を確保していった。だが、もともと説教の習慣のほとんどない神職や国学者にとっては、そもそも説教をするということ自体が難題であった。

しかし、国学者側にも、江戸時代に説経や講談をしていた者がおり、そうした人物の技術は、重宝がられることになる。言葉の音の一つ一つに言霊《ことだま》が宿っていると信じる音義派の国学者、堀秀成《ひでなり》（一八一九〜八七）がその人である。大教院で講師長（教導職としての階級は大講義）をしていた彼は、全くの素人に説教の仕方を最初から簡単に教えざるをえなかった。それゆえ、彼による説教マニュアル、『説教体裁論』には、現在の我々がみても非常にわかりやすい工夫がある。まずはその冒頭の内容をみてみよう。[2]

○段落

説教ハ教諭体の講義なれバ、正講体と其《その》体裁、判然たらんことを要すへし。然りといへども、笑談・滑稽《こっけい》・売講体に流るる時ハ、大教を地に墜《おと》すに至る。尤《もっと》モ忽《ゆるが》セにすべからず。かくて先《ま》ツ其段落に四ツあり。此レに正体・変体の二ツあること左の如し。

○正体

○序　本文を略説する類を云《いふ》。

○主　其主として説ク所、譬《たと》へハ敬神の条ならバ、専ラ敬神の意義を一筋ニ尽ス類をいふ。

○補　其主ニ因《ちなみ》ある物語の類を云。凡《すべ》て教語を補《たす》クるものハ、事実にて、事実計《ばか》り人心を動するものハあらず。故《ゆゑに》主ニ次《つい》て必《かならず》説クべし。

○結　本文の意ふ立却《たちかへ》りて総括するを云。

如此《かくのごとく》、序・主・補・結の四段落はありても、序より結まで其義脈徹《とほ》り、連綿と絶えざるやうに説カざれバ体《てい》を成さず。

秀成はまず、説教とは何かを論じている。それは国学者や儒学者がテキストの意義を講釈するような「正講体」、つまり講義とは異なる。そして、落語や軍談のような聴衆が楽しむ「笑談」「滑稽」「売講体」でもないという。つまり、明治維新政府の教えを説く説教だといいたいのだろう。次に、四つの「段落」と「正体《せいたい》」「変体」という構成方法を説明する。「段落」というのは、説教で語られるまとまりと考えてよいだろう。それが「序」「主」「補」「結」である。「序」は本文テキストを説くのだから、朗読と簡単な説明である。「主」はそのテキスト自体の意義や主張を述べることである。「補」は、関連する物語をする箇所である。そして、「結」がまとめである。「序」「主」「補」「結」の順に並ぶ説教の構成方法が「正体」ということになる。

前節でみた「ネヘミヤ記」の説教は秀成の「正体」に近い。まずモーセの律法の書の朗読が「序」、レビ人による律法の書の説明が「主」、エズラたちが文脈を離れて呼びかけを始めたのが「補」であり、最後に「結」として、「静かにしなさい。今日は聖なる日だ。悲しんではならない。」と結んでいる。ただ、秀成のいう「補」は、もっと自由に、それ自体を物語として独立させるようなまとまりを想定している。

〇変体

〇主　〇補　〇序　〇結

此レハ、本文を姑《しばら》ク後《あ》トに廻《まは》ラして、主より説キ初メ、補を説キ、さて今如此《かくのごとく》説ク所の徴《しるし》を挙げて云ハバ、某書に云云《うんぬん》といへる是也、と云フやうに本文を表シ、それに次《つ》キて結《むす》フ体を云。

〇又変体

〇補　〇主　〇序　〇結

「変体」の最初の形態は、「主」「補」「序」「結」の順である。最初にテキストの朗読が入るのではなく、先に主たる内容を述べて、さらに挿話の物語まで話したところで、「さて、今述べました趣旨は、ある書物に次のように述べています。」とテキストをここで提示して話にまとまりを持たせて、そして結語をいう形である。「変体」の第二の形態では、先に物語がやってくる形であり、つまり物語の魅力を冒頭に押し出していくものである。

秀成がいいたいことは、あるテキストと、それに基づく主張が決まっていても、それを四つに区分して順番を変えることで、いろいろな効果をもたらすということである。彼は「変体」は「熟練の為《な》す業」とも述べており、まず「正体」できちんと語ることができてから、次に「変体」を工夫するように述べている。

つづいて、秀成は「修業」として、「席数を積む」ことを勧める。文章でも何度も推敲《すいこう》して訂正するのだから、説教も何度も繰り返して考えるようにと述べている。そのうえで、説教の練習の仕方を、きわめて実践的な七箇条にして、アドバイスしている。

第一は、「講席に臨ミテハ、聴者数千人群居するとも、唯《ただ》二三ノ弟子ニ対シたるこころになり」、きちんと説くように語るということである。私ごとであるが、この秀成のアドバイスは読むたびにいつも反省してしまう。私の大学での仕事は秀成のいう「正講体」の講義であるが、それをよいことに、あまり学生の顔をみないで語ってしまうことがある。本当に話が上手な年輩の先生は、一人ひとりに語りかけるように話している。そうすると、聞く側にも伝わるのである。

第二は、「修業の間ハ十分に気合をかけ、大声を発して説くべし」と。私はたまたま大声に生まれてきたので大丈夫だが、教育実習の研究授業に行くと、がんばって子どもたちに説明しているのに、後ろの子どもたちに声が届かない実習生をみることがある。顔を前に向けて、はっきり語るだけで、ずいぶんと声は通るものである。秀成の時代は、マイクやスピーカーはないから何千人いてもすべて肉声である。そんな時代の修業は本当に大変だったろう。

第三は、「大声を発して気合は掛《かか》るとも、其言語穏和に、稜角《りょうかく》の附《つ》かぬやう心掛《こころがく》べし」と。たしかに大声になると絶叫調で、ほとんど怒っているように聞こえる場合がある。しかも内容が内容だけに、「小言《こごと》をいふ如く」聞こえる人が一〇人中七人いると秀成は述べる。これが、今でもいう「説教臭い」という言葉が定着する理由だろうか。

第四は、「漢語雅言等を強《しひ》て用《もちゆ》ルはよからず」とある。もちろん文脈により、漢語の強い調子や古い日本語の美麗さは大切だが、使いすぎると「所謂《いはゆる》イヤミといふもの」になるという。全くそのとおりである。訓読調で語る漢学者や古語を並べる国学者は現代では遭遇しないが、やたらと英語や略語を使って語る「イヤミ」な人たちは増殖している。以前、教育実習に行く学生から、「難しい言葉を使わないと生徒に馬鹿にされますか」と質問されたことがあるが、秀成にいわせればそれは逆で、難しい言葉は、熟練の手際で初めて生きてくるということである。

第五は、「説教は其本文に因《ちな》ミたるよき物語を引キて、よく説クを専ラ修業すべし」と。なぜかというと、「人心は、教語より事跡の談に感《かんず》る」からだという。ここに、説教者としての鋭い観察がみえる。旧約聖書のように何時間も朗読を聞く民衆や、講釈だけで泣き出す群衆をもはや想定することはできない。秀成は、涙を流すのは物語の箇所だという。明治の時代からは、純粋に説教を聴きにきているのではなく、説教の付随物というべき「補」の物語がお目当てなのである。主たるメッセージではなく、それに添えた挿話を工夫するということは、説教者側からは何か本筋を離れる気がするが、説教を聞かされる側にとっては、そのぐらいは準備して考えてほしいことなのである。

第六は、「説教に波瀾《はらん》抑揚の具《そなはら》さるハ死物になりて、人心を動《うごか》シがたし」と。たしかに大声の人は大声のまま、小声の人は小声のまま、そのまま話を続けることが多い。声の大小や高低を織り込めば、さらに「新奇絶妙の弁」となるとのアドバイスである。

第七は、「凡《すべ》て説教を為すに彼《か》レに応すれは是に応ぜず、是に信ぜらるれば彼に信ぜられずなどして、一様には徹底しがたきもの也」と。だから説教者は、あれこれ躊躇《ちゅうちょ》することなく、「二念なく」説くしかないのである。もちろんこの箇所は、文明開化のなかで、明治政府が天皇中心の神道へと諸宗教を統合しようとした無理な試みの矛盾が吐露されているのだろう。ただ、現代の個人の尊厳を重んじる教育現場でも、全員が全員納得するような説教は無理である。その無理を承知で、無理をしないで説くという意味では大切なアドバイスである。

第三節　説教を生かすために

これまで説教の様子や、さらには説教の修業の仕方までを概観してきた。もう一度考えてみると、説教に関する技術は、決して現在に生かせないというものではない。アクティブ・ラーニングを成立させるためにも、教師による印象深くわかりやすい導入や発話は不可欠である。

現在でも、仏教の寺院の僧侶たちが、説経・説法に積極的に取り組んで門前に掲げて参加を呼びかけているものを目にする。またキリスト教の教会でも、きわめて原則的な説教の形態で、教会の入口に説教のタイトルとして聖書の一節を掲示して参加を呼びかけ、まず聖書の一節を読み上げて牧師や神父が説教を始めるという形がとられていることが少なくない。また、説経から派生した落語も、今も人気のある芸能である。

学校の現場では、あるテキストやあるメッセージをもとに、話をすべき場面は数多くある。校外への遠足の前に、生活指導担当の先生が注意書類というテキストを説明するのも、典型的な説教の形態といえるだろう。

私の授業では従来から、参加者が「ゴミを持ち帰る説教」を行うという、次のような課題に取り組んでいる。

「ゴミを持ち帰る説教」

「むささび中学校」では、二年生の一学期に一日を使って全学年の校外スケッチを行う恒例の行事がある。しかし、学校から徒歩二五分の「むささび公園」で、昼食の弁当やおやつも食べながら行うので、ゴミが出てしまう。今年からは公園管理事務所から、「むささび市では、公園のゴミの持ち帰り運動を推進している。学校でも取り組んでもらえないか。」との申し入れがあった。そこで職員会議で討議して、今回からは、班ごとに燃えるゴミ、燃えないゴミ、資源ゴミの袋を持参し、資源ゴミは学校に帰ってから種別により分ける計画となった。一週間前の学年集会で、他の先生が当日の諸注意などを説明した後、新任教員であるあなたが三分以上五分以内で、そのことを話してほしいとの依頼があった。なお、挿話や状況などは自由に設定してよい。ただしマイクは使わないこととする。

この課題は、前節の堀秀成の説教論を意識して、一週間をかけて原稿を作成してから取り組むものである。この説教のテーマというべき箇所は、「班ごとに、燃えるゴミ、燃えないゴミ、資源ゴミの袋を持参し、資源ゴミは学校に帰ってから種別により分ける」という点である。この内容がきちんと伝わるためには、これ自体をきちんと語りかける必要がある。これが堀秀成の「序」と「主」である。そのうえで、自分自身の創作や体験談で物語の「補」をつくり、最後にきちんと提起を「結」として示すのである。

実際に聴講者から数人登壇して話をしてもらうと、一番目につくのは、「三分以上五分以内」という時間が守れずに、早く終わったり、長くなったりするケースである。これは原稿やメモをつくったあと、事前に時計を前にして予行するだけで防ぐことができるはずである。次に原稿をそのまま棒読みするケース。本当に子どもたちの前でそんなことをするとメッセージが伝わるはずがない。もちろん、原稿を手元に置くことは当然であるし、場合によっては読み上げることが効果的な場合もあるが、「読む」ことだけに意識が集中すると、自分たちに語られているのではないという印象を与えるのである。

終了後にそれぞれ批評し合うと、やはり印象の強さは、「補」である物語の正否にかかってくる。ゴミをあさるカラスとの戦いを語ったおどけた話でも、スケッチする対象の美を語る話でも、話として成立するとそれが印象に残る。まことに秀成のアドバイスのとおりである。

なお、最後に、説教という方式の限界もまた、指摘しておきたい。説教は、テキストやメッセージの内容を聴衆に伝えるための方法であり、その訓練により、大きな可能性を有するものである。しかし、いくら熟練の説教者でも、彼だけで説教が成立するわけではない。一つには、説教者に聴き入る熱心な聴衆の存在が必要であるし、また、説くに値すると考えられるテキストが必要である。エズラや堀秀成は熱心な聴衆を得たが、そうした存在がいつでもあるとは限らない。また、彼らが説いたテキストは、どの時代の聴衆にも合うわけではない。

そして、説教の致命的な問題は、「聴衆」はあくまでも集団としての聴衆であり、一人ひとりの状態までは把握できないということである。それでも熟練の説教者は一人ひとりに説くように語りかけるのだろうが、それは本当は擬制にすぎない。説教は、古代のユダヤでも学校でも、集団的な儀式の場においては、絶大な効果をもたらすかもしれないが、一人ひとりの人格との対話を目指す教育にとっては補助的手段としてのみ意味を持ちうるのである。

第四節　メディアを活用したプレゼンテーション

ここまでは、説教を中心に、教室で教師が語るための技術へと焦点化して論じてきた。まずは肉声のみの訓練、時計がなくても時間が守れるぐらいの訓練までやってみてほしい。しかし実際の授業では、教室にある様々なメディアを活用して行っていく。企業社会では**プレゼンテーション**という、会議などで企画内容が理解されるための提示方法が工夫されている。造形ワークショップでもこのプレゼンテーションを実施するための能力が必須のものと考えられている(9)。すでに考えた語るための技術を駆使しつつ、教室で利用可能な伝達手段である**メディア**を活用することが必要である。

言うまでもなく特別の教科である道徳の一般的なメディアは、**教科書**（検定を経た教科用図書）や**副読本**である。こうしたメディアの文章や教師が必要と判断した教材として**読み物資料**、**読み物教材**の活用を計画したい。幼稚園教育や子どもを対象とした社会教育では、絵本や物語を活用した**読み聞かせ**という技術が活用されている。単に読み上げるのではなく、子どもが聞きたくなるような工夫を読み手が行うのである。説教との違いは、あくまでも、すでに確定した文章を読むという点である。それだけに、読むことに集中して工夫できるから、聞かせるところまで効果を高めていく。

読み聞かせでは、発声においては速度、抑揚、高低などを工夫して、変化を心がけてほしい。第14章で掲載された読み物教材を活用して、何度か声を上げて読み上げてほしい。句読点での区切りのほか、鉛筆などで、句読点以外の区切りの記号を入れると良い。強調したいキーワードは〇で囲む。会話の言葉に男の子はA、手品師はBと記号を振る。この作業だけで、ずいぶんと違うはずである。あまり芝居じみて演じる必要はないだろうが、棒読みだけは避けたい。

次に一般的なメディアは、**黒板**である。黒板が緑色でも、ペンを用いるホワイトボードでも、大差はない。授業ごとに作成する**学習指導案**には必ず何を書くか**板書計画**を含むべきだろう。道徳の時間には、教師が児童生徒にワークシートを配ったり、感想文を書かせることは多くあるが、各教科のようなノートは普及していなかった。しかし、特別の教科である道徳では、児童生徒のノートも考えておくべきだろう。そうすると、板書が縦書きなのか横書きなのかが、ノートの縦書きや横書きと直結する。図表や略画の活用、準備が可能ならば黒板に磁石などで貼付する文字シートなども工夫しておくべきだろう。

このほか教室の設備によっては、**実物投影機**や**電子黒板**や**プロジェクタ**などの活用も計画したい。企業や行政、学会等の会議のプレゼンテーションではプロジェクタにマイクロソフト社のパワーポイントで作成した図表を提示するのが普及している。教科書に対応した教師用の教材でもパワーポイント形式のスライド類が普及しつつある。ただ、小中学校の授業では、大人が会議で見るプレゼンテーションのような速さでは置き去りになる可能性が高く、活用は注意しておきたい。

今も廃れない人気があるのが、**紙芝居**である。中世の絵解きなどの起源が語られるこのメディアは、昭和戦前期に手書きの街頭紙芝居として児童文化に定着して、戦時中にいたる学校や社会教育では印刷された教育紙芝居として活用された。戦後の道徳の時間の復活でも、活用が進められて現在にいたる。幼稚園や小学校低学年向けの教育紙芝居は現在も生産されているが、絵心のある教師は是非とも自作してみるのもよい。なお、街頭紙芝居も教育紙芝居も、絵だけが大切なのではなく、読み聞かせに共通する読み手の工夫が不可欠である。

また映画やテレビ番組などの動画、**映像作品**の活用も忘れないでほしい。ただし、日本放送協会の教育番組を見せて感想を書かせるだけ、映画やドラマの一部を上映して終わりということが、旧来の道徳の時間における教師の消極性として批判されていることも留意してほしい。教師はなぜその映像作品を活用するのか、その目標を学習指導案にも明確にしておくことが必要である。

第五節　子どもたちによるプレゼンテーション

教師としてのプレゼンテーションの技術を獲得したら、それを児童生徒とも共有していきたい。**アクティブ・ラーニング**として、つまり主体的・対話的で深い学びが実現する特別の教科である道徳の授業では、教師が説得力ある語り方をしていくだけではなく、児童生徒もまた語りかける主体でなくてはならない。

第三節で考えた「ゴミを持ち帰る説教」を子どもたちが行うケースを考えてみよう。クラスの児童生徒数から何人が何分のお話をするか、テーマや条件を変えてみるのかなど、児童生徒の学年や学習状況に応じてさまざまな計画ができるはずである。

読み物教材を読み聞かせて、すこし発問と回答をしたうえでワークシートに感想を書くのであれば、今までの道徳の時間と変わらない。その翌週には、教師が全員の感想をプリントに書き抜いたり、実物投影機で映し出したりして紹介したうえで、議論をしてみてはどうだろうか。プレゼンテーション能力は少しずつ身につけていくものであるから、教師は児童生徒の発達段階に応じて、児童生徒が主体的にプレゼンテーションできるように支援をしていくのである。

ここで工夫したいのは、深い学びというポイントである。ただ、反対や賛成、感情の分類をするのではなく、なぜ賛成なのか、なぜそう感じたのかを児童生徒の発達段階に応じて自らの言葉で説明できる工夫をしてほしい。教師の側から「なぜそうなのか理由も、発表してください。」「配付した資料の中で証拠になる言葉があるなら引用して発表してください。」といった発問で進めていくべきだろう。

（1）関山和夫『説教の歴史的研究』法藏館、一九七三年。
（2）E・C・ダーガン『世界説教史』、中嶋正昭訳（全四巻）教文館、一九九四～一九九七年。引用部分は、第一巻二一五頁。
（3）共同訳聖書実行委員会『聖書　新共同訳』日本聖書協会、一九八七年、旧約七四九～七五〇頁。
（4）柊暁生「ネヘミヤ記」『新共同訳　旧約聖書注解　Ⅰ』日本基督教団出版局、一九九六年、八一七頁。
（5）聖徳太子『勝鬘経義疏』『法華義疏』『維摩経義疏』（『大正新脩大蔵経』第五六巻、大正新脩大蔵経刊行会所収）。

（6）渡部実校注『枕草子（新日本古典文学大系二五）』岩波書店、一九九一年、三九頁。
（7）この時期の状況を知るための資料集としては、安丸良夫・宮地正人校注『宗教と国家（日本近代思想大系五）』岩波書店、一九八八年。大教院に至る経緯は、高橋陽一「維新期の国学における共通教化の析出　鈴木雅之の教育・教化論」『日本の教育史学』第三四集、教育史学会、一九九一年。また東京での概要は、高橋陽一「宣教使・大教院と民衆教化」『東京都教育史　第一巻』東京都立教育研究所、一九九四年、三七一〜三八五頁。
（3）堀秀成『説教体裁論』教義新聞本局・正心堂、一八七三（明治六）年。
（9）高橋陽一『造形ワークショップを支える　ファシリテータのちから』武蔵野美術大学出版局、二〇一二年の第3章「組織力　プレゼンテーションとコミュニケーション」を参照。

第11章　コミュニケーションと道徳

高橋陽一

古くからの説教や現代的なプレゼンテーションという形で前章では道徳の伝え方を論じたが、道徳教育は、伝えることだけではない。伝えたとしたら、伝わったことを確認しなければならないし、そもそも伝える前にも、心の中に何かがあるかもしれないのだ。ゆえに、問う、そして答えるという行為が必要となる。説教が説教者から聴衆への集団的な一方向の伝達であれば、問答は一人と一人の間の個人的な双方向の伝達である。本章では伝統的な技法である問答の手法を理解したうえで、この限界を指摘して、さらに対話というアクティブ・ラーニングに不可欠な技法、さらには合意形成という社会で生きていくために必須となるコミュニケーションのプロセスへと進んでいく。

第一節　問答とは何か

じっくりと**問答**とは何かを考えてみよう。私たちの日常生活で、問うて答えるという行為は、ごく普通に行う会話の基本である。私たちは、知らないことを知っている人に質問する。

Q　今は何時ですか。

A　七時ちょうどです。

問うた人はたまたま時計を忘れて、答えた人は腕時計を見て教えてあげた。問うた人はありがとうと礼を述べて去っていくだろう。私たちの考える問答とは、一般には、わからないことを知っている人に質問することで成立する。ところが、次の会話はどうだろうか。

Q　シナイ山で神から律法を下されたのは、誰ですか。

A　モーセです。

この会話は普通の会話ではない。問うた人はすでに答えを知っている。答えた人は、問うた人が答えを知らないとは思っていないのに、答えている。腕時計をしている人が、道行く人に時間を尋ねたら、怪しい勧誘ではないかと不審がられるが、知っているはずのことを質問されてもまじめに答えないといけない場が存在する。それが、学校をはじめとする教育の場である。つまり、私たちの日常生活に問答が存在していることと、教室に問答が存在していることとは、全く異なるものなのである。教育方法としての問答が、通常の問答とは遊離して、存在しているのである。こうした問答は、毎日の学校の教室から入学試験まで、あらゆる場で繰り返される。

さらに遊離は進行する。

○　天主の十戒を誰が授けたるや

△　天主シナイ山に於て雷轟電閃《かみなりいなびかり》の裡《うち》にモイゼと云ふ聖人に親《みづか》ら十戒を授け給へり(1)

以上の文章を書き留めたものがテキストとして活用された。引用したのは、第6章でふれた、カトリックのカテキズムである。今では「Q&A」というようにQとAで表すが、かつては○と△で問いと答えを示すことも少なくなかった。こうした「Q&A」のテキストは、テキストとして現実の会話から遊離して存在しうるのだから、これを教師だけが一人で読んで明日の授業に備えてもよいし、生徒が一人で読んで予習しておいてもよい。もちろん、教師と生徒がこのテキストを教室で使って教育が行われてもよい。こうした問答は、今の学校では各教科の「問題集」として多く存在するが、教育以外の場でも、機械の取り扱いマニュアルや納税の手引書など、少し難しいテーマを扱ったものにはずいぶんと目につく。失敗してはならないような会話、たとえば議会での答弁などには、想定問答集などが作られることは珍しくない。

一般的に問答は発問と回答で構成される。教師側の**質問**の言葉は、学習指導案などでは**発問**と呼ばれる。文書による試験問題であれば**設問**である。学習者の答えは**回答**であるが、記述式や確定的な答えであれば**解答**と言ったほうがよい。インターネットを介したメディア授業の世界では、設問解答という言葉として定着している。質問と発問と設問、回答と解答は明確な違いはないが、どれもよく使う言葉なので慣れておく必要がある。

第一に知らない人が知っている人に尋ねる問答、第二に知っている人が知っているかどうかわからない人に尋ねる問答、第三にテキストとして成立する問答が存在することとなる。我々の周囲に現にそうした問答があるように、過去の教育においても、問答は教育の重要な方式であった。

日本の仏教の教育では、職業的な宗教者である僧侶、とりわけ学問に従事する学僧たちにとっては重要な教育方法であった。宗教学者の堀一郎は学僧の教育を研究するなかで、『愚管抄』の作者として知られる鎌倉初期の天台座主《ざす》の慈円（一一五五～一二二五）の和歌を紹介している(2)。

比叡の山　論義や近く　なりぬらん　谷にひびける　問答の声

慈円といえば我々は、小倉百人一首に採録された「おほけなく　うき世の民《たみ》に　おほふかな　わがたつ杣《そま》に　墨染《すみぞめ》の袖《そで》」という気負った短歌を覚えているが、この歌はずいぶんと遊び心がみえる。学僧たちは学階という階段を上ることで地位が上昇する。この階段は、経典の講義を中心とした「講会《こうえ》」という各種の儀式で行われる「論義」（論議ではなく、義を論じるので論義と記す）という関門を通過する必要がある。盛大に行われる講会には、講義担当の講師のほか、試問される受験者である竪者《りっしゃ》や、質問する担当の問者《もんじゃ》、回答を判定する精義《しょうぎ》、問題作成担当の探題《たんだい》がいる。この竪者をこなすことが重要な関門である。短歌の意味は、慈円が座主を務める「比叡山では、論義が近くなったのだろう。谷には問答の声が響いている」ということである。比叡山の谷々の僧坊には、若い学僧たちが住み込んでいるが、日ごろは学業に励んでいる様子は見えない。ところが論義が近くなると問答の声が響くほどだというのだから、学僧の頂点に立つ慈円からの皮肉も込められているのだろう。

ところで、なぜ若き学僧は、問者も探題もいないのに僧坊で問答ができるのだろうか。これはいうまでもなく、想定問答集を学んでいるのだ。過去の問題や正解が記録されたものを予習しているのである。つまり、「知っている人が知っているかどうかわからない人に尋ねる問答」にむけて、事前に「テキストとして成立する問答」を大声で読み上げてテスト勉強をしているのである。

「テキストとして成立する問答」の典型例は、西洋社会ではキリスト教のカテキズムである。**カテキズム**（Catechism）とは、主要な教理を教えるための解説書であり、問答スタイルで記述されるとは限らない。ドイツの宗教改革者として教育の世界にも業績を残したマルティン・**ルター**（Martin Luther, 一四八三〜一五四六）は、一五二九年に『大教理問答書』と『小教理問答書』を記しているが、前者はテーマごとの記述で問答体ではなく、後者は問答体である。『大教理問答書』の冒頭では、次のように記されている。(3)

この説教は、子供たちや単純な人たちの教育綱要となるように計画せられ着手されたのである。それゆえ、この種のものは昔から、ギリシャ語でカテキスム、つまり子供の教育と名づけられていた。これはすべてのキリスト者が、必ず知つておくべきものであり、従つてこれを知らない者はキリスト者の中には数えられず、聖礼典にあずかることも許されない。

ルターはさらに「もしそれを知らないならば、熱心に勧めることは一家の父の義務である。」と述べているが、家庭教育のみならず、このカテキズムを教えることが学校教育を普及させる大きな動機ともなったのである。『小教理問答書』は、『大教理問答書』と同じ年の刊行だが、こちらはコンパクトで問答形式で記されている。『小教理問答書』には、「家長がその家族に平易に教えるための」と副題があるように、(4) 問答形式がより平易でわかりやすいという認識がルターにあったのだろう。

イギリス国教会においても、カテキズムである「公会問答」は『祈禱書』に掲載され、信徒が成長してから按手式《あんしゅ》(堅信式、信仰告白式)を受ける前に、子どもが学ぶものとなっている。一七世紀後半にはほぼテキストが固まり、現在でも用いられている。左頁に掲げた写真は、一八世紀のカテキズムを収めた『祈禱書』の一部であるが、キリスト教の教理について、Question と Answer が交互に掲げられていることが読み取れるだろう。

日本の仏教の問答は、学僧といういわばエリートコースの僧侶の話であるが、キリスト教では信徒一般にキリスト教の知識が求められるのである。しかし、共通していえるのは、どちらも通常の「知らない人が知っている人に尋ねる問答」ではなく、上級の聖職者などの「知っている人が知っているかどうかわからない人に尋ねる問答」、つまりテストのようなものである。それは、実際には学習のために、「テキストとして成立する問答」としてそれぞれの集団の教育に定着していくのである。

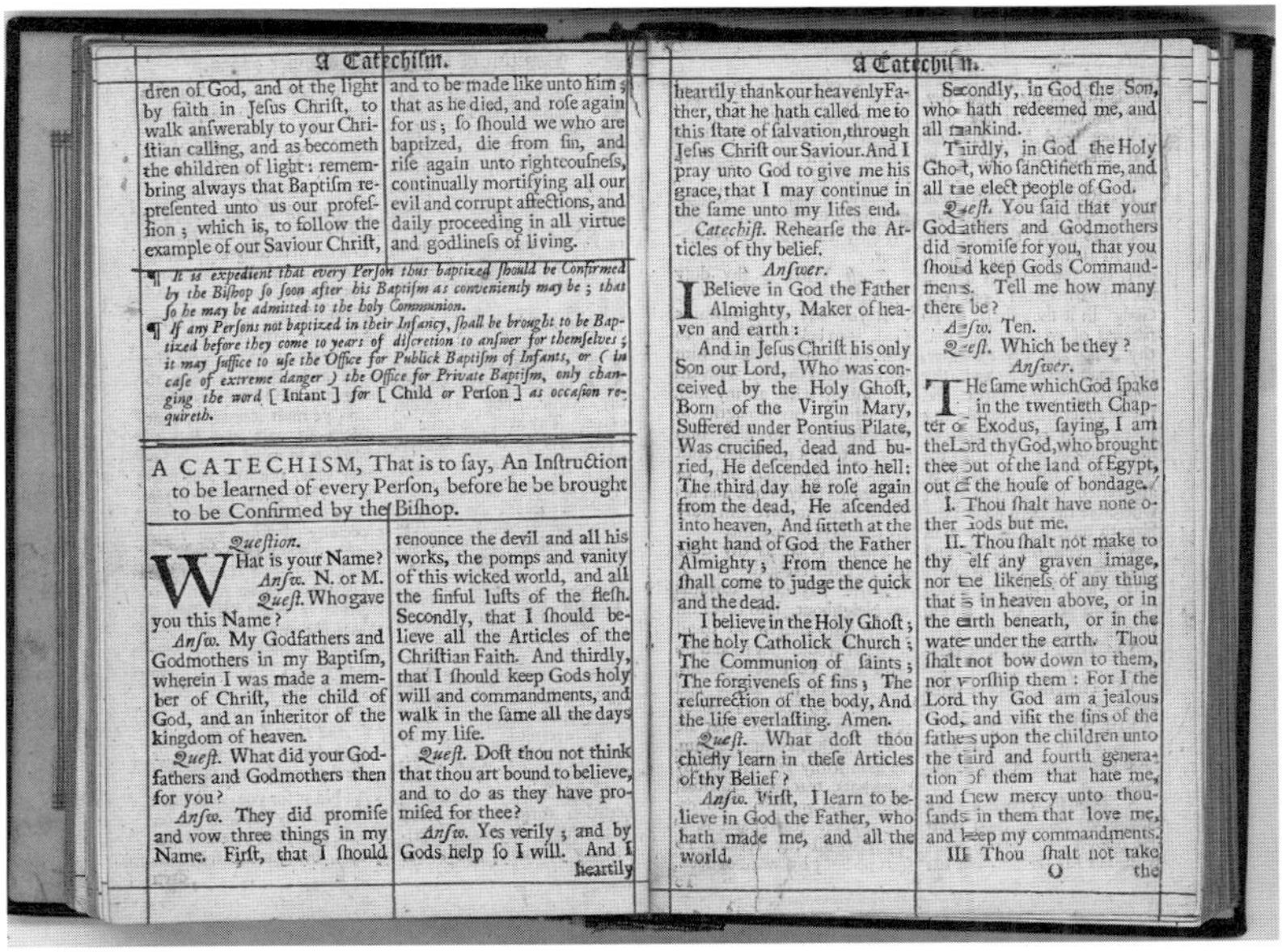

A Catechiſm.

dren of God, and of the light by faith in Jeſus Chriſt, to walk anſwerably to your Chriſtian calling, and as becometh the children of light: remembring always that Baptiſm repreſented unto us our profeſſion; which is, to follow the example of our Saviour Chriſt, and to be made like unto him; that as he died, and roſe again for us; ſo ſhould we who are baptized, die from ſin, and riſe again unto righteouſneſs, continually mortifying all our evil and corrupt affections, and daily proceeding in all virtue and godlineſs of living.

¶ *It is expedient that every Perſon thus baptized ſhould be Confirmed by the Biſhop ſo ſoon after his Baptiſm as conveniently may be; that ſo he may be admitted to the holy Communion.*

¶ *If any Perſons not baptized in their Infancy, ſhall be brought to be Baptized before they come to years of diſcretion to anſwer for themſelves; it may ſuffice to uſe the Office for Publick Baptiſm of Infants, or (in caſe of extreme danger) the Office for Private Baptiſm, only changing the word* [Infant] *for* [Child *or* Perſon] *as occaſion requireth.*

A CATECHISM, That is to ſay, An Inſtruction to be learned of every Perſon, before he be brought to be Confirmed by the Biſhop.

Queſtion.

WHat is your Name?

Anſw. N. or M.

Queſt. Who gave you this Name?

Anſw. My Godfathers and Godmothers in my Baptiſm, wherein I was made a member of Chriſt, the child of God, and an inheritor of the kingdom of heaven.

Queſt. What did your Godfathers and Godmothers then for you?

Anſw. They did promiſe and vow three things in my Name. Firſt, that I ſhould renounce the devil and all his works, the pomps and vanity of this wicked world, and all the ſinful luſts of the fleſh. Secondly, that I ſhould believe all the Articles of the Chriſtian Faith. And thirdly, that I ſhould keep Gods holy will and commandments, and walk in the ſame all the days of my life.

Queſt. Doſt thou not think that thou art bound to believe, and to do as they have promiſed for thee?

Anſw. Yes verily; and by Gods help ſo I will. And I heartily

A Catechiſm.

heartily thank our heavenly Father, that he hath called me to this ſtate of ſalvation, through Jeſus Chriſt our Saviour. And I pray unto God to give me his grace, that I may continue in the ſame unto my lifes end.

Catechiſt. Rehearſe the Articles of thy belief.

Anſwer.

I Believe in God the Father Almighty, Maker of heaven and earth:

And in Jeſus Chriſt his only Son our Lord, Who was conceived by the Holy Ghoſt, Born of the Virgin Mary, Suffered under Pontius Pilate, Was crucified, dead and buried, He deſcended into hell: The third day he roſe again from the dead, He aſcended into heaven, And ſitteth at the right hand of God the Father Almighty; From thence he ſhall come to judge the quick and the dead.

I believe in the Holy Ghoſt; The holy Catholick Church; The Communion of ſaints; The forgiveneſs of ſins; The reſurrection of the body, And the life everlaſting. Amen.

Queſt. What doſt thou chiefly learn in theſe Articles of thy Belief?

Anſw. Firſt, I learn to believe in God the Father, who hath made me, and all the world.

Secondly, in God the Son, who hath redeemed me, and all mankind.

Thirdly, in God the Holy Ghoſt, who ſanctifieth me, and all the elect people of God.

Queſt. You ſaid that your Godfathers and Godmothers did promiſe for you, that you ſhould keep Gods Commandments. Tell me how many there be?

Anſw. Ten.

Queſt. Which be they?

Anſwer.

THe ſame which God ſpake in the twentieth Chapter of Exodus, ſaying, I am the Lord thy God, who brought thee out of the land of Egypt, out of the houſe of bondage.

I. Thou ſhalt have none other Gods but me.

II. Thou ſhalt not make to thy ſelf any graven image, nor the likeneſs of any thing that is in heaven above, or in the earth beneath, or in the water under the earth. Thou ſhalt not bow down to them, nor worſhip them: For I the Lord thy God am a jealous God, and viſit the ſins of the fathers upon the children unto the third and fourth generation of them that hate me, and ſhew mercy unto thouſands in them that love me, and keep my commandments.

III. Thou ſhalt not take

O the

1716年に刊行されたイギリス国教会（Church of England）の『祈禱書』（The Book of Common Prayer）の公会問答（カテキズム）の部分

第二節　問答の技術

子どもに教師が問いかけるという行為はいつでも行われているのだろうが、授業がもしテキストなしで行われたら、口頭で行う教育の比重は高くなるだろう。戦前の修身教育というと教科書による教育の典型例だが、維新以後の時期は、第3章で述べたとおり近代学校を導入した**学制**で**修身口授**（ぎょうぎのさとし）という名称で、口頭で行うことが通例であった。こうした教師の口頭の説明と問答による**修身**の教育は、明治期を通じて広く行われている。これからみる例は、そうした時代に東京師範学校の若林虎三郎が提起した教授方法の実例である。今日の学習指導案だと思って読んでほしい。教科書なしで行うのだから、まず最初に説教が行われ、続いて問答へと移行する。「小童玻瓈《はり》ヲ破砕《はさい》ス」、つまり「小さな子どもがガラスを割った」という話である。[5]

小童玻瓈ヲ破砕ス

一、題目　過ツテハ改ムルニ憚《はばか》ルコト勿《なか》レ

二、説話　余ハ今、汝等ニ説話ヲ為サントス。能ク注意シテ聞キ、之ヲ服膺《ふくよう》スベシ。

一日、休憩時間中、教師、教場ニ在リ。書ヲ閲《けみ》スル際、突然或教場ニテ窓ノ玻瓈ノ破砕スル声ヲ聞ケリ。教師ハ固《もと》ヨリ遊歩場ニ遊戯セル一生徒ノ所為《しょゐ》タルコトヲ知レドモ、ソシラヌ顔ニテ、其生徒ノ来リ謝スルヤ否ヲ思考セリ。暫クシテ一生徒六歳ノ小童愀然《しょうぜん》トシテ教師ノ室ニ入リ来リ、戦々慄々《せんせんりつりつ》トシテ云《いは》ク、「先生今一人ノ子供ガ玻瓈ヲ破レリ」ト。且《かつ》猶予シテ其他ノ事ヲ言ハズ。教師ハ顔色ヲ和《やはら》ゲ、「其《それ》カラ如何《いかに》セシヤ、隠サズ之ヲ話スベシ」。「ソレハ石ヲ抛《な》ゲテ砕キタリ、併《しか》シ態《わざ》トシタル訳ニハアラズ」ト云ヒテ、再ビ猶予シ熟々《つらつら》教師ノ顔ヲ眺メ居タリ。然レドモ教師ノ少シモ怒レル色ナキヲ見テ、忽《たちま》チ悔過ノ心ヲ発シ奮《ふるつ》テ曰《いは》ク、「実ハ私ガ破リマシタ、誠ニ悪キコトヲナシテ、恐レ入リマシタ」。教師ハ其生徒ノ手ヲ把《と》リ、大ニ之ヲ賞シテ曰ク、「汝ハ極メテ善キ生徒ナリ。過《あやまち》ヲ知リテ真実ヲ語レリ。賞スベシ々々。此後モ若シ過ヲナシタル時ハ、決シテ隠サズ直《すぐ》ニ真実ヲ語ルベシ」ト、懇《ねんごろ》ニ諭《さと》シケレバ、其生徒ハ　謹《つつしん》テ之ヲ聴キ、心中大ニ愉快ヲ覚ヘ、再拝シテ去レリ。

「説話」つまり説教は、文語体で書かれているが、いうまでもなく実際の教師はもっと柔らかい言葉で語ったはずである。ここにあるのは、凝縮された台本である。ガラスを割ってしまったというテーマは今でも小学校の道徳のテキストなどに出てくるテーマだが、洋風建築が珍しい時代の割れやすいガラスは、今よりもっと緊張する話題だったはずである。まだ小学生は児童、中学生が生徒と用語上の区分が定着していないので小学校児童を生徒と呼んでいる。「教場」にいた教師が、「遊歩場」で遊んでいる六歳の子どもがガラスを割ったことを知り、謝りにくるのを待っているると、本人がやってくるが、躊躇《ちゅうちょ》して最初は自分だとはいわない。しかしだんだんと反省の心が起こって、自分が割ったことを詫《わ》び、教師はこれをほめるという展開である。このころの休み時間は、児童が教室ではなく廊下や屋外で休憩し、教師が一人で教室にいるということを念頭におくと、自然な展開として読める。

以上は**説教**であり、説教の「題目」は「過則勿憚改。」（過《あやま》ちては則《すなは》ち改むるに憚《はばか》ること勿《なか》れ。）という『**論語**』学《がく》而《じ》篇と子罕《しかん》篇に出てくる、春秋時代の儒教の創始導者**孔子**の言葉である。(6) ただ、この孔子の言葉は間違いを改めることに力点があるのであり、単純な謝罪の勧めではない。それはさておいても、なかなかよくできた説教の台本であるが、題目と説教の間には距離がある。前章の堀秀成《ひでなり》の言葉を使うと、「序」と「補」だけになってしまい、未完成である。しかし、このあと説教を続けるのではなく、「適用」として、問答が始まるのである。文中の○の記号は教師による質問、△は児童の回答を意味し、読みやすくするために問答ごとに改行した。

三、適用

○汝等ハ此《この》生徒ニ就キテ如何《いか》ニ感ズルヤ。皆々ノ思フ所ヲ語ルベシ。種々答ヘシムベシ。
小童ノ入リ来リシ時、何ト云ヒシヤ。

△一人ノ子供ガ玻瓈ヲ破リマシタト云ヒタリ。

○其後ハ、如何ナリシヤ。

△彼生徒ハ猶予シマシタ。

○此事ハ如何思フヤ。色々ノ答ヲ要ス。

○猶予スルハ、宜シカラズ。彼生徒ハ、先生ノ怒レル色ナキヲ見テ始メテ謝セリ。縦令《たとひ》先生ガ怒レル色アリトモ、直ニ之ヲ謝スベキナリ。決シテ猶予スベカラズ。然ラバ汝等若《も》シ学校或ハ父母他人ノ物ヲ誤リテ破損シタルトキハ、如何スベキヤ。

△之ヲ隠サズ、直ニ之ヲ謝シマスル。
○誠ニ善シ。何事ニテモ、若シ過チタルトキハ、速ニ之ヲ謝シ、決シテ之ヲ隠スベカラズ。此事ニ就キテ、孔子聖人ノ曰《い》ヒシコトアリ。之ヲ汝等ニ告グベシ。能《よ》ク々《よく》記憶シテ、忘ルルコト勿レ。
過ツテハ改ムルニ憚ルコト勿レ。　書板　各唱　斉唱
後之ヲ帳簿ニ記載セシム。

この適用にある問答で、「補」を受けて「序」までが効果的に結びつけられた。問答は一人ひとりの子どもたちの理解の様子を確認できるから効果的である。「色々ノ答ヲ要ス」というのは、文字どおりいろいろな答えが出ることが予想されているのである。その意味では、この問答は、カテキズムのように一定の回答を求めているのではないのだが、流れはすでにできあがっている。だから、子どもの直接的な回答では流れていかないと思うところは、きわめて強制的に教師が語りかける。「猶予スルハ、宜シカラズ。」以下の長い発言は、質問というより、文字どおりのお説教であり、説教でみられたガラスを割った子どもと教師の間の人情の機微からみると、興ざめである。ここまでいわれると子どもたちは、「之ヲ隠サズ、直ニ之ヲ謝シマスル」といわざるをえない。そして教師は「誠ニ善シ。」とほめて、孔子の言葉へと導くのである。「書板　各唱　斉唱」とは、まず教師が黒板に書き、次に子どもがそれぞれ読み上げ、最後に全員が声をそろえて唱えるのである。ここまで繰り返すと、たしかに孔子の言葉は印象深く記憶されるだろう。

確認しておきたいのは、ここでの問答は、一人ひとりの理解の状態を確かめる手段であるが、それ以上に一つの方向へと誘導する技術として活用されていることである。こういういい方は、何か非難めいて響くが、私は問答で誘導するのがいけないといっているのではない。道徳教育に限らず、どのような教科教育であれ、想定する質問を学習指

導案に書くことは普通のことである。その普通の教育の方法は、通常の生活のなかの質問とは異なるのであり、教室のなかで展開している特殊な誘導方法であることに教師が自覚するべきだということを述べているのである。

第三節　価値の明確化の動向

問答という教育方法に関連して注目されるのは、一九六〇年代に起こり、現在のアメリカの有力な道徳教育の方法となっている**価値の明確化**（Values Clarification）という動向である。これは、価値の教え込み（Inculcation）という道徳教育の在り方を批判し、子ども自身のそれぞれの価値を明確にすることを道徳教育の在り方として追求しようとする教育運動、教育学説である。

この流れを指導したルイス・エドワード・ラスは、次のように述べている。(7)

さまざまな異なる人々の集団は異なる価値をもつものであろうということ、そうした諸価値がその国の法律の限度内のものであるならば、どんな見解でも自由に討論し、吟味し、肯定し、否定し、あるいは疑ってみて構わないということ、こんな考えをも私たちは表明しました。換言すれば、人々はどんな価値の指標をもとうと自由であるべきであり、それぞれの立場は尊重されるべきなのです。こうした主張をしたために、私たちは倫理相対主義者というレッテルを貼られました。ある解釈によれば、このレッテルは正しいと言えましょう。私たちは今日の世界には、唯一の真の宗教、唯一の真の道徳、唯一の真の政治的組織というものは存在しないと考えているからです。しかし、次のような第二の解釈は、私たちの観点を表すものではありません。つまり、私たちは信念、目的、態度などが、どれもこれも他のものと同様に正しい、と考えているわけではないのです。

現代アメリカの多様な文化を担う家庭を背景に、多様な価値観を持つ子どもたちが学校で学んでいる現実に即応した、理想的でかつ現実的な教育論として彼らが考えていることがうかがえる文章である。唯一の道徳といったものを否定して、価値の多元性を認める立場に立ち、そのうえで、どのように道徳教育が考えられるかを提起したことに、この学説の意義がある。最も注目すべき点は、「価値づけの過程」として、子どもたちが価値を自由に**選択**し、教師がその価値を子ども自らが**尊重**できるように促進し、そして子どもたちが主体的に**行為**できるように進むように、次の七つの段階を提起したことである。

まず第一に、「自由に選択すること」、つまり道徳的な価値を強制ではなく自ら選ぶことである。第二に、「複数の選択肢の中から選択すること」、つまり、それしか選べないという価値ではなく、開かれた選択肢から選ぶことである。第三に、「各々の選択肢の結果についての十分な考慮の後で選択すること」であり、衝動的ではなくじっくりと考えることを促すものである。まず、自由で慎重な選択が重視されていることがわかる。さらに第四には「尊重し、大切にすること」、第五には「肯定すること」が強調される。選び取った価値を、自らの価値として、内面化する過程だと考えられる。そして第六に、「選択に基づいて行為すること」、第七に、「繰り返すこと」という行動へと結びつけられる。

さて、こうした道徳教育上の学説を、本章の「問答」のところで紹介するのは、とりわけ教師から生徒への問いかけについて、工夫がなされているからである。もちろん、教材やシートを使ったり、討議したりという点も提起されているが、価値づけの過程のために練られた教師からの質問の多くのパターンから、いくつか抜粋してみよう。(8) この例示は、教師から児童生徒に問いかける選択、尊重、行為を促進するための、**発問**のトレーニングとして参考になる。

一、自由に選択する

a．あなたはどこでその考えを最初に手に入れたと思っていますか？

b．あなたはどのくらいの間そういうふうに感じていましたか？

二、複数の選択肢の中から選択する

a．あなたはこれを選択する前に、ほかにどんな選択を考えていましたか？

b．あなたはそれを決定する前に、どのくらいの間あれこれと模索しましたか？

三、十分によく考え、反省したうえで選択する

a．利用できる選択肢の各々の結果は、どんなものになるでしょうか？

b．あなたはこのことについて十分に考えましたか？　あなたの思考はどのように進みましたか？

四、尊重し、大切にする

a．あなたは自分がそういうふうに感じるのを喜ばしく思っていますか？

b．あなたはそれをどのくらいの間、欲しいと思っていましたか？

五、他の人に対して肯定する

a．あなたはいつか自分がどういうふうに感じているかをクラスのみんなに話すつもりですか？

b．あなたはその考えを支持するような嘆願書に喜んで署名しますか？

六、選択に基づいて行為する

a．あなたはそれを支持しているのですね。では、それについてあなたが何かできることはありますか？　私は何かお役に立てますか？

b．あなたの最初のステップは何ですか？　次のステップは……？

七、繰り返す

a．あなたはしばらくの間、そういうふうに感じていたのですか？

b．あなたはすでに何か行いましたか？　あなたはこれをよく行いますか？

誤解がないようにいっておくと、ラスたちは、このように紋切り型に質問せよといっているのではなく、多くのサンプルのごく一部をここに示したのである。それでも、彼らが何かを思っている子どもたちに寄り添って、その考えを深くしていくように励ましている様子が伝わってくる。段階を追って価値を明確にしていくプロセスがよくわかる質問の例である。質問というものが、押し付けではない形の働きかけの技術として考案されたところに、「価値の明確化」という流れの大きな意義があるだろう。

もちろん、この技術だけでは、ラスたち自身が危惧しているように、どんな考えでも正しいと主張しているという誤解を与えてしまうかもしれない。アメリカが多様な社会であるためには、その多様さを認め合うルールが必要である。この点から、移民問題に関連する高校の社会科の学級での討議の一幕として紹介された実践例は、興味深い[9]。

ジョンという男子生徒が、「よその国からの移住者が多くなりすぎちゃうと、ほかのみんなが不愉快になっちゃうだけですよ。」という発言をする。これに対して、「あなたのおじいちゃんだって、昔はよその国からの移住者だったじゃないの?」といった移民国家アメリカの成り立ちについての質問をするのではなく、「……とは思いませんか。」などと誘導するのでもなく、生徒の本当の関心を明確にするように展開していく。

ジョン：えーと、よその国から移り住んでいる人はとっても安い賃金で働くから、まともなアメリカ人が職を得られなくなってしまいます。

教師：そういったことが起こった例を挙げることができますか、ジョン？
ジョン：うん、僕はこの前、求人広告の出ていたスーパーに行ったんだけど、その仕事を最初に手にしたのはなまりのある子どもだったんです。
教師：その子はあなたより安い賃金で働こうとしてたの？
ジョン：えーと、確かなことはわかりません。

ジョン自身がじっくりと考えることで、自分自身の誤解に気づくことになる。もちろん、このことが可能なのは、教師の側にジョン自身がそう気づくだろうという確信があったからである。さらにいうと、「価値の明確化」という自由な方法論が、自由な社会の最低限の道徳に合致するという確信に依拠しているといえるだろう。もちろん、批判的に考えると、この学説もそれぞれ社会にある最低限の道徳を暗黙の前提としているのである。「倫理相対主義者」という定義さえ甘んじて受けるラスたちも、社会自体を成立させている最低限の道徳については、それを前提として教育に臨んでいるのである。

「価値の明確化」で使用される問答は、前節でみた問答よりも、より開かれた発想に基づいている。問いのサンプルはいろいろと考えても、答えは一様には用意しないところに彼らの姿勢が端的に表れている。しかし、この方法もまた、一つの誘導であることには違いがない。教育である限りは、多様であっても一つの方向性は存在し、教師の側は、常にその方向性を意識して臨まなくてはならないのである。

教育の場の問答は、「知っている人が知っているかどうかわからない人に尋ねる問答」という性質を脱することはできない。「先生も一緒に考えるよ。」「私にもわからないんだよねえ。」といっても成長した子どもたちは芝居を見抜くだけである。むしろ不自然な問答だという限界を自覚することにより、それをいかに子どもたちとのコミュニケーションのプロセスとして活用するかを考えて、より自由な実践へと展開していくことを期待したい。

第四節　対話によるコミュニケーション

古くからの問答や現在の価値の明確化から、教師による発問の技術へと集中して考えた。こうした技術は、子どもたちの道徳性を育むうえで役に立つと考える。しかし、問答が教師の発問と子どもの回答というプロセスに固定化されると、双方的な学びを阻害しかねない。**アクティブ・ラーニング**を主体的・対話的で深い学びととらえたとき、この**対話的な学び**がここまで検討してきた技術を生かしていくための工夫をしていく必要がある。

知っているつもりで、間違えやすいポイントを確認してほしい。きわめて単純化していうと、第10章で論じた説教などの**プレゼンテーション**は、伝えたい主体から客体への伝達である。プレゼンテーション presentation という名詞は、贈り物を意味するプレゼントや出席を意味するプレゼントから派生し、ラテン語に語源をさかのぼると、前を意味する接頭辞プレ pre と存在することを意味する動詞のスム sum へとさかのぼる。つまりプレゼンテーションとは目の前に存在するように提示することであり一方的な伝達行為なので、教師が子どもたちの脳裏に伝えることができれば成功なのだ。これに対して、**コミュニケーション** communication は、ラテン語の共同や共通を意味するコムーニス commūnis に至り、さらに「共に」を意味するクム cum や義務や成果を意味するムーニス mūnis へと分解される。つまりコミュニケーションとは相互にやっていくことであり、双方向の伝達行為なのである[10]。現実の社会には、完全に一方的な伝達行為は、ないといってよい。説教の達人は聴衆の表情を見ているし、企画プレゼンテーションに秀でた企業の営業担当は顧客の心理を読み取っていく。本章第二節の説教から問答へと移行した教育方法はその典型例であろう。この明治の学習指導案は、今日的にみても子どもの自由な回答を促進する発問としてよくできているのであるが、こんな風に書き改めてみよう。

Q　いまのお話で、この子についてどう感じましたか。すこし考えてみてください。それでは、まず簡単なことから質問します。この子はなんと言いましたか。

A　この子はガラスが割れましたと言いました。

Q　それでどうしたのかな。

A　それ以上の説明はためらいました。

Q　どうしてためらったんだろうか。

A1　それはやっぱり、叱られるのが怖かったからです。

A2　ガラスを割ったことは悪いと思っていても、どう言ってよいのか悩んだと思います。

A3　正直に言ったけれど、次にどう言うか言葉がみつからないこともあると思います。

考えてみると原案が書かれた一八八三（明治一六）年のガラスは、一般家庭に先駆けて洋風建築の校舎が普及するなかで導入されるが、現在の板ガラスと違って均質性に欠けて割れやすい高級品である。原案は「猶予スルハ、宜シカラズ。彼生徒ハ、先生ノ怒レル色ナキヲ見テ始メテ謝セリ。縦令先生ガ怒レル色アリトモ、直ニ之ヲ謝スベキナリ。決シテ猶予スベカラズ。」として、「過ツテハ改ムルニ憚ルコト勿レ。」を主題とする教師の説教に戻るのだが、これは押し付けがましい。この教材を現在で生かす場合は、特別の教科である道徳の小学校学習指導要領の内容項目である「2　正直、誠実」の第三学年及び第四学年の「過ちは率直に改め、正直に明るい心で生活すること。」に全く同一の文言を発見できる。小学校中学年であれば、こうした「主として自分自身に関すること」の内容項目についても、

「主として人との関わりに関すること」として親切、思いやり、友情や信頼について解決方策を考えて、相互の助け合いで道徳性を養うために対話するのがよいだろう。

Q　なるほど、ガラスを割って、動揺しない人はいないよね。では、あなたがその場に居合わせたら、その子にどうしてあげられるかな。
A1　まずは落ち着いてとその子にこえをかけます。
A2　いっしょに職員室に行こうと伝えて、励まします。
A3　言いにくいならば、わたしが代わりに言ってあげたいと思います。
Q　いいお友達だね。このクラスの仲間はそうありたいね。

実際には、もっと多様な回答が予想できる。実際の儒教の流れでは、改めるに憚ることなかれと言いつつも、君子豹変《ひょうへん》して改めるのがよいという言説と、先祖への孝や主君への忠を重んじて朝令暮改を嫌って儀礼を改めない言説とが半ばする論争的なテーマである。教室の教師と児童生徒も大いに悩んでよい。価値の明確化の手法に学びつつ、異なる意見や異なる解決方法の提案を、異なるままで対話を促進していくのもよいだろう。

第五節　対話による合意形成

対話的な学びを行うことで培われる道徳性とは何だろうか。問答は伝統的な技法ではあるが、教師と児童生徒が、子ども相互が、道徳について考えていくときには、それぞれの価値観などを前提にした**主体的な学び**や、さらに社会のなかで生かしていくことのできる**深い学び**へと至ることで、道徳性を養っていきたい。すでに何度もみてきたように教育基本法第一条に掲げる「人格の完成」や「平和で民主的な国家及び社会の形成者」という文言に留意すると、対話による学びが教育基本法前文や第二条に掲げる**公共の精神**へと至る。第8章で述べたとおり、公共の精神は押し付け的なものであってはならず、国際社会や日本や地域に生きる主体となるための児童生徒が身につけるべきものであり、自分自身と相手、さらに社会全体の権利義務や利害を調整しながら話し合いで解決していくために不可欠なものである。社会のなかにはそのために、議会も裁判も多くの手続きがあるのだろうが、教室では対話による**合意形成**として、教師から突然に押し付けられる結論ではなくみんなで話し合っていくプロセスを大切にしたい。

対話を促進していく技術として、教師が極端な議論を出して討議を活発にしたり、あえて反対論をけしかけて盛り上げるというものもある。また議論を賛成と反対など二つに区別してディベートとして活発にする方法もある。ただ、対話による合意形成というのは、反対と賛成の多数決だけでは勝ち負けの結果論であり、それも活発な議論の促進剤ではあるが、むしろ多様な意見を調整しながら合意形成をしていくという対話の仕方を位置づけてみてほしい。

Q　それでは、このクラスでこの子がガラスを割ってしまった。みんなは、どうするか。あえてみんなで行うことを決めてほしい。どんな声をかけて、どんな行動をするかな。

A1　私はすぐにその子のところに行って落ち着くように言います。

A2　職員室に行くときは、代表の誰かが付き添うのがいい。

A3　それよりもガラスが割れて危ないから、そのことに対応するのも必要だと思う。

Q　なるほど。では、もう一度、誰が何をするか、まとめてください。そして、それは、どんな意味があるかな。その子や自分にとっての意味を考えてみてください。ここからは、席の近い六名のグループで話し合ってもらえるかな。スタート。

ガラス破損を黙っておこうという結論が出そうなときに、第三節でも述べたように教師の側が容認することはないだろう。その意味では教師は対話のなかで公共の精神に則したガラス破損事故の処理方法を誘導している。それでも、単純な結論の提示よりも、対話によって主体的に合意形成をしていくことには、子どもたちの将来のために大きな意味があると考える。ただ決められたことに従うのではなく、主体的に対話して方策を見いだしていくというプロセスを経験することで、公共の精神という大きな課題に関する道徳性が獲得できるからである。コミュニケーションの成果としての合意形成というプロセスを教室に生かしてほしい。

（1）天主公教会編輯『公教要理』天主公教会、一八九六年（一九一五年第四版）、四五頁。
（2）堀一郎「我が国学僧教育制度」『堀一郎著作集』第三巻、未來社、一九七八年。教育史としての学僧の教育の研究では、高山有紀『中世興福寺維摩会の研究』勉誠社、一九九七年が注目される。
（3）M・ルター『大教理問答書』一五二九年（キリスト教文書センター『信条集　前・後篇』新教出版社、一九五七年〔一九九四年復刊〕）、前篇八七頁。
（4）M・ルター『小教理問答書』一五二九年（キリスト教文書センター前掲『信条集　前・後篇』）、前篇一五七頁。
（5）若林虎三郎・白井毅編纂『改正教授術』巻一、普及舎、一八八三年、一〇丁オ〜一一丁オ。
（6）吉田賢抗『論語（新釈漢文大系一）』明治書院、一九六〇年、二五〜二六頁、二一二頁。『十三経注疏』中華書局影印版、下冊、一九九七年、二四五八頁、二四九一頁。
（7）L・E・ラス、M・ハーミン、S・B・サイモン共著、遠藤昭彦監訳『道徳教育の革新　教師のための「価値の明確化」の理論と実践』ぎょうせい、一九九一年、序文一〇〜一一頁。原題は“Values and Teaching”, 一九七八年。

（8）L・E・ラスほか前掲書、九二〜九五頁。

（9）L・E・ラスほか前掲書、一〇九〜一一一頁。

（10）プレゼンテーションとコミュニケーションの能力論は、高橋陽一『造形ワークショップを支える　ファシリテータのちから』武蔵野美術大学出版局、二〇一二年の第3章を参照。

第12章　発達と道徳

高橋陽一

道徳教育が、過去の世代から次の世代への伝統文化の継承だと仮定すると、それをいかに伝えるかということに焦点が絞られる。しかし、第2章では道徳の言葉の分析から、内なる道徳の根拠と外なる道徳の根拠ということを述べたように、心の内にも道徳の根拠がある。現代では「良心の自由」という言葉に端的にいい表されている。しかし、心の内なる道徳の根拠は、どのように形成されるのだろうか。もし、過去において外からやってきた道徳が、ただ心の内に残っているというだけならば、実は内なるものは、過去における外なるものにすぎない。では内から起こってくるものをどう捉えるか。アクティブ・ラーニングとしての特別の教科である道徳において、子どもたち自身が自ら動いて自らが道徳性を高めていく**主体的な学び**を考えるときには、このテーマは実践的な意味が高まってくる。

人間をめぐる内と外の問題は、教育学や心理学では**遺伝**と**環境**の問題として論じられてきた。生物学的に遺伝子によって生得的にその人間が獲得している遺伝の側面と、自然や文化にかかわる様々な環境がその人間に影響する側面がどういうプロセスで関係するのかは、実験や観察によっても議論の分かれるものである。今日では科学的に遺伝の側面が強いとされる発達障害などに対する特別なニーズについて、実践的に対応するための特別支援教育が取り組まれるなかで、この長年のテーマが新しい課題となっている。つまり、一人ひとりの能力や性格の違いとしての**個性**は、遺伝による側面も強いが、環境による違いもある。

個性に注目していけば、一言で人間や子どもとは括《くく》れないことになるが、それでも人間のあり方として包括的に論じようという視点がある。すなわち、人間が人生のなかで知的にも道徳的にも身体的にも大人に向けて変化していく、様々な能力を伸ばしていく**発達**という視点である。発達を体系的に論じる**発達論**は心理学や教育学で重んじられ、子どもたちの自主的な活動を重んじる視点を豊かにするものである。しかし、この発達論も理論だけが一人歩きしたときには、それ自体が一つの外からの基準として子どもたちに押し付けられる危険性があることも、また注意せざるをえない。この問題もふくめてこの章では考えてみよう。

第一節　ピアジェの発達論

子どもの道徳をめぐる問題に、発達の視点から本格的なアプローチをしたのが、スイスの心理学者ジャン・**ピアジェ**（Jean Piaget, 一八九六〜一九八〇）である。原著が一九三〇年に刊行された『児童道徳判断の発達』[1]は、子どもの道徳が発達するという学説を提起したものであり、彼の発達論は日本の戦後の教育界にも大きな影響を与えた。

ピアジェは、子どもにマーブル・ゲーム（おはじきのようなゲーム）の道具を示し、どのように遊ぶか、そのルールをどう説明するか観察し、年齢による変化をまとめた。まず、乳幼児は純粋にマーブルを特にルールもなく一人でもてあそぶ。つづいて、二歳から五歳ぐらいの間には、できあがっているルールを模倣しても友だちとではなく自分一人だけで遊ぶようになる。そして七、八歳からは、友だちと同じルールで遊び、相手に勝とうとする。さらに一一歳や一二歳からは、ルールを重んじて遊ぶことが意識されるとともに、新しいルールをつくるという作業にもかかわるようになる。

ピアジェはこうした観察をもとに、ルール以前の段階から、自己中心的段階を経て、仲間と遊ぶ協同段階に至り、一〇歳以降には規則を尊重しつつ規則を変更できる規則制定化の段階へと進むと整理する。こうしたゲームのルールを通じて、子どもの道徳の発達の過程として、規則がそのまま与えられていると認識される拘束や**他律**の段階から、規則を仲間と尊重して場合によっては規則を作り替える**協同**や**自律**の段階へと進むことを観察したのである。こうした発達の整理は年齢を基準として標準的な発達の段階を提示したもので、**発達段階**と呼ばれる。

ピアジェが最初の発達段階として措定した**自己中心性**という概念は、戦後教育に強くピアジェの発達論が移入されたために、現在では「自《じ》己中《こちゅう》」などという略語もふくめて一般の言葉になっているが、ピアジェ心理学における思考様式を分析する基本概念である。すなわち、幼児の心理では、自分自身から見えるものが存在そのものであり、視点を変えたり、他人に置き換えて考えたりすることがまだできない段階である。我々は乳幼児に「いない、いない、ばあ」といいながら、手で顔を隠したり出したりするだけで、ずいぶんと喜んでもらえることを知っているが、これは肉体的にも視点を移動しにくいきわめて初期の自己中心性を示す思考様式を有しているから笑うのである。小学生にこのようなことをしても、とても喜んではもらえない。小さな子どもが自己中心的であることは、大人にしてみると道徳を教え込まなくてはならないという衝動にかられるかもしれないが、そもそも自己中心性が人間としての発達段階の始めなのだと考えることで、もっと冷静に子どもの道徳をみることができるだろう。

さらに道徳を認識しても、まずは他律的段階にとどまっており、子どもは、ある道徳が永遠に存在していて変更することはできないものだと考えている。それが、自律的段階となると、仲間の相互の合意でルールができるのだと考えるようになる。もちろん、マーブル・ゲームのルールと社会の道徳では違いもあるだろうが、単純に大人から押し付けるだけの道徳では、一〇歳を超えた子どもたちの発達段階には合っていないのである。

ピアジェの発達論は、子どもたちへの教育という視点でも、大きな示唆を与えるものとなった。道徳教育について、子どもを社会化する、つまり社会規範へ同化させるという形ではなく、子ども自身の道徳性の発達を認識論から位置づけたことは大きな寄与である。ピアジェの道徳の発達論はもちろん一つの仮説であるが、その後も実証的研究が続けられていった(2)。

第二節　コールバーグの道徳性の発達段階

ピアジェの発達段階論を受け継いで、さらに独自の展開を行ったのが、アメリカの心理学者ローレンス・コールバーグ（Lawrence Kohlberg, 一九二七〜八七）である。彼は、道徳を研究するにあたって、感情や行動を問題にするのではなく、「内容」と「形式」を区別して、「形式」を検討の対象として、何をすべきか判断するにあたっての公正さの問題として扱う。そして、文化によらない「普遍的」な道徳性の発達段階を提起しようとした。彼が、まず、自己の理論を紹介するときによく使う例話をみてみよう。(3)

ヨーロッパで一人の女性がガンで死にかかっていた。ある薬を飲めば彼女は助かるかもしれなかった。その薬というのはラジウムの一種で、同じ町に住む薬屋が最近発見したもので、薬屋は作るためにかかった一〇倍の値段の二〇〇〇ドルの値をつけていた。

病気の女性の夫のハインツは、あらゆる知人からお金を借りてまわったが、薬の値段の半分しか集められなかった。彼は薬屋に彼の妻が死にかかっていることを話し、薬を安く売るか、または後払いで売ってくれるように頼んだ。しかし薬屋は承知しなかった。ハインツは絶望的になって、妻を助けるために、薬屋の倉庫に押し入り、薬を盗んだ。ハインツはそうすべきだっただろうか。どうしてそう思うのか。

実際には、この例話をもとに、被験者は「ハインツはそうすべきだっただろうか。どうしてそう思うのか。」を答える。まず、ハインツの行動に賛成か反対かを述べて、次に自分がそう思う理由を述べていく。しかし、この実験を行う側は、賛成か反対かは重視しない。そうした道徳の「内容」ではなく「形式」を問題にするのである。つまり主張の是非ではなく、どのような公正な理由づけによって道徳的判断をしているかを考えるのである。

コールバーグの提示する道徳性の発達段階は、次の六段階である。(4)

まず、道徳的価値が罰や報酬という慣習以前のレベルで捉えられるものとして、二つの段階が設定される。それが第一段階の「罰と服従への志向」と第二段階の「道具主義的な相対主義的志向」である。第一段階の「罰と服従への志向」は物理的な結果に対するおそれが中心であり、先ほどのハインツの例話についていうと、「妻の死について取り調べを受けることになります。」とハインツの行為に賛成したり、「薬を盗めば捕らえられて刑務所に入れられるからです。」と反対するケースが分類される。第二段階の「道具主義的な相対主義的志向」では、罪や報酬や利益などが取引のように実利主義的に扱われるのが特徴で、「重い刑にはならないでしょう。」と賛成したり、「彼にとってはあまり役に立たないでしょう。」と反対するケースである。

次に家族や国という集団と一体になろうとする慣習的レベルとして、第三段階の「対人的同調、あるいは『よいこ』志向」と、第四段階の「『法と秩序』志向」が挙げられる。第三段階の「対人的同調、あるいは『よいこ』志向」では、他人からほめられたり非難されたりということが動機となり、「誰も悪いと思わないでしょう。」とハインツの行為に賛成したり、「誰とも面と向かうことが二度とできなくなります。」と反対したりする。第四段階の「『法と秩序』志向」では、社会秩序の維持自体が志向され、「彼女への義務を果たさなければ、自分が彼女を死なせたという罪の意識をいつまでも持ち続けるでしょう。」と賛成したり、「法律違反に対する罪の意識をいつも感じることになります。」と反対したりするケースである。

最後に、道徳的価値自体を集団と区別して考える慣習的レベル以降のものとして、第五段階の「社会契約的な法律志向」と第六段階の「普遍的な倫理的原理の志向」が示されている。第五段階の「社会契約的な法律志向」では、自由な同意や契約によってルールが捉えられ、それぞれの理由で「自尊心を失い、たぶん他の人々からの尊敬も失います。」とハインツの行為に反対したり賛成したりする例が挙げられる。第六段階の「普遍的な倫理的原理の志向」では、良心や人間の尊厳という原理に重きが置かれ、「法律の表面的な規則に従ったことになるのでしょうが、自分自身の良心の基準に従ったことにはなりません。」と賛成したり、「自分自身の良心と正直という基準に従わなかったために、自分自身を責めることになります。」と反対するケースである。

ここで述べたコールバーグの六段階の道徳性の発達段階は、**他律**の道徳から**自律**の道徳への発達というピアジェの学説を継承して、一つの合理的な仮説として提示されていると思われる。しかし、我々がコールバーグの十八番ともいってよい「ハインツの例話」を読んで自ら考えて、コールバーグの提示した回答例などに当てはめて発達段階を自己評価しようとすると、なかなかわかりにくい。もちろん、実際の実験場面では理由づけを明確にするために、経験ある心理学者が面談したり、工夫された回答紙を使って分析に当たる。それでも、ピアジェの理論のように自分自身が子どもたちと接した経験からすぐに納得できる自然科学に近い印象を受ける仮説というより、彼自身の思想的立場から一つの考え方としての仮説が提示されているという印象を受けてしまう。

もちろん、コールバーグとその学派の研究者たちは、この仮説を科学的に検証することにつとめている。山岸明子によれば[5]、コールバーグ自身が台湾、メキシコ、トルコなどで比較検証をして地域の文化に影響されない普遍性を示そうとしており、またその後も日本を含めて各地域で研究が進められている。また、一五年間の四五の調査研究を総合して、第一段階から第五段階については、年齢が上昇するとともに段階が上昇するというケースが一般的であるとされる。

本当にコールバーグの六つの段階が、あらゆる文化に影響されない普遍性を持っているのか、その六つの段階にそって本当に順序どおりに発達しているのかなど、疑問は尽きないのであり、コールバーグの理論をめぐる批判への反論が『道徳性の発達段階　コールバーグ理論をめぐる論争への回答』[6]として日本でも訳されたほどである。同書のなかでコールバーグたちは、「第六段階が日常生活者における道徳的推論の形式であるとはいえなくなった。」として、これに該当するのは「まず哲学に関する正規の教育を受けてきたという意味でエリートである。」と認める一方、「倫理的・宗教的志向の発達におけるソフトな段階」として「第七段階」を設定し、「存在や生、神と一体化しているという感覚」と説明している。

第六段階が実験的に検証しがたくなってきたことを認める一方で、そのうえに第七段階を新たに提起するのは、砂上の楼閣のような怪しい理論である。晩年のコールバーグは心理学的研究と宗教的思索の区別がつかなくなったのだろうか。彼が一九八五（昭和六〇）年に日本のある宗教系団体の招きで来日したときには、第六段階に達した者として、その教団の創始者とともに「古くは仏陀、ソクラテス、イエス・キリスト、そして最近ではマハトマ・ガンディやアブラハム・リンカーンをあげることができると信じます。」と講演している。(7) いったい彼はどんな方法でブッダ（仏陀）に実験を試みたのだろうか。残念ながらまだその実験報告をみる機会がない。私は科学と宗教が全く別のものとは考えないが、せめて心理学研究と偉人伝の読後感想との区別ぐらいは、つけておいたほうがよかろうといいたい。

彼自身の学説自体には、いくつかの問題が考えられる。まず第一に、ピアジェの理論は個人の発達を見守る土壌をつくり上げたが、コールバーグの発達段階論は、発達のレールを敷くことで、逆に個人の自由な発達を枠にはめたり、何か測定をするような危険性があるのではないかという疑問である。この問題は、次節にみる彼の道徳教育の方法論に端的に表れている。

第二に、彼自身の方法論である。「内容」と「形式」とを区別して「形式」だけを考えるという方法は、本当に我々の道徳の捉え方と合っているのかという問題である。コールバーグの発達の段階は、概念的な言葉を使った論理的な理由づけが必要となるので、哲学や思想を学ぶと上昇しやすい。おそらく社会契約説を主張したジャン＝ジャック・ルソーを読むと第五段階には進めるし、さらにブッダやソクラテスを学ぶと第六段階までは進めそうである。もちろんその知識を使って、うまく論理的に話せる能力もつけておいたほうがよい。しかし、これは道徳性の発達段階の議論ではなく、知識や思考能力の学習段階ではないか。本当に道徳性についての「内容」や感情は論じなくてよいのだろうか。社会契約説に従い、自己の良心の自由に基づいて、神と一体化したと雄弁に語って大量殺人を犯そうという人は、道徳の内容を問わないのであるから、第五段階か、第六段階か、第七段階かに該当するのだろう。私はそんな人物よりも、人を殺すのが怖いから殺さないと訥弁《とつべん》に語る第一段階の人のほうに、ずっと道徳性を感じる。

第三に、コールバーグは文化によらない普遍的な発達段階という仮説を主張し続けたが、いくら読んでも、彼の理論のなかには、そうした時代や地域を超えた普遍性は感じられない。社会契約説が第五段階で、ブッダが第六段階だと主張するならば、ブッダはいつ社会契約説を学んだのだろうか。コールバーグの理論は、思想史的な知識を持っていると高次の段階を与えてもらえるが、思想史の初歩知識で理論自体の矛盾に気づいてしまう。第五段階の社会契約説や第六段階の個人の良心といった西洋近代の思想を掲げながら、普遍的というのは、欧米人のおごりに思われるから、やめたほうがよい。

私自身も、コールバーグの思想的立場と同じく、個人の尊厳や良心の自由をぜひとも普遍的な道徳にしたいということを本書でも述べている。しかし、自己の信念として普遍的たるべきだと道徳を主張することと、客観的事実として道徳が普遍性を有していることとは、厳密に区別しないと混乱する。もちろん、私はピアジェの理論を緻密にしようとしたコールバーグの理論の功績を認めるものであるが、彼の思想的な粗雑さは、彼が行った心理学的寄与を大きく後退させてしまうであろう。

第三節　モラルジレンマの授業

コールバーグは、道徳についての葛藤状況を含む教材を用いた**モラルジレンマ**の授業を提起した。この提起は、アメリカでの有力な道徳教育の運動になっただけではなく、日本においても少なからぬ影響を与えている。実は、日本では彼の方式に類似する「価値葛藤」という考え方があったのだが、(8)現在ではそうした流れもコールバーグの流派に組み込まれているようにみえる。

この授業の教材は、普通の文章ではなく、いくつかのジレンマを含むように作成された話題である。先にみたハインツの例話がそれに該当する。授業においては、そうした**ジレンマ教材**を提示し、児童・生徒にまず自分の判断や理由づけを口頭発表したりノートに書いたりするように指示し、つづいて時間をとって、賛成・反対に分かれて、クラスでの討議を開始する。この間、教師は、できるだけ意見を誘導するのではなく、それぞれの理由づけが明確になるようにだけ発言する。最後に、この討議を踏まえて、児童・生徒が最終の判断や理由づけをノートに記述するのである。

コールバーグらの実験報告によれば、教師が理由づけなどに介入した場合は、平均三分の一段階の上昇がみられたという。次の表は、「事後一」は一八時間の授業の後、「事後二」は一年後で、コールバーグの発達段階の第一～第六段階を、一〇〇～六〇〇で点数化して、一一～一二歳、一五～一六歳の一一人ずつの一二グループの実験結果の平均値が示されている。(9)

区分		事前テスト	事後一テスト	事後二テスト
実験群一	コールバーグ提唱の討論プログラム	二四一	二七五	三〇五
実験群二	一と同じだが、教師が介入しない	二四三	二五〇	二九三
統制群	討論を行わない通常のカリキュラム	二五四	二三九	二七九

道徳性が上昇しているというならばまことに結構なことであるが、点数をみると第二段階から第三段階への移行が焦点となっている集団のようである。「よいこ志向」ともいわれる第三段階に至るためには、他人の目を気にするよ

うになる必要がある。教師が理由づけを明確にするアドバイスを言うのだから、練習の効果があって当然で、そう考えると、ここで上昇しているのは、実は道徳ではなく、あくまでコールバーグ理論で測られたテストの結果だといえる。

ちなみに、コールバーグの提唱している授業の方式は、授業というより、実験である。ジレンマ教材の提示の後、まず賛否や理由づけを述べ、討議の後にも再び賛否や理由づけを述べる。これは討議の前と後でどう理由づけが変化したかを測定するためである。

日本のモラルジレンマの実践例として、「ぜったいひみつ」という教材がある。(10)「のり子」というクラスメイトが転校するときに、クラスのみんなはお別れ会で彼女を喜ばせようと「ぜったいひみつ」と約束して準備を進め、このため親友の「よしえ」が彼女によそよそしくせざるをえなくなるというジレンマを扱った物語である。小学校四年生を対象とした研究授業のビデオをみると、子どもたちが、よしえが秘密を話すべきかどうかをめぐって教師のアドバイスのもとで真剣に話し合っている様子がわかる。たしかに賛否を論じさせる教材というのは、討議の材料として適切だと思える。

しかし、こうした授業には疑問を感じる点が少なくない。

まず第一に、教材の出来である。ハインツの例話や、「ぜったいひみつ」という教材が、文学作品として意義のあるものとは感じられない。ハインツの例話などは、内容も単純で理解しやすいが、「ぜったいひみつ」という教材は、「のり子」と「よしえ」の人物としての書き分けもできていない駄作である。駄作だというのは、私自身この教材を何度読んでもこの登場人物がどんな性格の子どもなのかイメージができないというだけではなく、研究授業を行う教師がこの二人の名前を言い間違えるほど、(11)人物が書き分けられていないのである。これは、コールバーグの手法でそもそも教材は教材としての完成性を求めてつくられているのではなく、あくまでも実験材料として開発されているので、それ自体が教育的な力のある作品となることは最初から目指されていないからである。

第二に、これが授業ではなく、実験だという問題である。子どもたちは「よしえはどうするか」を語り合うが、これはコールバーグ理論でいう賛否は問わないという原則からすると本質的な問題ではない。教師が関心のあるのは、子どもたちの理由づけである。教室のなかで、教師は常に実験者として被験者たる子どもに意図を隠して対応しているのである。当然のことながら、子どもたちは実験材料にされていることさえ知らされずに、賛否を語り合うのである。

第三に、この実験は、点数化する実験だという問題である。いうまでもなく、授業の前と後に書かれた理由づけを回収して、子どもたちをコールバーグ理論により段階で判定する。一から六の数字が子どもたちに書き込まれていく。幸い、今の日本では、道徳の時間について評価や評定を示すことは滅多にないが、それでもこの方法を採る教師たちは、子どもたちの知らないところでは点数をつけるのである。まさに「ぜったいひみつ」である。

このように考えると、コールバーグの授業は、本質的に教師が生徒に対して隠れた評価者として存在することで成立していることがわかる。もちろん、教師は評価や評定をする存在であり、絶対評価でも相対評価でも正々堂々とするのならば、まだよい。教師は子どもたちには、どうすべきか賛成と反対に分かれて討議しなさいと呼びかけながら、裏では全く異なった判断基準で観察が実験として進行し、賛否によらない理由づけをもとにコールバーグ理論による六段階の評価がなされているのである。はたしてこれは道徳的なのだろうか。ルールも知らされずに被験者にされ続ける子どもたちのことを思うと、もはや教育とは呼べない行為だといわざるをえない。

ここまで、心理学の発達理論の展開と教育への影響をみてきたが、本来は個人の視点からの道徳的発達を裏づけるはずの発達論が、逆に特定の測定基準を当てはめて教室で実験を始めるという事態にまで進んでいった。ピアジェの理論は、社会など外部から与えられる道徳という道筋に対して、子どもの内部から発達する道徳という視点を提起したのだが、コールバーグの理論とその教育への応用に至っては、発達という理論自体が一人歩きして子どもたちを秘密裏に測定するという、きわめて非道徳的な現象が発生してしまうのである。我々は、心理学という科学が、実験で検証可能な科学であるがゆえに普遍的な理論を示せるのだと期待しがちだが、実際には哲学や思想に依拠する仮説が多くを占めるのであり、そのことを無視して「普遍的」だと鵜呑《うの》みにしては、教育の現場を混乱させてしまうだろう。

これからもピアジェが提起した発達論を子どもに接する視点として大切にしていきたいが、内在的なはずの発達論が子どもたちにとって時として外在的な道徳の測定器具になってしまうことは、教育にかかわる者はよく自戒しなければならない。

発達論は一つの心理学の学説として教師が学ぶべき価値がある。その理論と実践的な技法を知った上で、子どもたち一人ひとりに寄り添って道徳性の発達を促進するための主体的な学びを実践する必要がある。

(1) J・ピアジェ、大伴茂訳『児童道徳判断の発達（臨床児童心理学三）』同文書院、一九七七年。
(2) 内藤俊史「道徳性」波多野完治監修『ピアジェ派心理学の発展Ⅰ（ピアジェ双書第二巻）』国土社、一九八二年。
(3) L・コールバーグ、永野重史監訳『道徳性の形成　認知発達的アプローチ』新曜社、一九八七年、四九頁（原版は一九六九年刊行）。
(4) L・コールバーグ「『である』から『べきである』へ」永野重史編『道徳性の発達と教育　コールバーグ理論の展開』新曜社、一九八五年、二二一～二三三頁、三〇〇～三三二頁（原論文は一九七一年）。
(5) 山岸明子『道徳性の発達に関する実証的・理論的研究』風間書房、一九九五年、二七～三三頁。
(6) L・コールバーグ、C・レバイン、A・ヒューアー共著、片瀬一男、高橋征仁訳『道徳性の発達段階　コールバーグ理論をめぐる論争への回答』新曜社、一九九二年（原版は一九八三年）、六三頁、九〇頁。

（7）　L・コールバーグ、A・ヒギンズ共著、岩佐信道訳『道徳性の発達と道徳教育　コールバーグ理論の展開と実践』広池学園出版部、一九八七年、三頁。

（8）　平野武夫を中心とする関西道徳教育研究会の流れは、心理学ではなく倫理学を基盤として「価値の高低」などを主張する教え込みの性格の強い道徳運動である。平野武夫『倫理観確立の基底』関西道徳教育研究会（一九五八年）、平野武夫『価値葛藤の場に生きる倫理観確立への道』関西道徳教育研究会（一九五九年）など参照。

（9）　内藤俊史「コールバーグの道徳性発達理論に基づく道徳教育の実践」永野重史編前掲『道徳性の発達と教育　コールバーグ理論の展開』二三〇〜二三二頁。

（10）　畑耕二・荒木紀幸『モラルジレンマの授業・ぜったいひみつ　小学四年（ビデオで授業レッスン二）』明治図書、一九九五年。

（11）　畑耕二・荒木紀幸前掲書所収の付属のビデオによる。

第13章　道徳の内容項目と資料および指導計画

伊東　毅

はじめに

実際に道徳の授業で何を教えればよいのであろうか。形式的には学習指導要領に掲載されている道徳の内容項目（これを「徳目」と呼ぶ者もいる。）を教えることになっている。たとえば、二〇〇八（平成二〇）年三月告示の中学校学習指導要領では、「第3章　道徳」の「第2　内容」で二四の内容項目が列挙されている。また、二〇一五（平成二七）年三月に一部改正された中学校学習指導要領では「第3章　特別の教科　道徳」に改められて「第2　内容」として二二の内容項目が列挙されている。この二四ないしは二二の内容項目をどの学年であったとしてもその一年間にすべてを扱うことになっている。[1] したがって、本書でもこれをしっかりと押さえておきたい。この内容項目が、「道徳の時間の年間指導計画」（教科化後は「道徳科の年間指導計画」。以下、教科化の前後どちらをも指す表記として「道徳の時間（道徳科）の年間指導計画」とする。）として配置され、そして、各時間の目標に据えられていくことになる。また、これに合わせて資料等が用意されることになる。

ただ、道徳とはもともと論争的側面があり、学習指導要領の道徳の内容項目の偏りを指摘する研究者もいる。たとえば、佐貫浩は「〔善悪の判断、自律、自由と責任〕／〔正直、誠実〕／〔節度、節制〕／〔個性の伸長〕／〔希望と勇気／努力と強い意志〕／〔真理の探究〕／〔親切、思いやり〕／〔感謝〕／〔礼儀〕／〔友情、信頼〕／〔相互理解、寛容〕／〔規則の尊重〕／〔公正、公平、社会正義〕／〔勤労、公共の精神〕／〔家族愛、家庭生活の充実〕／〔よりよい学校生活、集団生活の充実〕／〔伝統と文化の尊重、国や郷土を愛する態度〕／〔国際理解、国際親善〕／〔生命の尊さ〕／〔自然愛護〕／〔感動、畏敬の念〕／〔よりよく生きる喜び〕（以上の項目は小学校の場合）が挙げられているが、よくよく見ると、「人権」「人間の尊厳」「共同」「平和」「非暴力」「平等」「国民主権」「生存権（保障）」「表現の自由」「意見表明権」「自治」「働くものの権利」「学習権」等々が見事に排除されていることに気がつく。指導要領の「徳目」選択の恣意《しい》性――権力による選択の意図性――は、明白である。[2]」という。

道徳の時間に何を教えるべきか、読者のみなさまもご自身で考えながらお読みいただきたい。

第一節　学習指導要領と道徳の内容項目

次に見る「[自主、自律、自由と責任] 自律の精神を重んじ、自主的に考え、判断し、誠実に実行してその結果に責任をもつこと。」や「[節度、節制] 望ましい生活習慣を身に付け、心身の健康の増進を図り、節度を守り節制に心掛け、安全で調和のある生活をすること。」というように列記されたものを「**内容項目**」と呼んでいる。学習指導要領に記載されているこうした道徳の内容項目を確認していこう。「特別の教科　道徳」になったときの二〇一五（平成二七）年三月一部改正の中学校学習指導要領の内容項目を見ていきたい。教科化以前のものや小学校のものは各自で確認願いたい。

中学校学習指導要領（平成二〇年三月告示　平成二七年三月一部改正）

第3章　特別の教科　道徳

第2　内　容

学校の教育活動全体を通じて行う道徳教育の要である道徳科においては、以下に示す項目について扱う。

A　主として自分自身に関すること

[自主、自律、自由と責任]

自律の精神を重んじ、自主的に考え、判断し、誠実に実行してその結果に責任をもつこと。

〔節度、節制〕

望ましい生活習慣を身に付け、心身の健康の増進を図り、節度を守り節制に心掛け、安全で調和のある生活をすること。

〔向上心、個性の伸長〕

自己を見つめ、自己の向上を図るとともに、個性を伸ばして充実した生き方を追求すること。

〔希望と勇気、克己と強い意志〕

より高い目標を設定し、その達成を目指し、希望と勇気をもち、困難や失敗を乗り越えて着実にやり遂げること。

〔真理の探究、創造〕

真実を大切にし、真理を探究して新しいものを生み出そうと努めること。

B　主として人との関わりに関すること

〔思いやり、感謝〕

思いやりの心をもって人と接するとともに、家族などの支えや多くの人々の善意により日々の生活や現在の自分があることに感謝し、進んでそれに応え、人間愛の精神を深めること。

〔礼儀〕

礼儀の意義を理解し、時と場に応じた適切な言動をとること。

〔友情、信頼〕

友情の尊さを理解して心から信頼できる友達をもち、互いに励まし合い、高め合うとともに、異性についての理解を深め、悩みや葛藤も経験しながら人間関係を深めていくこと。

〔相互理解、寛容〕

自分の考えや意見を相手に伝えるとともに、それぞれの個性や立場を尊重し、いろいろなものの見方や考え方があることを理解し、寛容の心をもって謙虚に他に学び、自らを高めていくこと。

C　主として集団や社会との関わりに関すること

〔遵法精神、公徳心〕

法やきまりの意義を理解し、それらを進んで守るとともに、そのよりよい在り方について考え、自他の権利を大切にし、義務を果たして、規律ある安定した社会の実現に努めること。

〔公正、公平、社会正義〕

正義と公正さを重んじ、誰に対しても公平に接し、差別や偏見のない社会の実現に努めること。

〔社会参画、公共の精神〕

社会参画の意識と社会連帯の自覚を高め、公共の精神をもってよりよい社会の実現に努めること。

〔勤労〕

勤労の尊さや意義を理解し、将来の生き方について考えを深め、勤労を通じて社会に貢献すること。

〔家族愛、家庭生活の充実〕

父母、祖父母を敬愛し、家族の一員としての自覚をもって充実した家庭生活を築くこと。

〔よりよい学校生活、集団生活の充実〕

教師や学校の人々を敬愛し、学級や学校の一員としての自覚をもち、協力し合ってよりよい校風をつくるとともに、様々な集団の意義や集団の中での自分の役割と責任を自覚して集団生活の充実に努めること。

〔郷土の伝統と文化の尊重、郷土を愛する態度〕

郷土の伝統と文化を大切にし、社会に尽くした先人や高齢者に尊敬の念を深め、地域社会の一員としての自覚をもって郷土を愛し、進んで郷土の発展に努めること。

［我が国の伝統と文化の尊重、国を愛する態度］

優れた伝統の継承と新しい文化の創造に貢献するとともに、日本人としての自覚をもって国を愛し、国家及び社会の形成者として、その発展に努めること。

［国際理解、国際貢献］

世界の中の日本人としての自覚をもち、他国を尊重し、国際的視野に立って、世界の平和と人類の発展に寄与すること。

D　主として生命や自然、崇高なものとの関わりに関すること

［生命の尊さ］

生命の尊さについて、その連続性や有限性なども含めて理解し、かけがえのない生命を尊重すること。

［自然愛護］

自然の崇高さを知り、自然環境を大切にすることの意義を理解し、進んで自然の愛護に努めること。

［感動、畏敬の念］

美しいものや気高いものに感動する心をもち、人間の力を超えたものに対する畏敬の念を深めること。

［よりよく生きる喜び］

人間には自らの弱さや醜さを克服する強さや気高く生きようとする心があることを理解し、人間として生きることに喜びを見いだすこと。

ご覧いただいたように、「A　主として自分自身に関すること」「B　主として人との関わりに関すること」「C　主として集団や社会との関わりに関すること」「D　主として生命や自然、崇高なものとの関わりに関すること」という**四つの視点**から構成されている。個人の課題、他人との関わりの課題、社会との関わりの課題、といったように同心円状に広がる三つの視点と比べ、生命・自然、崇高なものという視点が特殊で不可解なものであると感じる人も多いのではないか。共著者である高橋陽一は本書の前身である『新版　道徳教育講義』（武蔵野美術大学出版局、二〇一二年）の中で、とくにその「崇高なもの」という表現に対して、「誰にでも理解可能な生命や自然の尊重ということ以上に、中途半端に宗教的なものを入れ込もうとするから、こうした無理な表現が出てくる(3)」と批判している。いずれにしても、こうした四つの視点でまとまりを表した上で内容項目が列挙されている。

内容項目に関しては、その数が教科化に伴い中学校の場合は二四から二二に変更された。すなわち、それまであった複数のものが統合されたり、反対に、ひとつであったものが分離・独立したりした。また、文言の修正もなされた。教科化後の特徴としては、各内容項目はそれまでも短い文章でつくられていたが、その文章に先立って、それぞれの内容項目に手掛かりとなる、たとえば［自主、自律、自由と責任］などの言葉が付記されるようになった。今までも、こうした見出しのような言葉は使われていたが、それは民間の出版社が作成した副読本でそのような表記が使われていたのであって、学習指導要領の中にはそういった表記は存在しなかった。それが今回、学習指導要領に正式に登場したということである。かわりに丸括弧をつけて付されていた配列番号が削除された。

一見、道徳的善さが表現されており問題がないように感じられるが、こうした内容項目に関しても様々な指摘がなされている。「はじめに」で触れたように内容項目全体についてその偏りも指摘されているし、個々の内容項目が批判の俎上《そじょう》に載せられるときもある。とくに批判的に取り上げられることの多い内容項目は、［我が国の伝統と文化の尊重、国を愛する態度］［感動、畏敬の念］などである。前者に関しては、藤田昌士《しょうじ》が『学校教育と愛国心　戦前・

戦後の「愛国心」教育の軌跡』（学習の友社、二〇〇八年）という一冊の本を著して、同書全体でこの内容項目の問題を指摘している。後者は「宗教的情操」という特殊な言葉とともに語られることの多い内容項目であるが、これも高橋陽一が歴史的に検討した上で痛烈な批判を展開している。(4) どちらが正しいかをここで裁定しているわけではない。ただ、行政文書にあるから間違いないなどと思わずに、各自でしっかりと吟味してほしいということである。

第二節　特設道徳以降の道徳用資料の変遷

さて、前述した道徳の内容項目が授業で展開されることになるのであるが、通常はその内容項目に見合った資料が用意され、これを使用して授業が行われる。資料を自身でつくりあげる教師もいる。だが、多くの場合は出回っている道徳の資料集（民間の出版社が作成した副読本の場合もあれば、行政が用意した資料集の場合もある。）を用いて授業が実施される。内容項目は抽象度の高い短い言葉なので、具体的に何が児童・生徒に教えられるかは、用いられる資料を見なければわからない。したがって、授業で何を使えばいいのか判断するためにも、資料としてどのようなものがあるのかということを具体的に知っておく必要がある。そこで特設道徳以降の道徳用資料を簡単に振り返っておきたい。

一九五八（昭和三三）年に道徳の時間が特設された。しかし、すんなりと特設されたわけではない。戦前の修身の復活ではないか、道徳教育は生活指導などによって全教育活動の中で行うべきだなどの批判がなされ、国家と道徳教育との関係が問われた。当時は日本教職員組合などの組合に加入する教師が大半であり、こうした組合が特設道徳に対して反対していたため、当時の文部省が直接テキストまでつくり全児童・生徒に配布するというようなわけにはいかなかった。そのようなことから、学校で活用されるテキストは民間出版社が作成した副読本が主流となる。

しかし、文部（科学）省が道徳の資料にまったく関わらなかったわけではない。直接児童・生徒に配布するためのテキストをつくったわけではないが、「教師が道徳の指導を適切に進めることができるように、教師用の指導資料をできるだけ豊富に提供する」(5)として、資料集をいくつかつくった。一九六四（昭和三九）年から一九六六（昭和四一）年にかけて出された「小学校道徳の指導資料」「中学校道徳の指導資料」シリーズ、一九七六（昭和五一）年から一九八三（昭和五八）年にかけて出された「小学校道徳の指導資料とその利用」「中学校道徳の指導資料とその利用」シリーズ、一九九一（平成三）年から一九九九（平成一一）年にかけて出された「道徳教育推進指導資料（指導の手引）」シリーズ、二〇一一（平成二三）年から二〇一二（平成二四）年に出された「小学校道徳読み物資料集」「中学校道徳読み物資料集」などがある。民間出版社もこれを完全に無視するわけにもいかず、自社作成の副読本にこの文部（科学）省作成の資料集から数点採用して掲載するというのがある種の慣行となっていた。

いじめ問題などを解決するために道徳教育に力を入れてほしいと願う人たちも大勢いた。こうした声に応えるということで文部（科学）省は道徳教育に力を入れ出す。道徳の時間の転用等を防ぐために実施調査を行うとともに、これまで慎重であったテキストづくりにも積極的に関与するようになる。二〇〇二（平成一四）年に『**心のノート**』（小学校低学年用は『こころのノート』）を作成し、小中学生全員に配布した。『心のノート』は書き込みが主流のワークシート集のような性質をもつテキストである。さらに文部科学省は、二〇一四（平成二六）年、『心のノート』を補強するものとして、読み物資料を加えた『**私たちの道徳**』（小学校低学年・中学年用は『わたしたちの道徳』）を作成し小中学生全員に配布した。こうしたものが配布されると聞いて、国家が心の問題に直接介入してもよいのかといった批判もあった。

一方、地域の教育行政を担う教育委員会が二〇一〇年前後から積極的に道徳の副読本を作成するようになる。

第三節　道徳用資料の実際

これまで道徳のテキストは副読本と呼ばれ、検定の対象とはなってこなかった。それゆえ、同じ内容項目を扱う資料でも、各出版社の用意する資料の内容はバラエティに富んでいる。その様子をここで見てみよう。次に掲げる二つの資料は、内容項目［遵法精神、公徳心］に割り当てられたものである。ひとつは生徒作文「個性と限度」(6)、もうひとつは池田潔《きよし》「イギリスの学校生活」(7)である。両資料ともそれなりの分量があるので、以下、本文そのものを転載するのではなく、筆者が要約し、その概要を記したいと思う。

まず、生徒作文「個性と限度」であるが、校則改正をテーマに書かれた作文である。教員もそろそろそういう時期だとして賛同し見守る中、校則が改正されることになったという。その作文を書いた女子生徒は、それまで校則の意義など考える気にもならず、「適当にごまかせばいいもの」と考えていた。ところが校則が改正されることになり、自分たち自身でその作業を行うことを知ったその生徒は、途端に校則に対し思いをめぐらし始める。まず、教師の校則指導に対してもの申す。「先生方の今のやり方は、あまり効果がないと思います。ただ、しかったり、ごつんしたりして、強制的に守らせせようとしているからです。」かわいらしく「ごつんしたりして」と書いているが、体罰の指摘であり、これを読んだ教師はハッとしたのではなかろうか。次に現行の校則の内容に対して疑問を呈する。「もし、本当に校則を守らせようとするのなら、それを守らないと、どういう点で不都合なのか、一つ一つの校則についてきちんと解説すべきだと思います。」といって、不条理でいらない校則がたくさんあると憤慨する。教師たちにそういう校則についてその意味を質《ただ》すと「中学生らしくないから。」と答えるときがあるという。この教師のセリフが「一番不思議」として不満をあらわにする。「私たちはもう中学生だし、みんなそれぞれ個性があって、それを主張したいと思うのは当然のことです。そして校則は、その主張の限度を表すものであって、生徒を画一化するためのものではありません。」といい、校則の本質について論戦を挑んでくるのである。そして、「私は、規則が、これからの後輩たちに共感を持ってもらえ、なおかつ守ってもらえるような校則になることを、望んでいます。」と述べ、校則改正の当事者としての自覚を深めていくのである。

もう一方の、池田潔「イギリスの学校生活」であるが、これは池田の留学中の体験を綴《つづ》ったものである。池田はリースという全寮制のパブリック・スクールで学ぶことになる。そこには厳然たる校則が存在し、一学期に二回の休日と週に一度の外出が許されるのみである。理髪店や洋服店も指定された店以外の出入りは厳禁となっている。先輩の有益な話を聞くために大学生を訪ねることも校則違反である。合理性を感じることができなかった池田は教師に理由を尋ねるが、「校則に大学生を訪問すべからずとあれば、学生たる君は当然その校則を守らなければならない。これを校則として決定したのは、これらのことを決定することをその役目とする人たちであり、君はその一人ではない。君はこれを守ることを本分とする学生の一人なのである。」という返答である。ある日、指定外の理髪店に行き、散髪してもらっていたが、気付くと隣で散髪してもらっているのがリースの校長であった。「私が校長を務めている学校に、やはり貴方と同じ日本人の学生がいてね。もし逢うような序《ついで》があったら言伝《ことづ》てしてくれ給え。この店にはリースの学生は来ないことになっている、と。」ときつい皮肉を言われることになる。池田はこの体験から、「その行為自体の善悪が問題なのではない。ある特定の条件にある特定の人間が、ある行為をして善いか悪いかはすでに決まっていて、好む好まないを問わずその人間をしてこの決定に服せしめる力が規律である。そしてすべての規律には、これを作る人間と守る人間があり、規律を守るべき人間がその是非を論ずることは許されないのである。」と校則や規律の本質について論じている。

さて、「遵法精神、公徳心」に関する二つの資料を紹介したわけであるが、両者は校則や規律といったものに対して明らかに異なったメッセージを発している。「個性と限度」は規則をつくることへの積極的参加を促すような内容であるし、「イギリスの学校生活」は現存する規則の遵守に徹することを推奨するような内容になっている。

続いて、今度は同じ出典ではあるが、一部が省略されるなどして印象が異なる資料を比較してみよう。資料名はともに「六千人の命のビザ」であり、内容項目［国際理解、国際貢献］に割り当てられたものである。作者は、世界が混乱する一九四〇年にリトアニアの日本領事館で領事代理を務めていた杉原千畝《ちうね》の妻、杉原幸子《ゆきこ》である。これを民間出版社四社と茨城県教育委員会がそれぞれ作成の副読本に掲載している(8)。

一九四〇年七月一八日、リトアニアの日本領事館に群衆が押し寄せる。ポーランドからナチスの手を逃れてやってきたユダヤ人である。アメリカやその他の国に逃れるとしても、出国するために目的地のビザか通過ビザが必要となる。彼らは日本の通過ビザを求めて押し寄せたのである。数人分の通過ビザであれば領事代理の権限でも発行できるが、多量の通過ビザを発行するには外務省の許可が必要になる。杉原は何度も通過ビザ発行願いを外務省に申し出るが、ことごとく却下されてしまう。また、日本領事館に対してソ連から退去命令が出され、日本の外務省からも早く退去するように指示されていた。杉原は二日二晩悩みぬいた末、外務省から処分されることを覚悟で通過ビザ発行を決意する。ソ連や外務省から退去命令が繰り返される中、杉原は二〇日あまりその命令に反し領事館に留まり、一心不乱に通過ビザを書き続けた。

以上が概要である。民間出版社四社の副読本では、どれも日本の外務省の命令に反して通過ビザ発行の決意をするところが杉原の葛藤の中心として描かれている。すなわち国家と個人の葛藤が人類愛の背後に描かれている。一方、茨城県教育委員会作成の副読本では、「中略」として、日本の外務省が通過ビザ発行の許可を出さないところも、そしてこの外務省の決定と葛藤する杉原の姿もすべてカットされている。ひたすらナチスからユダヤ人を逃がそうとする様が強調されている。こうした違いにより、出典は同じであるが、これらの資料から受ける印象は大きく異なる。

今、［遵法精神、公徳心］についてのまったく性質を異にする資料と、［国際理解、国際貢献］についての同じ出典で同じタイトルをもつが、印象の大きく異なる資料を見ていただいた。筆者はどちらの方がよいとか優れているとか言いたいがためにこれらを紹介したのではない。現在では同じ内容項目に関するものでも、これだけ振れ幅が大きいことを指摘したかったのである。したがって、道徳の副読本や資料を選ぶということは、一般教科の教科書を選ぶこととはだいぶ様相が異なることをわたくしたちは認識しなくてはならない。教材を選定する者は、どれが適切な副読本や資料なのか、そして教科化以降は、どれが適切な教科書となるのか、しっかりと吟味して選択しなくてはならない。検定を経た教科書ではこうした様々な違いが平準化されていくのかどうかというところにも関心をもって推移を見守ってほしい。

第四節　道徳の指導計画

道徳の時間が学校に導入された一九五八（昭和三三）年改訂の学習指導要領から指導計画を作成することが示されてはいたが、「道徳教育の全体計画と道徳の時間の年間指導計画を作成するものとする」ことが明示されたのは一九八九（平成元）年の改訂からである。それ以降、指導計画については、「道徳教育の全体計画」と「道徳の時間（道徳科）の年間指導計画」を作成することになっている。作成の要点に関しては、中学校学習指導要領の総則と第3章の「第3　指導計画の作成と内容の取扱い」に記してある。(9)

まず、「**道徳教育の全体計画**」であるが、文部科学省「中学校学習指導要領解説総則編」（二〇一五〈平成二七〉年七月）では、「全体計画は、各学校において、校長の明確な方針の下に、道徳教育推進教師が中心となって、全教師の参加と協力により創意と英知を結集して作成されるものである。」と記されている。すなわち、まず、校長が学校の道徳教育の基本的な方針を示すことになる。具体的には「考え自ら行動する生徒」や「社会の一員としての自覚を持ち、協力し、向上に努める人間」といったような方針が示される。これを踏まえ、道徳教育推進教師が全教師の意見を集約しながら「道徳教育の全体計画」を作成する。この「道徳教育の全体計画」は公表することが推奨されているので、中学校などのホームページを覗《のぞ》いていただくと実際に作成されたものを見ることができる。副読本を作成している民間の出版社や教育委員会が具体例やフォーマットをネットで公開していたりするので、こうしたものを参考に各学校が「道徳教育の全体計画」を作成することが多いようである。そのせいか、似通ったものを数多く見ることができる。一枚の用紙に図表形式で作成されることが多く、「学校の教育目標」がまず掲げられ、「道徳教育の重点目標」「各学年の道徳教育の重点目標」「道徳の時間（道徳科）の指導方針」「各教科、総合的な学習の時間、特別活動などにおける道徳教育の指導の指針」などが連動するように図示される。その他、「生徒の実態」「保護者の願い」「地域の課題」「時代や社会の要請」などが付け加えられたりする。

この「道徳教育の全体計画」を基に**「道徳の時間（道徳科）の年間指導計画」**がつくられることになる。二〇一五（平成二七）年の一部改正版の学習指導要領第3章の「第3　指導計画の作成と内容の取扱い」では、「各学校においては、道徳教育の全体計画に基づき、各教科、総合的な学習の時間及び特別活動との関連を考慮しながら、道徳科の年間指導計画を作成するものとする。」とあり、また、「作成に当たっては、第2に示す内容項目について、各学年において全て取り上げることとする。」とある。したがって、年間三五回ある道徳の授業にどのような内容項目を配置するか、資料は何にするか、といったことが「道徳の時間（道徳科）の年間指導計画」の中心になる。中学校の場合、道徳科になって示された内容項目はすでにご覧いただいたように二二なので、ひとつの内容項目を複数回にわたって行ったり、複数の内容項目を合わせた総合的なねらいをもつ回を加えたりしながら、年間三五回の授業を組み立てていくことになる。こうした内容項目と資料という中心事項を表の中心に据えた上で、「教科欄」「総合的な学習の時間欄」「特別活動欄」などを設け、道徳の時間（道徳科）と各教科、領域の指導内容との関連を端的に記して表を作成していく。たとえば、運動会や体育祭のある月に［友情、信頼］という内容項目を割り当て、道徳の時間（道徳科）ではその内容項目の資料を用いて授業を行い、また、特別活動である運動会や体育祭では、児童・生徒同士の人間関係を深めるような指導を行う。こうした様子を表の中に記していくのである。このように、児童・生徒の状態や学校・学年の方針、また、折々の学校行事などを考慮しながら、「道徳の時間（道徳科）の年間指導計画」をつくりあげていくことが求められる。とはいえ、民間出版社の副読本であれば三五回分の資料がきちんと用意され、その教師用指導書にはその資料を用いることを中心に据えた「道徳の時間（道徳科）の年間指導計画」がサンプルとして掲載されており、こうしたものの活用も上手に行われているのが実態ではなかろうか。なお、『心のノート』や『私たちの道徳』が配布されて以降、その関連頁なども表の中に加えられることが多くなった。

おわりに

道徳の内容項目自体は、どの学年でもすべて扱うことになっているから教師がそれを取捨選択することはできない。だが、たとえば中学校の場合、二四ないしは二二の内容項目を三五回にわたって展開するのであるから、ある内容項目を複数回にわたって扱うなど、何を強調し丁寧に取り上げるかは、教師の手に委ねられている。同じ内容項目に対して用意された資料であったとしても、まるで正反対のメッセージを送っているのではないかと思われるような資料が存在することも先に見た通りであり、これを選ぶのも教師である。また、まったく同じ資料を使ったとしても、教師のやり方によっては、児童・生徒が反対の方向を向くことだってありうる（第14章参照）。すなわち、学校における道徳教育の「要《かなめ》」は、学習指導要領上では「道徳の時間」ないしは「道徳科」ということになっているが、その真の「要」は「教師」である。このことをしっかりと心にとめて教育活動を展開してほしい。

（1）二〇〇八（平成二〇）年三月告示の中学校学習指導要領から、「第2に示す内容項目はいずれの学年においてもすべて取り上げること。」とただし書きが加えられた。文言が若干異なるが、小学校も同様である。

（2）佐貫浩『道徳性の教育をどう進めるか　道徳の「教科化」批判』新日本出版社、二〇一五年、一一～一二頁。

（3）高橋陽一『新版　道徳教育講義』武蔵野美術大学出版局、二〇一二年、二五六頁。

（4）本書第9章第二節を参照。

（5）文部省『中学校　道徳の指導資料　第1集（第1学年）』文部省、一九六四年、一頁。

（6）柴田義松・宇田川宏・福島脩美監修『中学生　みんなで生き方を考える道徳2』日本標準、出版年不明、一一一～一一四頁。

（7）道徳教育をすすめる有識者の会編『13歳からの道徳教科書』育鵬社、二〇一二年、一五三～一五八頁。

（8）同資料は、村井実著者代表『中学道徳　心つないで2』（教育出版、出版年不明、一七〇～一七五頁）、渡邉満代表者『中学道徳　明日をひらく2』（東京書籍、出版年不明、八七～九三頁）、梶田叡一・黒田耕誠監修『中学校　道徳の学習3』（秀学社、出版年不明、九五～九八頁、資料名は「命のトランジットビザ」）、梶田叡一・黒田耕誠監修『中学校道徳　あすを生きる3』（日本文教出版、出版年不明、七六～七九頁、資料名は「命のトランジットビザ」）および道徳教育推進委員会編『高校生の「道徳」ともに歩む　今を、そして未来へ』（茨城県教育委員会、二〇〇六年初版、二〇一五年一部改訂、四八～五一頁）に掲載されている。なお、茨城県では二〇〇七年度に全国に先駆けて高等学校に道徳の授業を導入したが、後者の副読本はその際作成されたものである。

（9）二〇〇八（平成二〇）年改訂の学習指導要領までは「道徳教育の全体計画」についても「第3章　道徳」の「第3　指導計画の作成と内容の取扱い」に作成の要点がまとめられていたが、「第3章　特別の教科　道徳」に変わった二〇一五（平成二七）年の一部改正版からは、「道徳教育の全体計画」については総則で論じられるようになった。

第14章　道徳の学習指導案と授業の展開

伊東　毅

はじめに

筆者が学校教育で展開されている道徳の授業に関心をもつようになったきっかけの一つは、大学院生の時に宇佐美寛《ひろし》の授業を受けたことにある。道徳といえば理想的なまでにきれいな心とそこから生じる行動を賛美するものと漠然と考えていたが、道徳を現実から引き離してしまうそうした発想を宇佐美から徹底的に批判された。なおかつ、具体的に考えることを徹底的に要求された。筆者が指導を受けた内容は、宇佐美の著した『「道徳」授業批判』(明治図書出版、一九七四年)、『「道徳」授業をどうするか』(明治図書出版、一九八四年)[1]などをお読みになれば容易に想像していただける。徳目主義批判を多くの論者が展開しているが、それを読み物資料や学習指導案に即して最も具体的に行ったのが宇佐美である。筆者はこれにより道徳についての考え方が変わった。

しかし、宇佐美の議論が学校での道徳の授業にどれほど影響を与えたかということになると、その影響は極めて限定的なものであるといわざるをえない。宇佐美は資料「手品師」(物語は後ほど提示)とこれを用いた学習指導案や実践を大きく批判したことがある[2]。しかし、たとえば、道徳の分野ではメジャー誌である『道徳教育』(明治図書出版)が「徹底研究!　資料「手品師」」として特集を組んだことがあるが、研究者の松下行則《ゆきのり》が宇佐美についてほんの数行触れただけで、同誌に掲載された多くの教師の実践記録を見てみると、宇佐美の指摘などまったくなかったかのように徳目主義的な展開が大勢を占める。現実的に考えることを「方法論的」として避けようとする傾向が顕著である[3]。

本章では、宇佐美の議論を筆者なりに消化した上で、現実的に考える道徳とはどのようなものかを具体的に論じていこうと思う。宇佐美の議論と重なるところもあれば、そうでないところもある。宇佐美自身の議論を確認したい方は、先に挙げた文献などを参照してほしい。

第一節　道徳ワールド

本書の読者の大半は中学校の教員免許取得を希望していると思うが、わかりやすさを優先するため、小学生用の**読み物資料**（「**読み物教材**」といわれることもある）を用いて話を進めたい。解説等加える前に、まずはとにかく資料「フィンガーボール」[4]をお読みいただきたい。

フィンガーボール

ある国の女王様のお話です。

女王様が、外国から来たお客様をもてなすために、パーティーを開きました。お客様は、女王様の前なので、とてもきんちょうして、ごちそうをいただいたり、お話をしたりしていました。

ごちそうが次々と運ばれ、最後《さいご》に果物《くだもの》が出ました。果物を出すとき、ボーイさんが、フィンガーボールに水を入れて持ってきました。これは、果物を食べたとき、よごれた手をあらうものなのです。ところが、お客様は、よほどきんちょうしていたらしく、うっかりそのフィンガーボールの水を飲んでしまいました。ひょっとすると、フィンガーボールのことを知らなかったのかもしれません。

女王様は、その様子をだまって見ていらっしゃいましたが、自分も、知らん顔をしてフィンガーボールを取り上げると、中の水を飲んでしまわれました。

女王様が、フィンガーボールを知らないはずはありません。しかし、もしも女王様が、お客様の食事作法《さほう》のまちがいを見て、

「なんて、礼ぎを知らないお客様なのだろう。」

という顔をして、自分はフィンガーボールで手をあらわれたとしたら、お客様はどんなにはずかしい思いをしたか分かりません。お客様は、後で自分のまちがいを知ったとき、女王様のとってくださった態度《たいど》をどんなにありがたく思ったことでしょう。

さて、お読みいただいたところで読者のみなさまに**発問**（事実等の単純な確認をするための質問ではなく、児童・生徒に考えさせるために教師が発する問い）したい。「女王様のとった行動をどう思いますか。」

児童・生徒に聞くと女王様のとった行動を賛美する答えが大半を占める。確かに女王様の気持ちは賛同しうるものかもしれない。しかし、発問は女王様の気持ちを尋ねているのではない。はたして女王様のとった行動も賛美してよいものであろうか。

女王様はフィンガーボールの中の水を誤って飲んだ客人の行動をまねた。まねるという行動は社会的にはいろいろな意味をもつ。他の人の正しい行動や無難な行動をまねたときは問題は生じない。だが、たとえば他の人の失敗をまねたらどうだろう。たとえば他の人の癖をまねたらどうだろう。たとえば足に障害があり、足を引きずって歩いている人のまねをしたらどうだろう。より物語に近い例を出そう。外国から人を招いたとき、食事にお寿司が出たとする。その客人がお寿司をフォークで刺して食べたとする。あなたがそれをまねしてお寿司をフォークで刺して食べたとしたら、周りにいる大勢の人たちはどう思うだろう。

まねるということは社会的には馬鹿にするというコード（符号）に転じるときがある。すなわち、人の失敗をまねすることは失敗したその人をあなたが馬鹿にしていると周りからみなされる。他の人の癖をまねたらその人を馬鹿にしていると周りからみなされる。障害のある人のまねをしたらその障害のある人をあなたが馬鹿にしていると周りからみなされる。客人がお寿司をフォークで刺して食べたのをまねしたら、その客人をあなたが馬鹿にしていると周りからみなされる。同じように、フィンガーボールの水を飲んだ客人をまねてフィンガーボールの水を飲んだ女王様は、その客人を馬鹿にしていると周りの人たちからみなされてしまう。だから、女王様の気持ちを肯定しても、女王様のとった行動を肯定してはならない。女王様のとるべき行動は、そしらぬ顔をして何もなかったかのごとくただやり過ごせばいいだけのことである。

しかし、社会的に考えれば何ら不思議のない当たり前ともいえるこの考え方を道徳の時間に発表することにはかなりの勇気がいる。なぜだろうか。それは、現実から乖離《かいり》した虚構の世界へクラス全体が入り込むからである。たとえば、いま、テレビでウルトラマンを見ているとする。怪獣を前にある登場人物が「ウルトラマンなんているはずないし、もうおしまいだ。」といったとする。すると、テレビを見ているわたくしたちは、「ウルトラマンはいるよ。ハヤタ隊員がいざとなったらウルトラマンに変身するのにこの登場人物はわかってないなあ。」とその登場人物の不明を非難しながらテレビを見るのである。もちろんわたくしたちはM78星雲からやって来た身長四〇メートルの宇宙人が現実には存在しないことを知っている。ウルトラマンがフィクションの中のキャラクターであることは百も承知である。しかし、同じフィクションの中にいる登場人物がそのフィクションの中のことを知らないことにイライラするのである。そこにはフィクションのつくりだす世界（ワールド）があり、現実世界の判断より、その世界特有の判断がその中では優先される。実は道徳の時間もこれに近い状態になるときがある。現実的に不自然でかなり無理があったとしても、道徳の時間になると、美しい心情をもつ主人公のその特異な行動に賛同しなければならない衝動にかられる。そうした感覚が支配する世界を「道徳ワールド」と呼んでおこう。すなわち、女王様の行動に疑問をもたず、すばらしいと賛美するのは、この道徳ワールドの作用である。

第二節　道徳の資料の特徴

道徳の時間が現実に生きるわたくしたちの力になるためには、学校で展開される道徳の授業を道徳ワールドから脱出させなくてはならない。ところが、実はこの道徳ワールド、かなり強力にできている。読み物資料として広く使われている「手品師」(5)を用いて説明を続けよう。この資料は小学校高学年で用いられることが多いが、中学校で用いられることもある最もポピュラーな道徳の資料である。(6)まずは、資料「手品師」をお読みいただきたい。

手品師

あるところに、うではいいのですが、あまりうれない手品師がいました。もちろん、くらしむきは楽ではなく、その日のパンを買うのも、やっとというありさまでした。

「大きな劇場で、はなやかに手品をやりたいなあ。」

いつも、そう思うのですが、今のかれにとっては、それは、ゆめでしかありません。それでも、手品師は、いつかは大劇場のステージに立てる日の来るのを願って、うでをみがいていました。

ある日のこと、手品師が町を歩いていますと、小さな男の子が、しょんぼりと道にしゃがみこんでいるのに出合いました。

「どうしたんだい。」

手品師は、思わず声をかけました。男の子は、さびしそうな顔で、おとうさんが死んだあと、おかあさんが働きに出て、ずっと帰って来ないのだと答えました。

「そうかい。それはかわいそうに。それじゃおじさんが、おもしろいものを見せてあげよう。だから元気を出すんだよ。」

と、言って、手品師は、ぼうしの中から色とりどりの美しい花を取り出したり、さらに、ハンカチの中から白いハトを飛び立たせたりしました。男の子の顔は、明るさをとりもどし、すっかり元気になりました。

「おじさん、あしたも来てくれる?」

男の子は、大きな目を輝かせて言いました。

「ああ、来るともさ。」

手品師が答えました。

「きっとだね。きっと来てくれるね。」

「きっとさ。きっと来るよ。」

どうせ、ひまなからだ、あしたも来てやろう。手品師は、そんな気持ちでした。

その日の夜、少しはなれた大きな町に住む仲のよい友人から、手品師に電話がかかってきました。

「おい、いい話があるんだ。今夜すぐ、そっちをたって、ぼくの家に来い。」

「いったい、急に、どうしたと言うんだ。」

「どうしたも、こうしたもない。大劇場に出られるチャンスだぞ。」

「えっ、大劇場に?」

「そうとも、二度とないチャンスだ。これをのがしたら、もうチャンスは来ないかもしれないぞ。」

「もうすこし、くわしく話してくれないか。」

友人の話によると、今、ひょうばんのマジック・ショウに出演している手品師が急病でたおれ、手術をしなければならなくなったため、その人のかわりをさがしているのだというのです。

「そこで、ぼくは、きみをすいせんしたというわけさ。」

「あのう、一日のばすわけにはいかないのかい。」

「それはだめだ。手術は今夜なんだ。あしたのステージに、あなをあけるわけにはいかない。」

「そうか………。」

手品師の頭の中では、大劇場のはなやかなステージに、スポットライトを浴びて立つ自分のすがたと、さっき会った男の子の顔が、かわるがわる、うかんでは消え、消えてはうかんでいました。

(このチャンスをのがしたら、もう二度と大劇場のステージには立てないかもしれない。しかし、あしたは、あの男の子が、ぼくを待っている。)

手品師は、まよいに、まよっていました。

「いいね、そっちを今夜たてば、あしたの朝には、こっちに着く。待ってるよ。」

友人は、もう、すっかり決めこんでいるようです。手品師は、受話器を持ちかえると、きっぱりと言いました。

「せっかくだけど、あしたは行けない。」

「えっ、どうしてだ。きみが、ずっと待ち望んでいた大劇場に出られるというのだ。これをきっかけに、きみの力が認められれば、手品師として、売れっ子になれるんだぞ。」

「ぼくには、あした約束したことがあるんだ。」

「そんなに、たいせつな約束なのか。」

「そうだ。ぼくにとっては、たいせつな約束なんだ。せっかくの、きみの友情に対して、すまないと思うが……。」

「きみが、そんなに言うなら、きっとたいせつな約束なんだろう。じゃ、残念だが……。また、会おう。」

よく日、小さな町のかたすみで、たったひとりのお客さまを前にして、あまりうれない手品師が、つぎつぎとすばらしい手品を演じていました。

この資料はわたくしたちを現実から乖離させるためのあたかもサブリミナル効果をもつコマーシャルのような仕組みをその内に秘めている。それは、子どもとの約束を守った手品師の行動を誠実で賛美すべきものとして、そこにのみ注目させる仕組みである。それを見ていこう。

1　手品師は、日中暇でブラブラしているようなときに手品の道具を携帯しているのか。とくにハトを持ち歩いているのか。糞《ふん》とかされたらどうするのか。こうした疑問を差し挟まずに、いきなり出会った子どもに手品のフルコースを見せてあげることを当然のごとく受け止めさせるのであるから、つくられた架空の世界に子どもたちを強引に誘うことになる。

2　パンを買うのもやっとというありさまなのに暇な体とかいっているが、アルバイトでも何でもして、生活を立て直す努力をなぜこの手品師はしないのか。「衣食足りて礼節を知る」という諺《ことわざ》があるように、人は生きていくための基本を整えることが大切で、もし、食べるものが正当な手段で獲得できなければ、犯罪を犯しやすい状態になる。こうした手品師の生活上の問題にはまったく触れずにやり過ごすわけであるから、これは現実的な判断から児童・生徒を遠ざける効果をもつ。

3　なぜ手品師は大劇場から遠く離れた小さな町に住んでいるのか。大劇場のある大きな町に住み、たえずチャンスを狙っているべきではないのか。自分を売り込む努力をしっかりすべきではないのか。「大きな劇場で、はなやかに手品をやりたいなあ。」という思いと実際の手品師の行動がこのように乖離しているので、思いとそれを実現するための行動とはさしあたり関係ないんだと児童・生徒に思わせてしまう。

4　小さな子どもが日中あそんでいる。小学校に通う年齢であれば学校に行っているはずだから、そうでないということは、小学校に上がる前の五、六歳児ということか。学校が休みの日だとしても、小学生であれば同級生など友だちがいるはずだから、一人で寂しいというシチュエーションは不自然になる。母親が一人で子育てしているとはいえ、こんな幼い子どもをずっと放置しているのか。この子のこのような危険な状態こそ道徳的に問われるべきなのに、ストーリーを優先してこうしたことは素通りされる。こうした展開は、ある目的に向かってのみ授業が進められていることを児童・生徒に予感させ、主たるテーマ以外について考えるべきではないと感じさせる。

5　電話をかけてきた手品師の友人はマジック・ショーの人事にかかわることができる人物のようである。そうであるならば、なぜ生活に苦しんでいる手品師を前座ででもいいから普段から使ってあげないのか。「仲のよい」などの肯定的な表現を中身の薄いものにしてしまっている。これにより、児童・生徒はともかく中身が薄かろうと肯定的な表現を連ねていけばいいんだなと考えるようになっていく。

6　手品を興行しているこの団体は、評判のマジック・ショーに出演している手品師の代役に無名の手品師を使うのか。出演できなくなった手品師を目あてに来場してくれる客に対して企業として不誠実である。だが、手品師が誠実に約束を守るというストーリーが大切で、それ以外の不誠実には触れるべきではないんだなと児童・生徒に思わせる。

7　フリーランスの仕事をしている者にとって、仕事が重なるのでなければ依頼を引き受けるのは当たり前。この手品師は職業に対する意識が低い。また、フリーランスではなく会社員であったとしても、普通は仕事を優先する。たとえば、お父さんが子どもと日曜日に遊園地に行く約束をしていた。ところが、会社からその日曜日に出張するよう依頼された。子どもと遊園地に行くからといって、出張を断るお父さんは現実にいるだろうか。中には親の死に目より仕事を優先する人もいるくらいである。仕事のもつ社会的意味は重い。だが、こうした現実的な考え方は道徳の時間にはふさわしくないんだなと児童・生徒に思わせる。

以上、七点の問題を指摘したが、こうした疑問を生じさせないように授業が進行する。そして、そうした疑問を脇に置いて進めば進むほど現実的判断はこの場ではふさわしくないと児童・生徒は考えるようになる。そして、道徳ワールドに入っていく。こうした特徴は資料「手品師」に限ったことではない。多くの道徳の資料は同じような構造をもっている。

第三節　気持ちと行動

ここで、先ほど提示した資料「手品師」の**学習指導案**（授業の計画書ないしは設計図）を見てみよう。以下に示す学習指導案[7]は当時文部省で小学校教育課教科調査官を務めていた青木孝頼《たかより》の編著となっている文献に掲載されたものであり、この学習指導案のような展開が一般的であるように思われる。

基本発問と予想される児童の反応

(1) 相手に不誠実にされた経験と、そのときの気持ちを発表させる。

(2) 資料「手品師」を読み、手品師への心情を話し合う。

① 腕はいいけれど売れない手品師は、毎日どんな気持ちで暮らしていただろうか。
・いつかは、きっと大劇場でステージに立てるからがんばろう。
・いつになったら、みんなの前で、手品を見せることができるだろう。
・貧しいけど、明るい気持ちで暮らそう。
② 「きっとさ、きっとくるよ。」と言った手品師の言葉に、男の子に対するどんな気持ちが感じられるか。
・はげましてやりたい。　・もっと明るく、元気をだしてほしい。
・きみのためだったら、何があってもくるよ。
❸ 「大劇場に出るチャンスだ」という友人の電話を聞いた手品師の心の中は、どんなだったろうか。
・やっと夢がかなえられるチャンスがきた。いって大勢の客の前でやりたい。
・大劇場のステージに立ちたいし、男の子と約束もあるし、どうしよう。
・待っている男の子のことを考えると、約束は破れない。
④ 次の日、手品師は、どんな気持ちで男の子に手品を見せていただろうか。
・やっぱり約束を守ってきてあげてよかった。
・いつかは、きっとまたチャンスがあるさ。
(3) 自分が今まで誠実に行動できなかったのは、どんなことか考えさせ、明るい生活をするため、どんな心がまえをしようと思うか発表させる。
(4) 誠実な人柄が、回りの人たちを明るくしたり、さわやかにさせたという経験談を話してやり、本時をまとめる。

＊●は中心発問。

資料についての発問が全部で四つ用意されている。ここで注目してほしいことは、資料についての発問のすべてが気持ちを問うていて、どのようにしたらよかったのかという行動のレベルを問うものがないことである。気持ちを問う限りにおいては手品師は批判されずにすむ。こうして行動の吟味はなされずに手品師が賞賛されて授業が終わる。道徳にとって気持ちは重要な位置を占めるのかもしれないが、それのみに終始すべきではない。世の中に出るためのトレーニングの場が学校であるとするならば、道徳は各自の気持ちに留まるべきではなく、他者との関係や社会との関係に積極的に関与していくべきである。そして、他者や社会との関係が具体的に問われるのが行動のレベルである。道徳は気持ちを超えてもっと行動を問うものにならなくてはならない。

ところで、気持ちとは生じてしまうものであり、児童・生徒に「次の日、手品師は、どんな気持ちで男の子に手品を見せていただろうか。」と問うたとしても、児童・生徒のあらゆる答えを認めざるをえない。ある児童・生徒は「喜んでくれている子どもを見て、やっぱり約束を守ってよかった。」と答え、また、ある児童・生徒は「一夜明けてみたら、チャンスを逃したことを後悔する気持ちがだんだん強くなってきてしまった。」と答える。本文に手品師の気持ちは書いてないのだから、どんな答えだって可能性としてはありうる。だから、気持ちについての発問に関しては**オープンエンド**（道徳の授業などでは「明確な結論を出さない」「各自の判断に任せる」というような意味で多用される。）にせざるをえない。これまで展開されてきた道徳の授業は気持ちを問うものが主流で、結果として児童・生徒のあらゆる発言を肯定するオープンエンドで締め括《くく》ることが一般的であった。ここから、教師も児童・生徒も「道徳に正解はない」というイメージをもつようになる。

確かに気持ちに正解はない。しかし、道徳は気持ちを含みながらも、実際の判断やそれに基づいた行動をも含む。そうした行動までもすべて肯定してよいものであろうか。資料「手品師」を使った授業でよくあることだが、子どもとの約束を守るか、それとも、大劇場に向かうかといった二者択一的な発想から児童・生徒を両者に振り分け、双方にある程度意見をいわせた上で、どちらもありうるとして認め、オープンエンドとする授業がある。しかし、これでよいのだろうか。子どもをとるか、大劇場をとるか、心の中で葛藤した上でなら、自分の夢を叶《かな》えるための苦渋の決断として大劇場をとってもよいのであろうか。放置された子どもはどうなるのか。また反対に、自ら選んだ職業に対してそれを達成すべく努力もせず、こんなに簡単にその機会を逸してもよいのであろうか。あなたがもし手品師の親だったとしたら、やっと仕事が軌道にのるかもしれない重要な場面でそれを放棄してしまう息子を手放しで賞賛することができるであろうか。もしこれが現実であるとするならば、多くの親は相当歯がゆい思いをしながら、息子の将来を悲観してやるせない気持ちになるのではないか。いずれにしても、あらゆることが認められるのであれば、もはや道徳の授業は必要ないのではないか。どんな行動をしてもよいのであれば、道徳の授業で学習することの意味は何か。

　行動のレベルで考えれば、肯定しうるものとそうでないものとがやはりある。もちろん、正しい行動は一つではないであろう。だが、やはり行動には肯定しうる範囲と肯定しえない範囲がある。もし、児童・生徒の回答が肯定しえない範囲のものであったのなら、教師は肯定しうる範囲に導かなくてはならない。気持ちを尋ねたならばオープンエンドであったとしても、行動を尋ねた場合は簡単にはオープンエンドにしてはならない。

　オープンエンドにしようとする教師たちが多いわけであるが、そこには児童・生徒の発言を大切にしようとする心理がある。どの児童・生徒の発言も肯定的に受け止めてやりたいという気持ちの表れである。しかし、ここには誤解があるのではないだろうか。児童・生徒の発言を大切にするというのは、その発言の内容を無条件で肯定することなのであろうか。決してそうではない。発言の内容が妥当なものでないとしたら、「そういう考えもあるね。」とだけいってすぐさま次の児童・生徒を指名するのではなく、発言の内容をめぐって丁寧にやり取りし、その児童・生徒とコミュニケーションを深めていく。それが児童・生徒の発言を大切にするということである。

第四節　教師の意図の先回り

人は他者から評価を得ようとする。とくに評価をする人の評価を得ようとする。したがって、学校では児童・生徒が教師の評価を得ようとするのは当然のことといえる。児童・生徒は教師の期待する答えを探そうとする。すなわち、教室では児童・生徒による教師の意図の先回りがたえず試みられることになる。それは、教科であっても、道徳であっても、総合的な学習の時間であっても、特別活動であっても、同様である。

ところが、道徳ではこの傾向が顕著に現れる。たとえば、教科では教師の期待する答えはその学問分野で正解とされる答えである。数学で図形の問題であれば、台形の面積の出し方や三平方の定理などを使って児童・生徒は答えを出そうとする。だから、教師は正解を導き出すことを期待するが、そこでは教師の意図の先回りといっても教師の意図を直接先回りすることはできない。諸科学の法則に則《のっと》って答えを出さざるをえない。一般の教科では、教師の意図の先回りは諸科学を媒介して間接的に行われる。ところが、道徳の場合は基礎となる学問や科学がかなり曖昧である。この様子を佐貫浩は「一般に教科の内容を第一義的に決定するのは、実はその基盤にある科学の到達点なのである。ところが道徳科にはそのような意味で対応する科学は今のところ存在していない。[8]」といっている。それでも倫理学などがまず頭に浮かぶが、倫理学をベースに道徳の授業を展開する教師は例外的である。女王様や手品師の行動を、たとえばカントの定言命法やハーバーマスの討議倫理を用いて判断しようなどという教師はいないであろうし、ましてや児童・生徒ならなおさらである。したがって、児童・生徒は学問や科学によらず直接的に教師の意図を探ろうとする。道徳の時間に約束を破ってもいいなんて教師がいうはずがない。葛藤シーンが描かれているが、教師は、結論として約束を守った手品師を肯定するに決まっている。こう考えて、教師に当てられた児童・生徒は、「大劇場に立つ夢を断念して子どもとの約束を守った手品師は、やっぱり偉いなと思いました。」と答えるのである。(9)

ところで、教師の意図の先回りに何か問題があるのだろうか。教師の意図が学問や科学を介して間接的に追求される場合は、自ずと児童・生徒は真理を追求する態度を形成することになる。ところが、教師の意図が直接的に追求される場合は、教師という権力に迎合する態度を形成することになる。力のある者になびくのは人間の習性に違いないが、道徳の時間はそれを教えるためにあるのではない。道徳を為政者による治安維持対策ととったならば、権力に対するこうした従順な態度の育成こそが重要になるのであろうがそうではないはずである。適切な判断と行動ができるようになるための学習が展開されなくてはならない。

第五節　道徳ワールドにおける教師の意図の先回りをどのように克服するか
――学習指導案の具体例を通して

では、強固な道徳ワールドにおける児童・生徒による教師の意図の先回りをどのように克服していけばよいのであろうか。もちろん、教師の意図の先回りをなくすことはできない。だが、権力に迎合するトレーニングに単純にならないように道徳の授業を改善することはできる。多くの教科が科学的事実や思考を経由させることにより教師の意図に児童・生徒を到達させようとするように、道徳も教師の意図を直接先回りをさせるのではなく、何かしらの媒介項を挟むことによって教師の意図に児童・生徒を到達させようとする必要がある。では、何を媒介項とするか。いくつかあるだろうが、現実的に適切な行動を考えさせることがその中心になるだろう。そのときの判断の基準の一つは社会的妥当性である。もちろん、単純に慣習や社会規範に従えばよいといっているのではない。合理性や正義という点からいえば疑問をもたざるをえない慣習や社会規範もある。そうしたものは改善する必要がある。こうしたことを踏まえて社会的妥当性は考えられなくてはならないが、しかし、社会的妥当性を一方的に無視した行動を認めるわけにはいかない。無条件でオープンエンドにするのではなく、この辺りのことを児童・生徒にしっかりと考えさせる必要がある。

それではどのように道徳の授業を展開すればよいのであろうか。行動の社会的妥当性を問う授業とは具体的にどのようなものなのか、資料「手品師」を用いて示していきたい。

具体的な授業展開を知るためには学習指導案を見るのが手っ取り早い。道徳の学習指導案は縦書きで書かれることが多かったときもあるが、現在では横書きが主流となっている。ここでは横書きの学習指導案を作成し、具体的な授業展開を示したいと思う（次頁以下参照）。

さて、ここで道徳の学習指導案の書き方についても触れながら、授業の進行の仕方について解説を加えていこう。

学習指導案であるが、日時や場所などの出だしの数行は機械的に記入することができる。とくに注意してほしいところは、「本時の目標」の書き方である。目標は通常、学習指導要領の「道徳」ないしは「特別の教科　道徳」の章に掲載される「内容」に列挙されている**内容項目**（「**徳目**」ともいわれる。）から作成する。中学校の場合は、二〇〇八（平成二〇）年三月告示の学習指導要領では二四項目、「特別の教科　道徳」では二二項目からその授業に見合った内容項目を選んで指導目標を作成することになる。多くは選んだ学習指導要領上の内容項目の文言を大きく使用して作成する。ご覧いただいている「手品師」を使用した学習指導案では、「特別の教科　道徳」の「内容」の「A　主として自分自身に関すること」の「自主、自律、自由と責任」「自律の精神を重んじ、自主的に考え、判断し、誠実に実行してその結果に責任をもつこと。」という内容項目を用いて本時の目標を作成している。目標は「資料「手品師」を使って、自律の精神を重んじ、自主的に考え、判断し、誠実に実行してその結果に責任をもつことの大切さを学ばせる。」となっている。文の終わり方に注目してほしい。「学ぶ」ではなくて「学ばせる」である。あくまでも「指導

●●市立●●中学校

道徳学習指導案

武蔵野美術大学造形学部●●学科4年　●●●●　印
—指導担当教員名—　印

日時：平成28年6月17日（金）2時間目
場所：1年3組教室
対象：1年3組36名

1. 題材
江橋照雄「手品師」を用いて約束を考える。

2. 題材設定の理由
みんなで決めたクラスの決まりや約束などが軽視されるようになってしまった。「手品師」はいったん決めたことや約束などにどう向き合うべきかということを考えさせる格好の資料である。よって、この資料「手品師」を用いた授業を行うことによって、クラス改善のためのきっかけとしたい。

3. 指導目標
「よりよい人間関係を築く力をつける」という学年全体の目標を達成するためにも、物事を決めたり約束するということはどういうことかを現実に即して考えさせる。

4. 指導の全体計画
第1時（本時）　資料「手品師」を用いて約束を多面的に考えさせる。
第2時　形骸化しているクラスの決まりをどうするか検討し、改善策を考えさせる。

5. 本時の目標
資料「手品師」を使って、自律の精神を重んじ、自主的に考え、判断し、誠実に実行してその結果に責任をもつことの大切さを学ばせる。（中学校学習指導要領第3章第2内容A—［自主、自律、自由と責任］）

6. 本時の準備
江橋照雄「手品師」、文部省『小学校道徳の指導資料とその利用1』大蔵省印刷局、1976年、48–50頁。同資料のコピー60部（クラス人数分＋参観者用）。

7. 本時の展開

教師の指示・発問・発言等	生徒の作業・発言等	教師の対応	留意点・備考	時間
①あいさつ ②資料「手品師」配布。 ③教師による音読。				1分 2分 5分

④発問 1「まずは、どんなことでもいいですので、この話を読んで感じたことを教えてください。」(2 人くらいにあてる。)	[発問 1 に対する予想される生徒の発言] ・約束を守った手品師は偉い。 ・確かに手品師のとった行動はりっぱだけれど私にはまねできない。	[発問 1 に対する教師の対応] どのような発言でも肯定的に受け止める。		2 分
⑤発問 2「それでは、みなさんがもしこの手品師だったら、どうしますか。教えてください。」(2 人くらいにあてる。)	[発問 2 に対する予想される生徒の発言] ・この手品師と同じように、大劇場に行くのを断って男の子との約束を守る。 ・その子には悪いけれど、自分の夢を叶えるため、大劇場に行く。	[発問 2 に対する教師の対応] この段階では、どのような発言でも批判せず聞きとる。		2 分
⑥発問 3「約束を守れない人は、人から信用されなくなってしまいます。だから、約束をしっかり守った手品師って立派だと先生も思います。でもね、本当に自分がこの手品師だったら、おんなじように行動できるかって昨日の夜、真剣に考えてみたら、先生の心は『はい、そうします』ってなかなかならずに悩んでしまいました。でも、あの男の子とした約束、ほったらかして大劇場に行ったら、人としてダメですよね。どうすればいいだろ。この窮地を脱出するいいアイディアないですか。各班で真剣に考えて先生に教えてください。」	[発問 3 に対する予想される各班の回答] ・その子をすぐに探して、事情を話してあやまり、手品を見せるのを他の日に変えてもらう。(父が死んで母が働きに出ちゃってるようなちょっとだけ特殊な暮らしをしている子どもなので、子どもが遊んでた近辺の家の人はその子がどこに住んでいるかを知っている可能性が高い。) ・近所に住む知り合いに頼んで、子どもと約束した時間にその場所に行ってもらい、謝罪と事情説明をしてもらう。 ・謝罪と事情を記した置手紙を子どもと会う予定の場所に置く。 ・子どもを大劇場に連れて行ってそこで見せれば一石二鳥じゃない?	[発問 3 に対する教師の対応] 男の子を放置するような回答には肯定せず、そうしないようにするアイディアを出すよう促す。	発問 3 の議論のあとでも、男の子との約束を守った手品師が正しいと考える生徒はいる。そういう生徒の思いや考え方も尊重する。	10 分
⑦順番にすべての班に発表させる。 (各班 1 分 30 秒× 6 班)			班の発表の際、時間をしっかりと管理する。	9 分
⑧発問 4「どの班の回答が、現実的に考えると一番いいと思いますか。または、これは現実的に考えたら問題があるんじゃない、って回答はありませんでしたか? 理由とともに教えてください。これも、班で話し合ってみてください。」	[発問 4 に対する予想される各班の回答] ・子どもは置手紙に気づくことができるかな。気づかない可能性もあるし、小さい子どもなので字が読めないかもしれない。だから、違うやり方の方がいいのでは。 ・「子どもを大劇場に連れて行ってそこで見せれば一石二鳥」って意見があったけど、それって誘拐と間違えられない? お母さんと連絡が			5 分

	ついて許可がもらえればいいと思うけど。（もし、「いっしょに大劇場に連れていく」っていう回答があって、この指摘が生徒からでなかったら、教師が指摘する。）	
⑨順番にすべての班に発表させる。 （各班１分×６班）		６分
⑩まとめ 約束は守ることが大前提であることを確認する。その上で、やむにやまれぬ事情がその後生じてしまった場合、約束の時間になる前にしっかりと謝罪するなりその旨を伝達する手段を講じ、約束を取り消してもらったり変更したりする努力をしなければならないことを生徒に伝える。		６分
⑪終わりのあいさつ&片づけ		２分 ［計50分］

８．評価のポイント
・誠実に行動するということを現実的に考えることができたか。
・班での話し合いの時など、自分の考えを積極的に発表することができたか。

案」なので、指導者である教師の視点から書かれることになる。「学ぶ」のは児童・生徒であり、教師は「学ばせる」ことになる。

本時の展開に移ろう。授業の進行を読み手にわかりやすく記していかなくてはならないが、進行の中心となる教師の指示や発問にまずは①・②などの番号をつけて教師のやらねばならないことを順を追って視覚的にもわかりやすく列挙する。

掲載されている学習指導案では、資料の内容を共有するところでは「③教師による音読。」となっている。あてるなどして児童・生徒に読ませた方が良いと考える人がいると思うが、ここは国語の時間ではない。上手に読めるかチェックするよりも教師がしっかり音読して、資料の内容を落ち着いて児童・生徒に把握させる方がよい。読み方がうまくないと内容が頭に入りにくいし、あてられて音読している児童・生徒は恥をかきたくないため上手に読もうとするあまり、内容が本人の頭の中に実は入ってこないということもよくある。

さて、学習指導案では④から発問に入るわけであるが、発問はさまざまな指示や作業と比べて授業の柱となる部分なので、学習指導案の読み手や追試（同じ授業を試みること）をしようとする者に誤解されないよう、発するセリフそのままをカギ括弧で括《くく》って示すとよい。このような丁寧な学習指導案はあまり見られないが、筆者はこれを勧めている。

「生徒の作業・発言等」欄では、発問に対する予想される児童・生徒の答えを記しておくことが一般的である。

「時間」欄では、それぞれかかるであろう時間を書くわけであるが、小学校であれば一コマの授業が合計四五分、中学校であれば合計五〇分に当然なる。

学習指導案の形式に関してはひとまずこのくらいにし、授業の展開について話を進めていこう。まず、発問1では、読後の単純な感想を聞いている。感じてしまったものを否定することなどできはしないので、その発言を感謝し、学級全体で受け止める。具体的には、どんな意見が出ても、次のように答える。「〇〇さんはそう感じたの。教えてくれてありがとう。〇〇さんと同じように感じた人、手を挙げてください。」手の挙がり具合を見て、たくさん手が挙がった場合は、「〇〇さんと同じように感じた人、たくさんいるんですね。」といい、手を挙げる人がいなかったり少なかった場合は、「ということは、〇〇さんは個性のある感じ方ができる人なんですね。私は個性ある感じ方ができるってとってもすばらしいと思います。そういうところ大切にしてね。」という。

次に、児童・生徒の思考を気持ちから行動に移していく。まずは自分が手品師だったらどうするかを単純に問うてみる（発問2）。この段階では、男の子をとるか、大劇場をとるかといった二者択一的に捉えて考えようとする児童・生徒が多いが、そこからこの両者を調整することを考えるように児童・生徒を導いていく（発問3）。この方向で授業を進めていきたいのであるが、何割かの児童・生徒が手品師の行動を批判的に検討することに抵抗を強く感じる場合がある。現実的に考えさせるといってもそれはそれぞれの児童・生徒のそれまでの経験の量や質に左右されるので、児童・生徒によってはその手品師の行動が現実的にも困難のない最善の行動と映る。その場合は、無理に考え方を変えさせる必要はない。その考え方を尊重してあげればよい。男の子を放置してしまうことに比べれば、他者に迷惑をかける度合いは少ない。この段階では、周りに違う行動の方がよいと考える者がいて、どうやらそういった行動も社会的には認められるらしい、と感じ取らせるだけでも意味がある。ただ、場合によっては、男の子の視点に立って考えさせてみてもよい。具体的には、「もしあなたがその男の子だったとしたら、事情を事前に話してもらい、誠意をもって謝罪されたらどうしますか。」「のちにその手品師のおじさんは僕のために手品師としての大きなチャンスを逃してしまったと知ったら、男の子はどんな気持ちになるでしょうか。」などの発問を加えるというやり方もある。

この授業では、班で話し合わせるという作業を二度取り入れている。学級集団づくりに取り入れられる討議の二重方式[10]と同様の意味合いを期待してのことである。学級全体の前で発言することが苦手な児童・生徒の考えも反映できるし、グループワークはそのまま民主的な人間関係をつくるスキルを向上させることにもなる。ただ、時間管理が難しくなるので、手際よく指示出しや発表をさせなくてはならない。

どのような行動が可能か考えさせるわけであるが、児童・生徒は男の子への対応の仕方をいろいろと考えて報告してくる。そこで次は、現実的に問題がないかどうかという視点から提示されたやり方を吟味させる必要がある（発問4）。二者択一を克服しようとするのはよいが、あまりにも現実離れしたアイディアや問題が残る解決策では生きる力にはなかなかなりえない。よくあるアイディアは、「男の子を一緒に連れて行って大劇場でその子にも手品を見せれば両方うまくいく。」というものである。[11] しかし、このアイディアは現実的かどうかという視点から考えると、かなり問題がある。誘拐と思われてしまう可能性が高い。母親の許可がとれれば可能だと思われるが、知らない男から突然このような申し出があったとしても、承諾する親はめったにいないだろう。母親にとってはやはりこの手品師は得体のしれない人物であろうし、こんな小さい子を一晩かけなければたどりつかないような遠方にしかも夜中に同行させるのは不安があるだろうし、仮に手品師が信頼できる人物であるとしても、多大な負担をその手品師にかけるのは申し訳ないと思うだろう。善意からとはいえ、この申し出はむしろ母親に相当の心理的負担を負わせるものであり、実際に思いついたとしてもこうした申し出を母親にすべきではないのではないか、などといったことを考えさせて、自分たちのつくりだしたアイディアを現実につなげていくトレーニングをする。こうして道徳ワールドからの脱出を試みるのである。

そして最後にまとめをする。道徳の資料が「手品師」のようにフィクションである場合、より身近な状況に置き換えて、現実的な考え方ができるように導く。具体的には、次のようなセリフなどが考えられる。

「さて、ここで約束について振り返ってほしいんですけど、約束って守らなきゃだめですよね。でも、守れないときって場合によってはありますよね。たとえば、友だちと遊ぶ約束していたんだけれど、お母さんが急に具合が悪くなって病院に運ばれたとしたら、どうしますか。約束通り、友だちと遊びに行きますか？　行きませんよね。お母さんが心配だから病院に行きますよね。そういうとき、みんなどうします？　友だちのこと無視しちゃう？　本当に動転してたら仕方ないと思いますけど、電話するなりして連絡を取って事情を話しますよね。そしたら、ちゃんとした友だちだったら、「早くお母さんのとこに行きなよ！　遊びに行くことなんてまた今度できるじゃん！」っていってくれますよね。逆に、みんなが友だちから「お母さんが病院に運ばれちゃった。これから私も病院に行くから、約束してたけど今日は遊びに行けない」って言われたらどうですか？「え〜、約束破るの～？」ってその友だちを非難しますか？　しませんよね。なんでも自己都合で約束を変更していいといっているのではないので誤解しないでください。約束は大切だけど、とても重要なことが後から生じちゃった場合、それを事前に伝えてくれて誠意をもってあやまってくれれば、人間関係、簡単には壊れませんよね。この「手品師」っていう物語の場合、小さな男の子だからうまく理解できずに「おじちゃんのウソつき」って責めるかもしれないけど、でも、誠意をもってあやまる。事後じゃなくて事前にですよ。もし事前に会うことができなかったら、男の子との待ち合わせ場所に誰かに行ってもらって男の子に事情を話し、精一杯謝罪してもらうというやり方もあるでしょう。その子も成長し、理解してくれるときが来ると信じて、精一杯あやまる。繰り返すけど、子どもに待ちぼうけをくらわせたらだめですよ。その子は傷つくだけで終わってしまいます。この男の子にとって無条件のハッピーエンドにはならないかもしれないけれど、現実的に考えれば、事前にあって誠実に謝罪する、ないしは、誰かにそれを伝えてもらう。これが社会的に認められる線なんじゃないでしょうか。現実的に考えるって難しいですよね。道徳の時間ていうのは現実をちょっと脇に置いておいてきれいな答えを考えるって感じがしないでもないですけど、ぜひ、現実的によりよい方法を考えるっていうことを頭の片隅においてこれからは道徳の授業を受けてみてください。」

教師の仕事は授業が終われば終わりではない。**評価**をする必要がある。道徳が教科になることの実質的な変更点の一つが、指導要録に道徳の評価欄が設けられることである。調査書（いわゆる内申書といわれる進学資料）には転記されないようであるが、学期の終わりに配られる通知表には転記されることになるであろう。点数評価ではなく、記述式の評価をすることになっている。これまでは評価のポイントが形式的に添えられているような状態であったが、今後はこのポイントに沿って児童・生徒を評価していかねばならない。したがって、曖昧な基準ではなく、これまで以上に具体的で実際に評価をしやすいポイントを作成しておく必要がある。

おわりに

本章に記したような、気持ちを問うことを中心とするのではなく行動を問うことを中心とする道徳の授業は少ない。しかし、文部科学省教育課程企画特別部会が二〇一五年八月二六日に公表した教育の未来を見据えた「論点整理」では、これまでの道徳について「子供たちに道徳的な実践への安易な決意表明を迫るような指導を避ける余り道徳の時間を内面的資質の育成に完結させ、その結果、実際の教室における指導が読み物教材の登場人物の心情理解のみに偏り、「あなたならどのように考え、行動・実践するか」を子供たちに真正面から問うことを避けてきた嫌いがある」(12)と指摘し、「考え、議論する」道徳科への転換を提唱している。本章で掲げた学習指導案は、こうした動向を踏まえてのものであり、現在では主流ではないが、だんだんと増えていく類いの実践であると筆者は考えている。

筆者が提示した学習指導案や授業の流れに批判的な人も多いと思う。読者のみなさまの中にも批判的な人はいるだろうし、教育実習に行った先の指導担当の教員の中にもこうしたやり方をふさわしくないと考える人は少なくないと思う。道徳とは論争的な側面をもっている。学習指導案の書き方の形式は参考にしてほしいのであるが、何をどうやって教えるかという内容については、読者各自がそれこそ現実的な判断を駆使していい道徳の授業をつくってほしい。本章はその材料を提供したにすぎない。

(1) その他にも『道徳教育』(放送大学教育振興会、一九八七年)、『「道徳」授業に何が出来るか』(明治図書出版、一九八九年)、『「道徳」授業における言葉と思考 「ジレンマ」授業批判』(明治図書出版、一九九四年)などがある。

(2) 宇佐美寛『「道徳」授業をどうするか』明治図書出版、一九八四年、三二一〜四二二頁。

（3）『道徳教育』二月号、No.六五六、明治図書出版、二〇一三年、参照。

（4）「フィンガーボール」真仁田昭・新井邦二郎著作者代表『4年生のどうとく』文溪堂、五二〜五三頁。出典『美しい日々のために』三十書房刊、一九五四年所収、吉沢久子作「生きた礼儀と死んだ作法」。

（5）江橋照雄作。文部省『小学校　道徳の指導資料とその利用1』大蔵省印刷局、一九七六年、四八〜五〇頁。

（6）中学校での実践については、吉田雅子「自己への透徹した眼差し」、前掲『道徳教育』二月号、No.六五六、五一〜五三頁、などで知ることができる。

（7）青木孝頼編著『道徳授業の指導過程と基本発問』明治図書出版、一九八〇年、一四六〜一四七頁。

（8）佐貫浩『道徳性の教育をどう進めるか　道徳の「教科化」批判』新日本出版社、二〇一五年、一一頁。

（9）このような展開になりやすいことを、小学校教諭坂部俊次は指摘している。坂部俊次「「約束は守る」から「誠実に行動することの難しさと良さを捉える」授業へ」、前掲『道徳教育』二月号、No.六五六、二四〜二五頁、参照。

（10）討議の二重方式については、全生研常任委員会編『新版　学級集団づくり入門（中学校編）』明治図書出版、一九九一年、一一四〜一一五頁や、川村肇「第1章　生活指導とは何か」、高橋陽一・伊東毅編『新しい生活指導と進路指導』武蔵野美術大学出版局、二〇一三年、四一頁、などを参照してほしい。

（11）宇佐美も「その子どもをつれて大劇場に行けばいい。」といっている（前掲『「道徳」授業に何が出来るか』、一九頁）。

（12）文部科学省「教育課程企画特別部会　論点整理」四五頁。http://www.mext.go.jp/component/b_menu/shingi/toushin/_icsFiles/afieldfile/2015/12/11/1361110.pdf（二〇一六年九月二七日閲覧）。

第15章　道徳の授業とアクティブ・ラーニング

伊東　毅

はじめに

文部科学省がカタカナを用いたフレーズを多用するようになった。キャリア教育、チーム学校、そして、アクティブ・ラーニング。それぞれの言葉には新たに付け加えられたニュアンスがある。たとえば、キャリア教育は単純な職業指導ではなく、人生設計をも視野に収めたより総合的な概念である。それでも、まったく新しいものではなく、それまでの職業指導や進路指導を含みこんだ概念である。同じように、文部科学省の用語集では「教員による一方向的な講義形式の教育とは異なり、学修者の能動的な学修への参加を取り入れた教授・学習法の総称。[1]」と定義されている**アクティブ・ラーニング**も、言葉としては新鮮な響きをもつが、これまでの教育実践の中にもこれに相当するものはいくつも見出せる。本章では、これまでの様々な実践の中から道徳のアクティブ・ラーニングといえるものを掘り起こしてみよう。

第一節　副読本の中のアクティブ・ラーニング

実は、現在用いられている道徳の副読本にも、単純な読み物資料ではなく、児童・生徒に主体的に考えさせたり、議論させたり、行動させたりすることを目的とした資料が挿入されている。中学生用のものを対象に、こうしたものを見ていこう。

『中学校道徳　あすを生きる』（梶田叡一・黒田耕誠《こうせい》監修、日本文教出版）シリーズでは、読み物資料の合間に「プラットホーム」という企画頁を設けている。いくつか紹介してみよう。「たまには直接会って話そうよ[2]」というタイトルの頁では、ネットや電子メールについて様々なシミュレートをさせるような構成になっており、「急に約束の時間と場所を変えてもらうとき」「会話を打ち切るとき」などが場面設定され、「こんなとき、あなたならどうする？」と問いかけられている。「相手の気持ち　自分の気持ち[3]」というタイトルの頁では、「たとえば、あなたがお気に入りのテレビ番組を見ているときに、友だちから何度も電話がかかってきたとします。」として、上手な対応の仕方をシミュレートさせ、発表するように指示されている。「命を守るために[4]」というタイトルの頁では、地震被害の画像などがいくつか紹介された上で、「自分の身を守るためには、どのような対応をとればよいでしょうか。」として、様々なやり方を意見交換することを求めている。なお、同じく梶田叡一・黒田耕誠による監修『中学校　道徳の学習』（秀学社）シリーズもその内容が先の『中学校道徳　あすを生きる』シリーズと大きく重複しており、「プラットホーム」で使用された資料の多くが『中学校　道徳の学習』シリーズでは「ワイドビュー」という企画頁の中で転用されている。

『中学道徳　生きる力』（小寺正一《こてらまさかず》・藤永芳純《ほうじゅん》・島恒生《つねお》編著、日本文教出版）シリーズでは、読み物資料の合間に「心のベンチ」という企画頁を設けている。たとえば、「高齢社会に生きる[5]」というタイトルの頁では、「高齢者と共に生きるにはどうすればよいか、いろいろな方法で調べてみましょう。」として、「高齢者にインタビューする。」「施設などを見学する。」「町の中に問題はないかさがす。」などの方法を提示し、生徒に積極的な活動を促している。

『中学道徳　きみがいちばんひかるとき』（今道友信・関根清三監修、光村図書）シリーズでは、読み物資料の合間に「課題」という企画頁を設けている。いくつか紹介してみよう。「いじめ問題を考える[6]」というタイトルの頁では、諸外国と日本のいじめに関するデータを提示しながら、「どうしたら、傍観者を減らすことができるのでしょう。」と問い、具体的ないじめ対策を議論するように指示されている。「共生[7]」というタイトルの頁では、ボランティア活動の種類を紹介した上で、「あなたの住む町ではどんなボランティア活動が行われていて、どんな助け合いを求めている人がいるのか、家族や町の人と話し合ってみましょう。」と問い、教室の外に出て積極的にコミュニケーションをとることを求めている。「環境」[8]というタイトルの頁では、「仮想水（バーチャルウォーター）」（食料を生産するときに必要とされる水）の説明と例示がなされた上で、「食料を輸入することで日本が外国の水資源を使い、それがその国の水不足の原因になるとしたら、わたしたちは、どうすればいいのでしょうか。」と問いかけ、地球規模での水問題の解決策を考えさせようとしている。

『中学生　みんなで生き方を考える道徳』（柴田義松・宇田川宏・福島脩美《おさみ》監修、日本標準）シリーズでは、読み物資料の合間に「コミュニケーションスキル」という企画頁を設けている。いくつか紹介してみよう。「〇〇っていうのはみんな……――それってほんと？――」[9]というタイトルの頁では、「みなさんは「最近の子どもは……」なんて、大人が言っているのを聞いたことはありませんか。この後にはだいたいよくないことが続きます。これは、すべてにあてはまることだと思いますか。」と問い、世代間の規範意識の違いを議論させようとしている。「先輩として、どう言えばいいかな？」[10]というタイトルの頁では、「吹奏楽部の練習中に、一年生がおしゃべりに夢中になってさぼっています。先輩として注意してあげるとすると、どんな言い方をすればよいか、考えてみましょう。」と問い、役割演技（ロール・プレイング）をしながら適切な言い方を見つけ出すよう求めている。「「そうだね」とは言えない話し、どう答える？」[11]というタイトルの頁では、「竹内さんが、友達の高橋さんから借りたお金を返さずに、何度も借りようとしているようです。あなただったらどう答えますか。」と問い、竹内さんにどのような言葉をかけて不適切な行動を戒めるのかシミュレートさせようとしている。

『中学道徳　明日をひらく』（渡邉満《みつる》代表、東京書籍）シリーズでは、読み物資料の合間に「出会い・発見」という企画頁を設けている。いくつか紹介してみよう。「「ありがとう」を君に」[12]というタイトルの頁では、「ほかのメンバーから、その人の「がんばっているところ」、「ありがとう」と言いたいことを伝えていきましょう。」として五人で輪になり、いわゆる構成的グループエンカウンター（グループで与えられた課題を行い、そのあと、これを振り返って感想を述べる。）を行うよう求めている。「人の性質も見方を変えれば……」[13]というタイトルの頁では、四人でグループをつくり、各自が自分の短所だと感じているところをワークシートに記入して他のメンバーに回し、他のメンバーはそれに対して見方を変えて長所として書き改めて本人に返すという作業を求めている。これも構成的グループエンカウンターの手法を用いた授業といえる。

第二節　道徳教育関係雑誌に見るアクティブ・ラーニング

道徳教育に関する月刊誌といえばいくつかあるが、[14]明治図書出版の『道徳教育』が入手も容易なメジャー誌ということになるであろう。同誌では二〇一六〈平成二八〉年五月号で「アクティブ・ラーニングで創る道徳科の授業」という特集を組んでいる。こうした雑誌には現役の教師による実践記録が数多く掲載されている。そこで紹介されている道徳の授業におけるアクティブ・ラーニングの様子を見てみよう。具体的には、「問題解決的な学習」「体験的な活動」「グループ・ディスカッション」「ディベート」「協同学習」「学び合い」などの手法を用いた実践例が紹介されている。

「**問題解決的な学習**」という表現は、小学校学習指導要領と中学校学習指導要領〈ともに二〇〇八〈平成二〇〉年三月告示、二〇一五〈平成二七〉年三月一部改正〉の「第3章　特別の教科　道徳」の「第3　指導計画の作成と内容の取扱い」に登場する。定義は中学校学習指導要領解説特別の教科道徳編で「生徒が学習主題として何らかの問題を自覚し、その解決法についても主体的・能動的に取り組み、考えていくことにより学んでいく学習方法」と記されている。学習指導要領やその解説で繰り返し言及されているところを見ても、この「問題解決的な学習」は、文部科学省が特に推奨している手法であるといえる。同誌では、これについての実践を小学校のものと中学校のもの、合わせて二本を紹介している。小学校のものは文部科学省『私たちの道徳　小学校五・六年』（廣済堂あかつき、二〇一四年）に掲載された「うばわれた自由」（勝手と自由の違いを考えさせようとする話）という読み物資料を用いた実践である。自由のあり方という課題を話し合いを通して解決していくという実践である。中学校のものも同じく文部科学省作成の『私たちの道徳　中学校』（廣済堂あかつき、二〇一四年）に掲載された「言葉の向こうに」（ネット上での中傷のし合いがエスカレートする話）という読み物資料を用いた実践である。この実践では、個人で考え、次にグループで話し合い、そしてクラスで語り合うというステップが重視されている。

「**体験的な活動**」として小学校と中学校の実践が紹介されているが、小学校のものは文部科学省『わたしたちの道徳　小学校三・四年』（教育出版、二〇一四年）に掲載された「心と心のあく手」（おばあさんに荷物運びを申し出たが断られた。次に同じような場面に出くわしたときにはそっと見守ったという話）という読み物資料を用いた実践である。実践の過程で「**役割演技**」が取り入れられている。荷物運びを一度断られたあと、また同じような場面に出くわしたところを役割演技させている。物語の主人公はどうしたのかという結末を伏せたところで演技を求めている。そして、そのあと、取った行動の理由を発表させ、話し合いへとつないでいる。中学校のものは「**構成的グループエンカウンター**」を取り入れた実践となっている。「エクササイズ」と呼ばれる課題に班や個人で取り組み、そこで感じたことや考えたことを共有（シェアリング）するという流れを基本とする。ここで紹介されているエクササイズは、配布された三〇枚のＡ４用紙を使って、切ったり折ったりしながら紙のタワーを作成し、その高さを班で競うというものである。「相手を信頼して協力していくこと」をねらいとした授業である。

「**グループ・ディスカッション**」とは「小集団の話しやすい雰囲気の中で、多様な感じ方、考え方それぞれの比較、対立などを通して学び合ったり磨き合ったりすることで、子どもが多様な考え方と比べながら自己を見つめることができる、道徳科において重要な役割を果たす手法の一つ」と説明されており、これを取り入れた授業が一つ紹介されている。文部科学省『小学校道徳　読み物資料集』（文溪堂、二〇一一年）に掲載された「お客様」（後ろの人が見えなくなるので肩車禁止とされているのに肩車をして係員に注意されたという話）という資料を用いた実践である。自分の子どもがショーを見ることができないので肩車をしたら係員から注意をされた。このあと、どんな展開になるかを班で話し合わせて発表させるという授業である。

「ディベート」とは、同誌では「ある主題について異なる立場に分かれて行う討論形式である」と説明されている。「社会科見学で、班員全員の意見を取り入れたコースの終盤、疲労度を考え、最終見学地を外すことを提案する班長・裕一。しかし見学地の提案者・伸代が猛反発。結局すべてを見学したため、班は集合時間に遅れる。班長・裕一の判断は是か非か。」という内容でディベートを行っている。ディベート終了後、展開されたディベートを振り返りながら全体討論を行っている。なお、ディベートの実施の仕方は拙著『未来の教師におくる特別活動論』（武蔵野美術大学出版局、二〇一一年）に詳しく記しておいたので、そちらを参照してほしい。ディベートで注意しなくてはならないことは、ディベートの中での生徒の発言は、当人の意見や考え方そのものではないということである。ディベートは物事を多面的に捉えるトレーニングとしては優れている。しかし、ディベートは、肯定側・否定側のどちらかを本人の意志とは関係なく強制的に割り当てられるゲームである。自分の意見や考え方を鍛えていくことが求められるのが道徳であるから、自分の意見や考え方と切り離されたところで展開されるこうしたディベートは、あくまでも、段階的にいえば、自分の意見や考え方を他者に対して説得的に表現する討論の前段階に位置づけられるものであることをしっかりと認識しておく必要がある。先に触れた実践例ではディベート終了後全体討論（ここでは自分の意見・考え方が述べられる。）を行っているが、これはこうした点に配慮してのことである。また、ディベートは、その性質上、お互いを攻撃し合うようなところが出てくる。特に相手の言い分を聞いたあとの最後の反駁《はんばく》では、相手の議論の欠点を敢《あ》えて突いていくことになるので、ゲームとはいえ、そのディベートが白熱すれば白熱するほど攻撃的になる場合がある。人間関係が悪くならないよう、配慮する必要もある。

「**協同学習**」にはいくつかの立場や考え方があるが、同誌では「互恵的な協力関係」「個人の責任の明確化」「参加の平等性」「相互交流の同時性」の四つの指標を満たすものとされている。紹介されているのは、ＮＨＫで放送された「さよならレザン」（盲導犬レザンと盲目のテノール歌手とが別れる話）というドキュメント番組を利用しての実践である。盲導犬には引退の日があり、その日、テノール歌手がレザンを新しい飼い主に引き渡そうとするが、付いてきてしまう。テノール歌手が自らの想いを押し殺して「ステイ」という最後の指示を出して立ち去ろうとする。「レザンもテノール歌手も、どちらも幸せになる結末はどうあるべきでしょうか？」という発問に、各生徒が自分の考えをまず書き、そして他の生徒と次々に意見交換する。最後に数人が指名され、話し合いで感じたことを発表するという授業である。

「**学び合い**」とは、同誌では、次の三つの考え方を基本に行われるものであるという。第一は、「学校は、多様な人と折り合いをつけて自らの課題を達成する経験を通して、その有効性を実感し、より多くの人が自分の同僚であることを学ぶ場」という学校観。第二は、「子どもたちは有能である」という子ども観。第三は、「教師の仕事は、目標の設定、評価、環境の整備で、教授（子どもから見れば学習）は子どもに任せるべきだ」という授業観。紹介されているのは小学二年生を対象に実践された授業である。九〇点合格の漢字コンクールのために一生懸命練習してきた。その甲斐《かい》あって、九〇点ギリギリではあるが合格できた。ところが、よく見ると一問間違っているのに〇がついている。「だれも気づいていないから、だまっていれば、合かくのまま。言ってしまえば、ふ合かく。わたしはどうしたらいいのかな。」と発問し、近くに座る友だちと会話をさせる。全体の前でしっかりと発言する力も必要だが、それ以上に自分の考えを目の前の人に伝えることができる力を大切にする実践である。最後に、友だちとの会話を踏まえて、各自が主人公に手紙を書くということで終わっている。

第三節　インパクトの強い実践

体験的な学習として筆者の記憶に強烈に残っている実践が二つある。一つは、金森俊朗《かなもりとしろう》の『性の授業死の授業』（村井淳志《あつし》との共著、教育史料出版会、一九九六年）で紹介された実践であり、もう一つは、黒田恭史《やすふみ》の『豚のPちゃんと32人の小学生』（ミネルヴァ書房、二〇〇三年）で紹介された実践である。

金森の実践の特徴は、直接経験と作文の併用から成るところにある。性は生きることの始まりにあり、生きることの終わりに死がある。この始まりと終わりに児童を直接触れさせることにより、間にある生きるということを考えさせるという実践である。小学三年生を対象に展開された性の授業では、妊娠している女性（クラスの女子児童の母親）を教室に招き、児童の質問に答えてもらうというものである。重たくないのか、逆子っていうけど頭が下にある方がおかしいんじゃないか、お腹の赤ちゃんは水の中にいるっていうけどどうやって息をしているのか、お腹の中をけっていうけど痛くないのか、などの質問が出る。そして、性交に関心をもつ男子児童が、「お父さんの役割は何ですか」と遠回しに聞いてくる。授業の講師として招かれたその女性は自分なりの表現の仕方で真剣に応えていく。金森も必死にサポートする。加えて、児童は手紙を書き、感じたことを伝える。こうした中で児童は出産の大変さ、怖さを知り、生まれてくる命の尊さを学んでいく。小学四年生を対象に行われた死の授業はさらにインパクトの強い実践になっている。末期癌《がん》患者を教室に招き、その想いを語ってもらう。離婚していた彼女は、自分が癌に侵されていることを知ると子どもを元夫に預け子どもと別れる。単に死に向かうことを語るだけではなく、人間関係をめぐる複雑な心境をも語っていく。そのあと、児童と親しく言葉を交わす。さらに、手紙のやり取りをする。末期癌患者であるため、翌年その人は亡くなる。親しくした人の死を児童に直接経験させるのである。そして、命というものを考えさせる。

黒田の実践は、児童が四年生の時から卒業まで豚を飼い、最後は殺して食べるという実践である。これに先行する鳥山敏子の鶏を育てて殺して食べるという実践の影響を受けて展開されたものである。Pちゃんと名付けかわいがるが、蝿《はえ》や蚊が大量発生したり、風邪をひいたり、大きくなり小屋の改修に迫られたりと、トラブル続出。費用を捻出するために児童は廃品回収もする。学年が上がりクラス替えもあった。保護者や色々な人の力を借りながらも、その命を大切に育てていく。卒業間近になり、Pちゃんをどうするか議論する。涙を流しながら真剣に話し合うが、後輩に引き継いでもらうという意見と食肉センターに連れていくという意見とが拮抗《きっこう》する。Pちゃんを殺したくないという気持ちと後輩たちに押し付け同じような苦しい思いをさせてはいけないという気持ちとの間で揺れ動くのである。最終判断は担任の黒田に任せるということになる。結局、黒田は食肉センターに連れていく決断をするという実践である。

両者とも［生命の尊さ］という内容項目に相当する実践であるが、賛否が大きく分かれる実践である。この二つの実践は書物にまとめられただけではなく、メディアにも注目され、実践の様子をテレビで放映されたりもしている。後者は映画化もされている。

第四節　地方公共団体によるシチズンシップ教育

全国統一のカリキュラムとは異なり独自の教科等をつくり、独特の道徳教育実践を展開している地方公共団体もある。東京都品川区では二〇〇六（平成一八）年度に道徳・特別活動・総合的な学習の時間を統合した「市民科」（小中学校）を立ち上げた(15)。劇団・航空会社・葬儀会社から講師を招いたり、銀行に行ってローン申請を疑似体験させたりといったように社会規範や経済活動の体験的な活動に重きを置いた実践が行われている。

こうした経済産業省の政策とリンクしたシチズンシップ教育の流れは神奈川県でも見られるが、こちらは二〇〇七（平成一九）年度から特に高等学校を中心に展開されている。(16)政治参加・司法参加・消費者教育・道徳教育を四つの柱とするこの教育では、国政選挙に合わせて模擬投票を行ったり裁判を傍聴したりといったように、かなり現実に踏み込んだ実践が展開されている。これらも、道徳教育に関わった大規模なアクティブ・ラーニングといえよう。

おわりに

児童・生徒の道徳性の発達を願って、意欲的な教師は独自の工夫を加えた道徳の授業をこれまでも構想し、実践してきた。ところが、副読本や文部（科学）省資料などの読み物を中心とした授業ではないと「それは学級活動であって道徳ではない」と校長などの管理職や教育委員会の指導主事から指摘され、結果として、その実践の継続を断念せざるをえなくなったという話を筆者は何度も耳にした。文部科学省によるアクティブ・ラーニングの唱導は、現場の教師の裁量権を増やし、こうした意欲的な教師をサポートすることにつながるであろう。しかし、また一方で検定教科書の使用が義務づけられ、(17)道徳教育推進教師による調整が強化されることになるであろうから、標準化が進行する。道徳科は標準化とアクティブ・ラーニングの狭間《はざま》でどのような展開を見せるのであろうか。懸念はある。果たしてすべての内容項目や具体的なテーマをアクティブ・ラーニングの対象とすることが許されるのであろうか。たとえば、原発や国防など、政党で見解が分かれるようなテーマを取り上げることが許されるのであろうか。さらにいえば、［我が国の伝統と文化の尊重、国を愛する態度］という内容項目を、たとえば、ディベートで扱うことが認められるだろうか。もし認められるとすれば、天皇制を相対化するような発言が出てくるかもしれない。実際には、議論を許さない聖域を設け、これをインドクトリネーション（人々に特定の教義や価値を内在化させること）の対象とし、アクティブ・ラーニングの対象はそれ以外というようなコントロールがなされるのではないか。本来であれば論争的なテーマほど、「考え、議論する」に値する。結局、そうしたものを埒外《らちがい》に置くのでは、それこそ「考え、議論する」道徳科が見せかけだけの方法論に堕することになってしまうのではなかろうか。

児童・生徒を能動的に活動させるのであれば、見えないところでの教師の下ごしらえが重要になる。また、総合的な学習の時間や特別活動との調整が必要となることもあるだろう。したがって、アクティブ・ラーニングは意欲的な教師をサポートすることにはなるが、教師にかなりの負担をかける。教師は一層努力しなければならないだろう。行政や管理職には、教師がそうした努力ができるよう、教師の多忙化を解消するための対策を本気で講じてほしい。

（1）文部科学省「用語集」http://www.mext.go.jp/component/b_menu/shingi/toushin/_icsFiles/afieldfile/2012/10/04/1325048_3.pdf（二〇一六年一〇月二〇日閲覧）。
（2）梶田叡一・黒田耕誠監修『中学校道徳　あすを生きる1』日本文教出版、出版年不明、八八～八九頁。
（3）梶田叡一・黒田耕誠監修『中学校道徳　あすを生きる2』日本文教出版、出版年不明、一二四～一二五頁。
（4）梶田叡一・黒田耕誠監修『中学校道徳　あすを生きる3』日本文教出版、出版年不明、六〇～六一頁。
（5）小寺正一・藤永芳純・島恒生編著『中学道徳　生きる力2年』日本文教出版、出版年不明、一一八～一一九頁。
（6）今道友信・関根清三監修『中学道徳1　きみがいちばんひかるとき』光村図書、出版年不明、三八～三九頁。
（7）同、一六六～一六七頁。
（8）今道友信・関根清三監修『中学道徳3　きみがいちばんひかるとき』光村図書、出版年不明、一六～一七頁。
（9）柴田義松・宇田川宏・福島脩美監修『中学生　みんなで生き方を考える道徳1』日本標準、出版年不明、七八～七九頁。
（10）柴田義松・宇田川宏・福島脩美監修『中学生　みんなで生き方を考える道徳2』日本標準、出版年不明、三八～三九頁。

(11) 柴田義松・宇田川宏・福島脩美監修『中学生　みんなで生き方を考える道徳3』日本標準、出版年不明、四九〜五〇頁。
(12) 渡邉満代表『中学道徳　明日をひらく1』東京書籍、出版年不明、四〇〜四一頁。
(13) 渡邉満代表『中学道徳　明日をひらく3』東京書籍、出版年不明、三六〜三七頁。
(14) たとえば、本文で紹介したもののほかに文溪堂編集部編『道徳と特別活動』(文溪堂)などがある。同誌も「道徳・特別活動においてアクティブ・ラーニングを可能にする授業形態」という特集を二〇一六年一〇月号で組んでいる。同誌と出版社を同じくする道徳の副読本の使用を基本としてつくられている側面もあるので本文では紹介しなかったが、より多くの実践を見てみたい者は参照してほしい。
(15) 品川区教育委員会「新しい学習「市民科」」http://www.city.shinagawa.tokyo.jp/hp/menu000006200/hpg000006190.htm(二〇一五年八月一九日閲覧)。
(16) 神奈川県『「シチズンシップ教育」推進のためのガイドブック』神奈川県立総合教育センター、二〇〇九年。
(17) 学校教育法第三十四条に「小学校においては、文部科学大臣の検定を経た教科用図書又は文部科学省が著作の名義を有する教科用図書を使用しなければならない。」とあり、また、第四十九条でこれを中学校も準用するように指示されている。したがって、道徳が教科になれば、検定教科書を用いて授業をすることが義務づけられることになる。これまでは副読本がテキストとして存在していたが、その使用義務はなかった。

あとがき

二〇一八（平成三〇）年から小学校で、二〇一九（平成三一）年から中学校で始まる「特別の教科である道徳」を、「考え、議論する道徳」として、すなわちアクティブ・ラーニングを通じて生きる力を培う科目として実りあるものとすることが本書の課題である。

世の中には道徳をめぐる対立があり、経済的な利害はもちろん、宗教や文化や政治など現実に多様な価値観が存在している。それをお涙頂戴のちょっとよい話、夢や希望の創作世界の感動で隠蔽するのではなく、児童生徒の発達段階に応じた主体的・対話的で深い学びのなかで矛盾や対立を理解して、課題の把握や解決へとつなげていくことが、本来的な道徳教育の主眼である。

新しく始まる「特別の教科である道徳」は、今の日本の現実に存在するさまざまな矛盾や対立の産物である。文化的・経済的な価値観の異なる家庭環境を背景にした児童生徒の発達を願う教師は、悩みの多い仕事である。道徳教育を担う教師は、現実を直視しなければならない。主体的・対話的で深い学びを実現するには、自ら主体性を持ち、対話をして、深く学ばなくてはならない。教師が深い教養と技術を身につけることは、教師がその技術で価値観を押し付けることではなく、多様性を前提にした対話を促進していくことである。

本書の成立にあたっては、高橋陽一と伊東毅の授業を受講した武蔵野美術大学通信教育課程と通学課程の学生の意見や感想に感謝したい。また通信教育課程で「道徳教育の研究」の指導を担当する大間《だいま》敏行講師から、昨年の武蔵野美術大学出版局刊行『新しい教育相談論』における共同作業で多くの示唆を受けた。科学研究費補助金による共同研究「昭和戦前戦中期における日本精神論の興隆と退潮」（基盤研究（C）一五K〇四二五二）の研究会でも、本書の構想や原稿を検討して、研究成果を活用することができた。教職課程研究室の田中千賀子講師やスタッフの赤羽麻希氏、髙田正美氏には、校正の協力を得た。そして、編集担当である遠藤卓哉氏の辛抱づよい丁寧な努力がなければ本書は成立しなかった。そのほか、大学内外の多くの方々に感謝を申し上げる。

道徳教育は決して価値観の押し付けではなく、児童生徒の多様な価値観を守って育てるものであるという本書での主張を繰り返して、この大切な課題を実践する教師と教師を目指す学生への応援の言葉としたい。

二〇一七年一月三一日　本書の校正を終えて

著者　高橋陽一

伊東　毅

重要語句索引

本文に太字で示した重要語句の掲載頁を記した。

【さ行】

【た行】

【な行】

執筆者紹介

高橋陽一（たかはし・よういち）
一九六三年生まれ。東京大学大学院教育学研究科博士課程満期退学。武蔵野美術大学造形学部教授。日本教育史（国学・宗教教育）を専攻。著書に『共通教化と教育勅語』（東京大学出版会）、『くわしすぎる教育勅語』（太郎次郎社エディタス）、『新しい教育通義』、『ファシリテーションの技法』、『美術と福祉とワークショップ』、監修に『ワークショップ実践研究』、共編著に『新しい教育相談論』、『造形ワークショップ入門』、『新しい教師論』、『新しい生活指導と進路指導』、『造形ワークショップの広がり』（いずれも武蔵野美術大学出版局）、共著に駒込武／奈須恵子／川村肇編『戦時下学問の統制と動員　日本諸学振興委員会の研究』（東京大学出版会、二〇一一年）、東京大学史史料室編『東京大学の学徒動員・学徒出陣』（同、一九九八年）。

伊東 毅（いとう・たけし）
一九六二年生まれ。東京大学大学院教育学研究科博士課程満期退学。武蔵野美術大学造形学部教授。教育哲学を専攻。著書に『未来の教師におくる特別活動論』（武蔵野美術大学出版局、二〇一一年）、共編著に『新しい教育相談論』（同、二〇一六年）、『新しい生活指導と進路指導』（同、二〇一三年）、『よくわかる教育原理』（ミネルヴァ書房、二〇一一年）、共著に藤田昌士・奥平康照監修『道徳教育の批判と創造―社会転換期を拓く』（エイデル研究所、二〇一九年）、教育科学研究会編『なくならない「いじめ」を考える』（国土社、二〇〇八年）ほか、論文に「現代日本におけるいじめの特質　教育システムといじめとの関係の考察を中心に」（社会文化学会編『社会文化研究』第四号、晃洋書房、二〇〇一年）ほか。

道徳科教育講義

二〇一七年四月 一 日　初版第一刷発行
二〇二五年二月二八日　初版第三刷発行

著者　高橋陽一　伊東 毅

発行者　長澤忠徳
発行所　武蔵野美術大学出版局
〒一八七―八五〇五
東京都小平市小川町一―七三六
電話　〇四二―三四二―五五一五（営業）
〇四二―三四二―五五一六（編集）

印刷　株式会社精興社

定価は表紙に表記してあります
乱丁・落丁本はお取り替えいたします

ISBN978-4-86463-059-7 C3037　Printed in Japan